本书受国家社科基金重大项目（20&ZD128）、国家社科基金重点项目（19AGL006）资助。

组织创造力的提升路径研究
悖论式领导的触发作用

彭伟 著

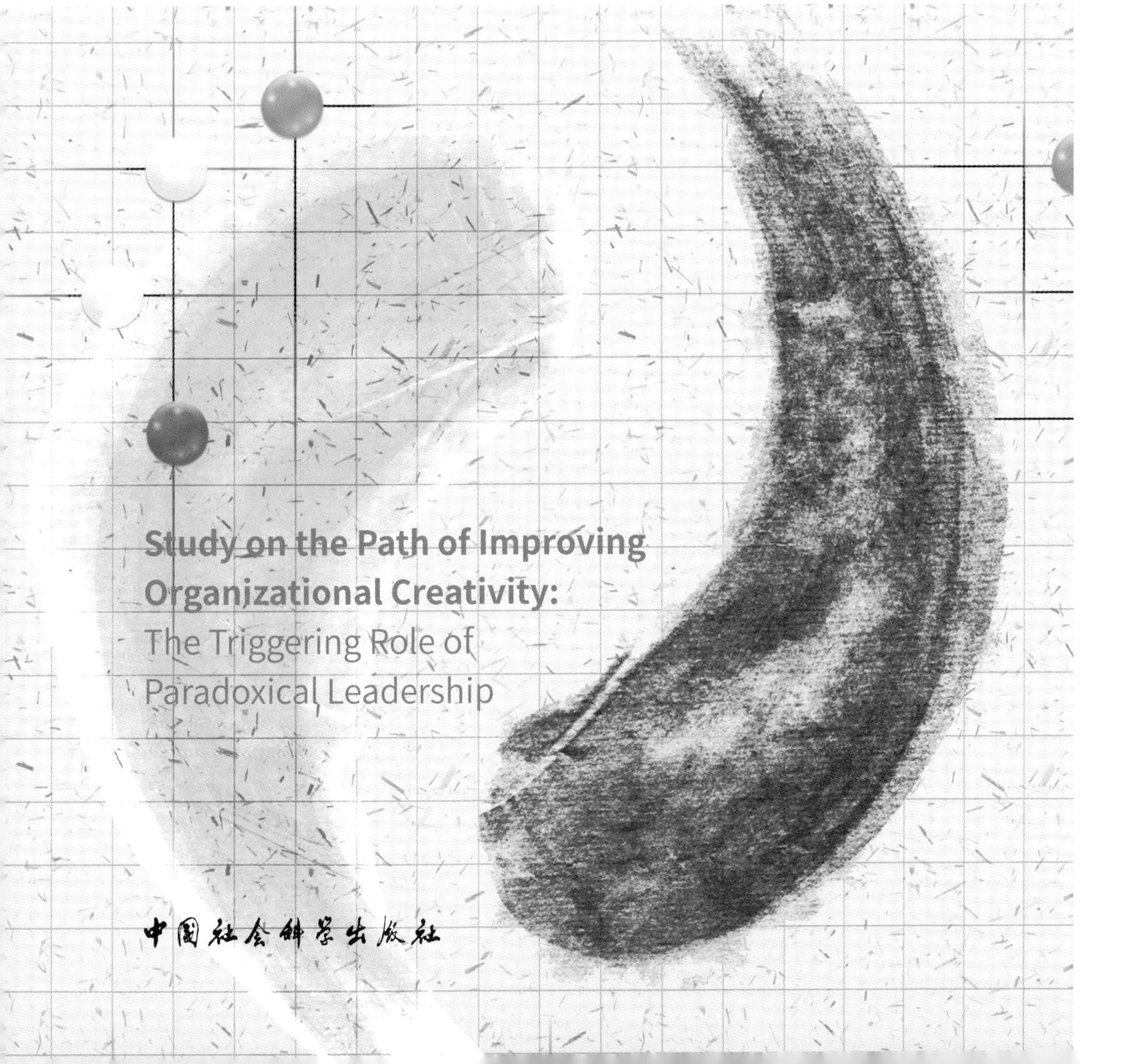

Study on the Path of Improving Organizational Creativity:
The Triggering Role of Paradoxical Leadership

中国社会科学出版社

图书在版编目(CIP)数据

组织创造力的提升路径研究：悖论式领导的触发作用/彭伟著．—北京：中国社会科学出版社，2021.12
ISBN 978-7-5203-9375-1

Ⅰ.①组…　Ⅱ.①彭…　Ⅲ.①企业管理—组织管理学—研究　Ⅳ.①F272.90

中国版本图书馆 CIP 数据核字（2021）第 249033 号

出 版 人	赵剑英
责任编辑	黄　山
责任校对	贾宇峰
责任印制	李寡寡

出　　版	中国社会科学出版社
社　　址	北京鼓楼西大街甲 158 号
邮　　编	100720
网　　址	http://www.csspw.cn
发 行 部	010-84083685
门 市 部	010-84029450
经　　销	新华书店及其他书店

印刷装订	北京君升印刷有限公司
版　　次	2021 年 12 月第 1 版
印　　次	2021 年 12 月第 1 次印刷

开　　本	710×1000　1/16
印　　张	17.25
字　　数	240 千字
定　　价	88.00 元

凡购买中国社会科学出版社图书，如有质量问题请与本社营销中心联系调换
电话：010-84083683
版权所有　侵权必究

序

当前世界正处于"百年未有之大变局",我国正处于新的发展阶段,迫切需要通过"创新驱动"来实现经济的高质量发展。作为贯彻落实"创新驱动"战略的微观主体,企业创新既是保障自身永续发展的基础,也是赋能经济高质量发展的动力。但是现实中企业却往往面临"员工创造力不高、团队创造力沉寂"的窘境。如何有效提升组织创造力已成为亟待解决的重要现实问题。

目前普遍认为,管理者的领导风格是影响创造力的重要因素之一。由于创造力的激发通常会面临"新颖性"和"实用性"的两难困境,因此迫切需要管理者采取合适的领导方式来有效突破激发创造力过程中的困境。近年来,发源于西方悖论思想和东方阴阳哲学的悖论式领导秉承"两者都"的逻辑,在处理冲突和矛盾过程中显示出独特的优势,正日益受到实践界和学术界的广泛关注。然而,在理论层面上,学术界对悖论式领导触发组织创造力的内在机理尚未给予系统的解答。

据此,彭伟教授聚焦于悖论式领导这一新型领导风格,围绕悖论式领导对员工创造力、团队创造力和组织创造力三个层次上的影响开展了深入系统的研究。在对员工创造力的影响研究中,探索性地引入团队外部网络为中介变量、员工中庸思维为调节变量,构建了一个有调节的中介模型就悖论式领导对员工创造力的跨层次作用机制进行了实证研究,研究发现,悖论式领导对员工创造力有显著的正向预测作用,团队外部网络在悖论式领导影响员工创造力的过程中发挥了中介作用,员工中庸思维在团队外部网络影响员工创造力的过程中以及团队外部网络的中介效应中均发挥显著的正向调节作用,即与中庸思维水平较低的员工相比,悖论式领导通过团队外部网络进而影响高中庸思维员工的创造力的间接效应更强。在对团队创造力的影响研究中,以社会网络理论为理论基础,选取团队内部网络连带强度和团队外部网络连带强度为中介变量,构建了一个双重中介模型,探讨悖论式领导影响团队创造力的作用机制,研究结果表明,悖论式领导与团队创造力有显著的正向影响,团队内部网络连带强度和团队外部网络连带强度在悖论式领导影响团队创造力的过程中均发挥中介作用,并且这两种中介效应的解释力度并不存在显著的差异。在对组织创造力的影响研究中,聚焦于高层管理者的悖论式领导行为,探讨 CEO 悖论式领导行为与组织创造力之间的关系,并进一步探究其内在的作用机制,实证分析结果表明,CEO 悖论式领导行为与组织创造力之间存在显著的正相关关系,知识搜索联合平衡与知识搜索匹配平衡在 CEO 悖论式领导行为影响组织创造力的过程中均发挥显著的中介作用,并且知识搜索联合平衡的中介效应显著强于知识搜索匹配平衡。

通过上述研究,该书明晰了悖论式领导对员工创造力的跨层次作用机制,揭示了悖论式领导影响团队创造力的社会网络机制,剖析了 CEO 悖论式领导行为对组织创造力的驱动机制。研究结论既加深了我们对悖论式领导影响效应及作用机制的认识,同时为我们解读组织多层面创造力的形成机理提供了新视角的阐释。

总之,本书的出版展现了悖论式领导研究领域的新进展,对丰富组织创造力领域的研究成果具有重要的理论价值,同时对我国企业管理者如何通过实施悖论式领导行为来激发员工创造力、完善团队创造力、提升组织创造力也具有重要的指导与借鉴意义。

刘洪

南京大学商学院党委书记、教授

2021 年 12 月

目　　录

第一章　绪论 …………………………………………………（1）
　第一节　研究背景 …………………………………………（1）
　　一　管理现象 ……………………………………………（1）
　　二　理论前沿 ……………………………………………（2）
　第二节　研究问题 …………………………………………（4）
　　一　明晰悖论式领导对员工创造力的跨层次作用机制 …（4）
　　二　揭示悖论式领导影响团队创造力的社会网络机制 …（5）
　　三　剖析 CEO 悖论式领导行为对组织创造力的
　　　　驱动机制 ……………………………………………（6）
　第三节　研究意义 …………………………………………（7）
　　一　理论意义 ……………………………………………（7）
　　二　现实意义 ……………………………………………（8）
　第四节　研究方案 …………………………………………（9）
　　一　研究程序 ……………………………………………（9）
　　二　技术路线 ……………………………………………（10）
　　三　研究方法 ……………………………………………（11）
　　四　内容组织 ……………………………………………（12）

第二章　组织创造力研究述评 ……………………………（14）
　第一节　员工层次创造力研究进展 ………………………（14）

一　员工创造力的概念内涵……………………………………（14）
　　二　员工创造力的测量……………………………………………（15）
　　三　员工创造力的影响因素………………………………………（17）
第二节　团队层次创造力研究进展……………………………………（46）
　　一　团队创造力的概念内涵………………………………………（46）
　　二　团队创造力的结构与测量……………………………………（46）
　　三　团队创造力的影响因素………………………………………（49）
第三节　组织层次创造力研究进展……………………………………（71）
　　一　组织创造力的概念内涵………………………………………（71）
　　二　组织创造力的测量……………………………………………（72）
　　三　组织创造力的影响因素………………………………………（74）
第四节　组织创造力研究的简要评述…………………………………（79）

第三章　悖论式领导研究述评……………………………………（81）

第一节　悖论式领导的概念内涵………………………………………（81）
　　一　悖论的来源……………………………………………………（81）
　　二　悖论式领导的概念解析………………………………………（82）
　　三　悖论式领导的概念比较………………………………………（84）
第二节　悖论式领导的结构与测量……………………………………（86）
　　一　悖论式领导的结构维度………………………………………（86）
　　二　悖论式领导的测量量表………………………………………（87）
第三节　悖论式领导的前因研究进展…………………………………（89）
　　一　个体认知因素…………………………………………………（89）
　　二　组织情境因素…………………………………………………（90）
第四节　悖论式领导的后果研究进展…………………………………（91）
　　一　悖论式领导的影响效应………………………………………（91）
　　二　悖论式领导的作用机制研究…………………………………（93）
　　三　悖论式领导的边界条件研究…………………………………（95）

第五节　悖论式领导研究的简要评述 …………………… （103）

第四章　悖论式领导对员工创造力的跨层次作用机制 ……… （104）
第一节　问题的提出 …………………………………………… （104）
第二节　概念界定与研究假设 ………………………………… （106）
　　一　概念界定 …………………………………………… （106）
　　二　研究假设 …………………………………………… （110）
第三节　研究样本与变量测量 ………………………………… （117）
　　一　研究样本 …………………………………………… （117）
　　二　变量测量 …………………………………………… （118）
第四节　实证分析与结果 ……………………………………… （121）
　　一　信度与效度检验 …………………………………… （121）
　　二　数据聚合检验 ……………………………………… （123）
　　三　描述性统计与相关性分析 ………………………… （123）
　　四　假设检验 …………………………………………… （124）
第五节　结论与讨论 …………………………………………… （128）
　　一　研究结论 …………………………………………… （128）
　　二　理论贡献 …………………………………………… （129）
　　三　实践启示 …………………………………………… （131）

第五章　悖论式领导影响团队创造力的社会网络机制 ……… （132）
第一节　问题的提出 …………………………………………… （132）
第二节　理论基础与研究假设 ………………………………… （135）
　　一　理论基础 …………………………………………… （135）
　　二　研究假设 …………………………………………… （137）
第三节　研究样本与变量测量 ………………………………… （144）
　　一　研究样本 …………………………………………… （144）

二　变量测量 ……………………………………………… (145)

第四节　实证分析与结果 ……………………………………… (148)
　　一　信度与效度检验 …………………………………… (148)
　　二　数据聚合检验与分析技术 ………………………… (150)
　　三　描述性统计分析 …………………………………… (150)
　　四　假设检验 …………………………………………… (150)

第五节　结论与讨论 …………………………………………… (155)
　　一　研究结论 …………………………………………… (155)
　　二　理论贡献 …………………………………………… (155)
　　三　实践启示 …………………………………………… (157)

第六章　CEO 悖论式领导行为对组织创造力的驱动机制 ……… (159)

第一节　问题的提出 …………………………………………… (159)

第二节　理论基础与研究假设 ………………………………… (161)
　　一　理论基础 …………………………………………… (161)
　　二　研究假设 …………………………………………… (164)

第三节　研究样本与变量测量 ………………………………… (170)
　　一　研究样本 …………………………………………… (170)
　　二　变量测量 …………………………………………… (170)

第四节　实证分析与结果 ……………………………………… (174)
　　一　验证性因子分析 …………………………………… (174)
　　二　描述性统计和相关分析 …………………………… (174)
　　三　假设检验 …………………………………………… (174)

第五节　结论与讨论 …………………………………………… (179)
　　一　研究结论 …………………………………………… (179)
　　二　理论贡献 …………………………………………… (179)
　　三　实践启示 …………………………………………… (181)

第七章 研究结论与未来展望 ……………………………………（183）
第一节 研究结论 …………………………………………………（183）
一 悖论式领导对员工创造力的跨层次作用机制 …………（184）
二 悖论式领导影响团队创造力的社会网络机制 …………（184）
三 CEO悖论式领导行为对组织创造力的驱动机理 ………（184）
第二节 理论贡献 …………………………………………………（185）
一 对组织创造力研究领域的贡献 …………………………（185）
二 对悖论式领导研究领域的贡献 …………………………（187）
第三节 实践启示 …………………………………………………（189）
一 对我国企业提升组织创造力的启示 ……………………（189）
二 对我国企业管理者悖论式领导行为实践的启示 ………（191）
第四节 研究局限与未来展望 ……………………………………（192）
一 研究局限性 ………………………………………………（192）
二 未来研究展望 ……………………………………………（193）

附录一 悖论式领导对员工创造力的影响研究调查问卷 ………（195）

附录二 悖论式领导对团队创造力的影响研究调查问卷 ………（202）

附录三 CEO悖论式领导行为对组织创造力的影响研究
调查问卷 ……………………………………………………（208）

参考文献 …………………………………………………………（213）

后 记 ……………………………………………………………（265）

第一章 绪论

第一节 研究背景

一 管理现象

当前世界正处于"百年未有之大变局",我国正处于新的发展阶段,迫切需要通过"创新驱动"来实现经济的高质量发展。随着世界范围内越来越激烈的竞争,现代企业面临更多的复杂性和不确定性,企业若是墨守成规、止步不前只会被市场和消费者淘汰,组织的创新能力愈发成为确保企业成长的一个关键因素。作为贯彻落实"创新驱动"战略的微观主体,企业创新既是保障自身永续发展的基础,也是赋能经济高质量发展的动力。然而,现实中企业却往往面临"员工创造力不高、团队创造力沉寂"的窘境。如何有效提升组织创造力已成为亟待解决的重要现实问题。

作为组织的一部分,管理者的领导行为对组织与员工都有重要的影响(王辉,2008)。由于创造力的激发通常会面临"新颖性"和"实用性"的两难困境,迫切需要管理者采取合适的领导方式来有效突破激发创造力过程中的困境。近年来,发源于西方悖论思想和东方阴阳哲学的悖论式领导摒弃了传统的"二选一"(Ether-or)思维,遵循"二者都"(Both-and)的思维逻辑,用看似竞争却相互关联的领导行为,同时满足组织情景中的矛盾需求,在处理冲突和矛盾过程中显示出独特的优势，弥补了传统领导风格强调权衡取舍的局限性，正日益受到实践界和学术界的广泛关注。

作为中国本土企业管理的实践者，华为创始人任正非汲取中国传统阴阳哲学的智慧成分，秉承"灰度管理"的理念，对企业经营活动进行有效管理，为华为建设世界一流企业提供了重要支撑。灰度管理为华为在规范化与灵活化、自主研发与开放创新等相互矛盾的要素之间取得平衡奠定了重要基石。华为的"灰度领导力"实践也是悖论式领导行为的鲜明体现（魏江茹等，2020）。

二　理论前沿

悖论式领导既继承了西方的悖论管理思想，又蕴含了中国传统的"阴—阳"哲学观。"阴—阳"哲学观认为"阴"和"阳"正如一个硬币的"正"和"反"，是互为依存的关系。据此，在看待矛盾时，不要采取"非此即彼"的态度，而应拥有"兼容并蓄"的心态，积极接纳矛盾的双方。因此，悖论式领导已成为本土化领导力研究的重要方向之一。

近年来，国外学者就悖论式领导的有效性开展了相应的研究，取得了一定的进展。在个体层面上，学者们主要围绕悖论式领导与员工主动性行为（Zhang et al.，2015；彭伟和李慧，2018）、追随行为（Jia et al.，2018）、建言行为（Ng & Feldman，2012；李锡元等，2018）、创造力（Yang et al.，2019；苏勇和雷霆，2018；Shao et al.，2019）、及工作绩效（Zhang et al.，2015；She & Li，2017）的关系展开研究，研究发现悖论式领导能够增强员工的关系认同感，促进其工作绩效的改善（She & Li，2017）。在团队层面上，罗瑾琏等（2015）研究发现，悖论式领导对团队创新具有积极的促进作用，并且知识创造和知识整合能够在其中起到完全中介的作用。在组织层面上，悖论式领导通过影响知识共享，进而对组织双元创新能力产生积极的影响（付正茂，2017）。总的来说，国内外学者就悖论式领导的有效性展开了不少有益的探讨，一定程度上推动了悖论式领导理论的发展。然而，当前对悖论式领导行为作用机制与边界条件的研究仍处于起步阶段，尤其缺乏就悖论式领导的跨层级复杂影响效应开展深入的研究。相关研究结果表明，上司的领导行为可以通过多种途径，对组织多层面的创造力产生直接或间接的影响（丁琳和席酉民，2008；Lin et al.，2010；陈璐等，2016；徐东升等，2017；Kim et al.，2019；Azzam & Abou-Moghli，2018；孙永磊和雷培莉，2018）。

学者们围绕变革型领导、共享型领导、授权型领导、伦理型领导、真实型领导、包容型领导、家长式领导、辱虐型领导、创业型领导等领导风格与创造力之间的关系开展了充分的探讨。近年来，作为一种新型领导风格，悖论式领导能够有效地应对管理企业中复杂的悖论，引起了学者们的关注（谭乐等，2020）。学者们开始探索悖论式领导在激发组织多层面创造力过程中的作用，但相关研究仍处于起步阶段，悖论式领导对创造力的作用机制和路径尚需深入探讨。

虽然多数研究表明，悖论式领导有助于激发员工创造力（苏勇和雷霆，2018；Yang et al.，2019），但也有极少数研究发现，悖论式领导可能在一定程度上还会阻碍综合复杂性较低的员工的创造力提升（Shao et al.，2019）。因此，悖论式领导对员工创造力的内在作用机制还有待进一步澄清。另外，尽管少数学者考察了悖论式领导对团队创新的影响作用（罗瑾琏等，2017），但悖论式领导与团队创造力之间关系的研究却比较鲜见，并且现有领导力与团队创造力之间关系的研究主要运用社会认知理论和自我决定理论等传统心理学视角来解读其内在作用机制（Bratnicka，2015；张建卫等，2018），难以全面解释其中的影响机理，迫切需要引入更加广泛的理论视角（Grant & Berry，2011）。此外，有关悖论式领导在组织层面上有效性的研究比较匮乏，悖论式领导与组织创造力之间的关系更是少见。组织创造力并非单一个体或者团队创造力的简单汇总，需要彼此协同升华（杨洋等，2020），CEO 的悖论式领导行为是否会有助于协调各种矛盾进而对组织创造力产生影响有待进一步的深入探讨。

作为一种新型的领导行为，悖论式领导与中国传统文化一直推崇的"阴阳"哲学等思想是很契合的。悖论式领导对员工创造力是否会产生影响？如果产生影响，其内在的作用机制和边界条件是什么？悖论式领导是否会影响团队创造力？如果产生影响，其内在的作用机制又是什么？CEO的悖论式领导行为是否会驱动组织创造力的提升呢？如果会，那内在的作用机理又是什么？深入探究这些问题无疑具有更重要的理论价值。

第二节　研究问题

一　明晰悖论式领导对员工创造力的跨层次作用机制

目前学术界对悖论式领导作用效果的探讨已经取得了一定的研究成果，学者们主要围绕悖论式领导对员工主动性行为（Zhang et al.，2015；彭伟和李慧，2018）、追随行为（Jia et al.，2018）、建言行为（Ng & Feldman，2012；李锡元等，2018）、创造力（Yang et al.，2019；苏勇和雷霆，2018；Shao et al.，2019）、及工作绩效（Zhang et al.，2015；She & Li，2017）的影响展开研究。已有研究关于悖论式领导与员工创造力之间的关系存在不一致的结论。大多数研究结果表明悖论式领导有助于提高员工创造力（苏勇和雷霆，2018；Yang et al.，2019）；极少数研究却发现，在高工作压力下，对于复杂性较低员工而言，悖论式领导可能会对创造力产生负面影响（Shao et al.，2019）。

总体而言，国内外学者就悖论式领导与员工创造力之间的关系展开了一系列研究，但是其结论尚未达成一致意见，有关其作用机理和边界条件的研究仍处于探索阶段，且目前尚未有学者针对悖论式领导与员工创造力之间的关系展开跨层次研究。鉴于以上情况，本书要解决的第一个研究问题：悖论式领导是否会对员工创造力产生影响？团队外部网络是否在悖论式领导与员工创造力之间起中介作用？中庸思维是否在团队外部网络与员工创造力之间起跨层次的调节作用？

综上所述，本书预期达到的第一个目标：探讨悖论式领导与员工创造力之间的关系，并考察团队外部网络在悖论式领导与员工创造力之间的中介作用以及中庸思维的跨层次调节作用，以明晰悖论式领导影响员工创造力的作用机制，同时为组织管理者实施悖论式领导风格来激发员工创造力提供理论依据和实践指导。

二　揭示悖论式领导影响团队创造力的社会网络机制

虽然已有研究证实了悖论式领导有助于激发员工创造力（苏勇和雷霆，2018），然而，团队创造力并非个体创造力的简单加总，有少数学者关注了悖论式领导对团队创新的影响（罗瑾琏等，2017），但有关悖论式领导与团队创造力的关系研究却比较鲜见。另外，回顾相关领导行为和团队创造力研究发现，现有文献主要停留在社会认知理论和自我决定理论等传统心理学视角对作用机制的解读（Bratnicka，2015；张建卫等，2018）。由于个体心理因素作用的发挥具有不稳定性，难以全面解释其中的影响机理，这就需要借助更广泛的理论视角（Grant & Berry，2011）。事实上，已有学者发现团队成员内外部的人际关系是团队创造力形成的关键来源之一（黄同飞和彭灿，2015）。作为用于衡量团队社会网络关系特征的关键指标，网络连带强度被定义为行动者间人际关系的亲密程度（王艳子等，2014），具体分为内部网络连带强度和外部网络连带强度。团队内部强连带能推进内部资源共享程度，团队间强联结能提高外部资源获取质量（Ren et al.，2010），团队内外部网络各自发挥的重要性都不容忽视，单从团队内部或外部分支无法全面诠释两者对团队创造力造成的差异效果，需要将两者结合进行探讨。

因此，本书要解决的第二个研究问题：悖论式领导是否会对团队创造力产生影响？团队内部网络连带强度和团队外部网络连带强度是否在悖论式领导与员工创造力之间起中介作用？若两者均为中介作用，团队内部网络连带强度与团队外部网络连带强度所起的中介作用是否相同？

基于以上情况，本书预期达到的第二个目标：基于社会网络理论，探讨悖论式领导与团队创造力之间的关系，并进一步考察悖论式领导是否会通过影响团队内部网络连带强度和团队外部网络连带强度进而对团队创造力产生影响，以期揭示悖论式领导影响团队创造力的作用路径，并为管理者实施悖论式领导风格来激发团队创造力提供实践参考。

三　剖析 CEO 悖论式领导行为对组织创造力的驱动机制

现有研究已经证实了悖论式领导有助于提升员工个体和团队创新，并就其作用机制展开了探讨（苏勇和雷霆，2018；罗瑾琏等，2015），而组织层面悖论式领导的有效性及其作用研究尚付之阙如。此外，组织创造力也绝非单一个体或者团队创造力的简单汇总，需要彼此协同升华（杨洋等，2020）。悖论式领导能够综合运用看似对立却相互关联的领导行为，以应对组织运营中存在的矛盾与张力问题，打破了传统单情境领导风格的限制性。

因此，本书要解决的第三个研究问题：CEO 的悖论式领导行为是否会有助于协调各种矛盾进而对组织创造力产生影响？如果产生影响，其内在的作用机理又是什么？对上述问题的解答，无疑为组织创造力的提升提供一个新视角的解读。

为此，本书预期要达到的第三个目标：以组织双元理论为理论基础，探讨 CEO 悖论式领导与组织创造力之间的关系，考察知识搜索平衡在 CEO 悖论式领导与组织创造力之间的中介作用，进而剖析 CEO 悖论式领导影响组织创造力的内在作用机制，以期拓展悖论式领导有效性的研究层次，为企业实施悖论管理实践、激发组织创造力提供实践参考。

第三节 研究意义

一 理论意义

（一）提炼组织多层面创造力的提升路径，丰富与补充组织创造力领域的研究成果

伴随着行业竞争的日趋激烈以及顾客需求变化的日益加快，组织创造力的提升已经成为当前企业管理实践中的一个重要现实问题。国内外学者就组织创造力也给予了越来越多的关注（Chaubey et al., 2019；Florin et al., 2020；Shafi et al., 2020；Kwon & Oh, 2020；卢艳秋等，2020；许晓娜和赵德志，2020）。然而，总的来说，目前研究通常是基于单个视角就员工创造力或团队创造力或组织创造力的影响因素开展了研究，尚未就组织多层面创造力的驱动机制构建一个完整的画卷，迫切需要开展深入系统的研究。本书聚焦于悖论式领导这一单个前因变量，通过明晰悖论式领导对员工创造力的跨层次作用机制、揭示悖论式领导影响团队创造力的社会网络机制、剖析CEO悖论式领导对组织创造力的驱动机制，有助于为我们认识组织多层面创造力的提升路径提供一个新视角的充分解读，进而丰富与补充组织创造力领域的研究成果。

（二）明晰悖论式领导在多个层次上的作用机制，深化与拓展悖论式领导研究

近年来，国内外学者对悖论式领导的内涵、测量、影响因素及后果开展了相应的理论与实证研究。然而，总体来说，悖论式领导研究仍处于起步阶段。虽然有相关研究已经明晰了悖论式领导的内涵及测量（Zhang et al., 2015；Zhang & Han, 2019），也有部分研究就悖论式领导在个体层面上的有效性开展了深入探讨（李锡元等，2018；姜平等，2019；孙柯意和张博坚，2019；秦伟平等，2020；Franken et al., 2020；牛晨晨等，2021），但悖论式领导在个体层面的作用机制研究仍略显不

足；尤其悖论式领导在团队层面以及组织层面上的有效性研究更显单薄（谭乐等，2020）。本书将探讨悖论式领导对员工创造力的跨层次作用机制，揭示悖论式领导影响团队创造力的社会网络机制，并进一步剖析CEO悖论式领导对组织创造力的驱动机制，研究结论将扩展与丰富悖论式领导在团队及组织层面上的有效性研究，深化我们对悖论式领导作用机理的认识，丰富悖论式领导领域的研究成果。

二　现实意义

从管理实践的角度来看，本书的现实意义主要表现为以下两个方面。

（一）为我国企业如何提升组织多层面创造力提供理论指导

在当前"百年未有之大变局"的新时代背景下，我国企业发展面临着非常严峻的挑战和现实难题，高质量发展是我国企业提升竞争力的主旋律。创新是高质量发展的核心要义，激发员工创造力和团队创造力、提升组织创造力既是保障企业创新、赋能企业高质量发展的基石，也是落实"创新驱动"战略的微观基础。现实中我国企业却普遍存在创造力不足的困境，深入系统探讨组织创造力的提升路径无疑具有重要的现实意义。然而，在理论层面上，就组织多层面创造力的驱动机制开展的系统性研究还不充分。本书从悖论式领导这一新型领导风格出发，系统总结悖论式领导对员工创造力、团队创造力以及组织创造力的触发机理，研究结论有助于为我国企业提升组织多层面创造力提供更多的理论依据与实践指导。

（二）为我国企业管理者的悖论式领导实践提供决策参考

当前我国企业经营过程中普遍存在各种各样的"两难困境"，破解这些困境，迫切需要各层级管理者充分发挥领导力的作用与功效。近年来，悖论式领导引起了国内外学者的广泛关注，这种新型领导风格在个体层面的有效性也得到了诸多研究的证实，然而悖论式领导在团队或组织层面的有效性及其内在作用机制却尚未得到充分揭示。本书将系统验证悖论式领导在个体、团队、组织等层面的有效性，研究结论有助于为企业各级管理者如何有效实施悖论式领导风格进而推动员工创造力、团队创造力和组织创造力的提升提供更多的决策参考。

第四节 研究方案

一 研究程序

本书的研究程序如下图1—1所示。基于实地调研和文献回顾,形成研究的现实背景和理论背景;在此基础上,提出核心研究问题,即悖论式领导对员工创造力、团队创造力以及组织创造力的影响机制是什么;围绕这一核心问题,通过实地调研和文献研究将研究问题细化,并

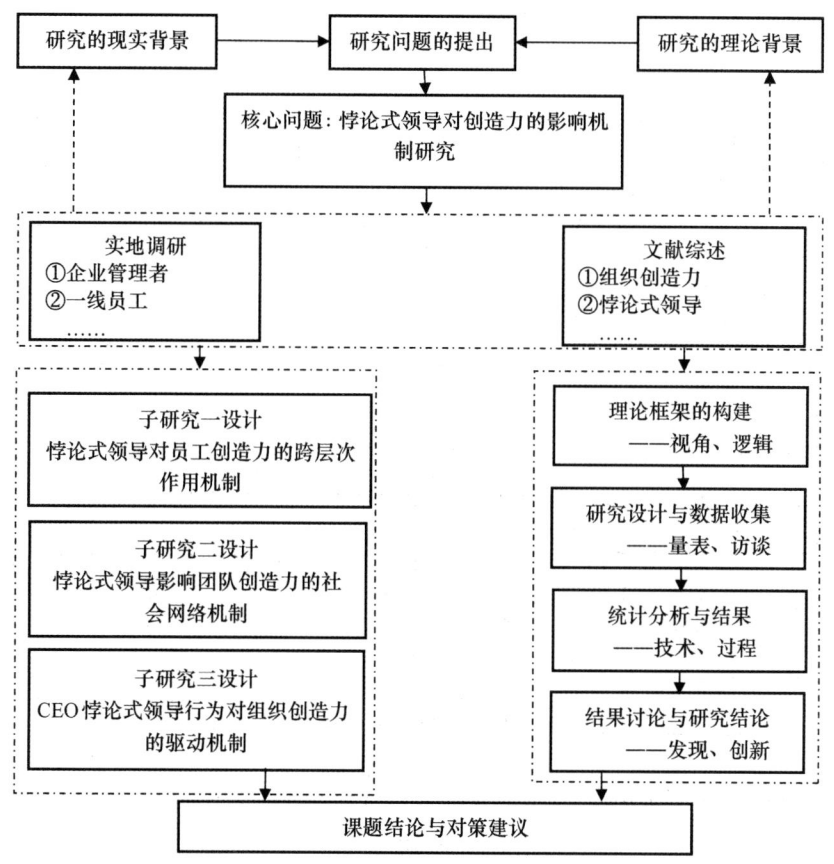

图1—1 本书的研究程序

形成三个子研究设计;然后按照理论框架构建、研究设计与数据收集、统计分析与结果报告、结果讨论和研究结论等程序开展三个子研究;最后对三个子研究进行总结,归纳研究贡献,指出研究局限性,并对未来研究提出展望。

二 技术路线

本书主要就悖论式领导与创造力的关系展开研究。围绕这一主题,本书拟解决三个问题:①探讨悖论式领导对员工创造力的跨层次作用机制。②探讨悖论式领导影响团队创造力的社会网络机制。③探讨 CEO 悖论式领导行为对组织创造力的驱动机制。本书的技术路线和图 1—2 所示。

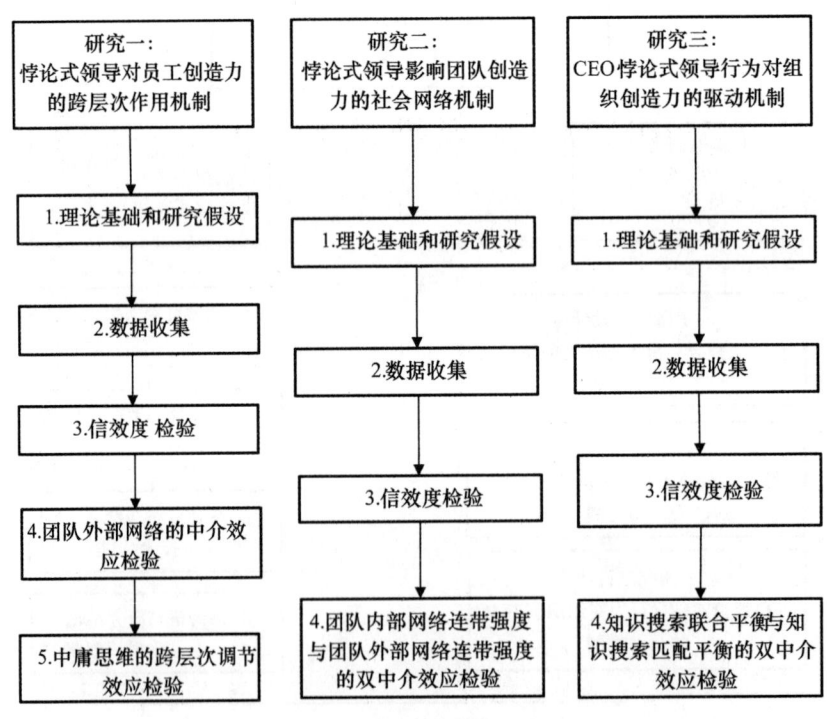

图 1—2 技术路线

三 研究方法

为了全面回答上述三个研究问题,本书采取了文献研究、问卷调查、统计分析等研究方法。

(一) 文献研究

笔者近年来大量搜集了悖论式领导、员工创造力、团队创造力、组织创造力等领域的国内外文献,并对文献进行了深入的研究。通过对悖论式领导、员工创造力、团队创造力、组织创造力领域的文献进行研究,构建了悖论式领导与员工创造力、团队创造力以及组织创造力的关系模型,并提出其中的中介机制与边界条件假设,为本书三个子研究的开展奠定了坚实的基础。

(二) 问卷调查

本书的子研究一、子研究二、子研究三的数据通过问卷调查获得。因此,为了开展这三个子研究的工作,课题组先后实施了大规模的问卷调查工作,以获取相应的一手数据。子研究一的数据来源于宁波、常州等长三角地区的8家高新技术企业,子研究一共向60个团队的300位参与者发放了问卷,其中直接上司问卷60份,下属员工问卷240份。共有55名直接上司和215名下属员工填答了问卷。问卷收回后,我们根据问卷填答信息的完整性、选项答案是否有明显规律性以及配对的有效性来筛选问卷,最终获得51个团队的175套有效配对问卷。子研究二的数据来源于宁波、常州两地的6家高新技术企业,子研究二共向60个团队的240位参与者发放了问卷,其中团队领导问卷60份,团队成员问卷180份。通过回收和筛选,删除无效的配对问卷,最终得到有效配对问卷为41套,包括团队领导问卷41份,团队成员问卷137份。子研究三的数据来源于长三角地区的企业,子研究三共发放250份问卷,舍弃收集到的无效问卷,对于填答不完整或明显填答不规范的问卷予以剔除,最终得到有效样本140份。

(三) 统计分析

基于大样本的问卷调查数据,课题组运用SPSS22.0、LISREL8.51

组织创造力的提升路径研究：悖论式领导的触发作用

等统计软件，先后开展了探索性因子分析、验证性因子分析、描述性统计与相关性分析、层级线性回归分析、结构方程建模等统计分析工作，进而揭示悖论式领导对员工创造力的跨层次作用机制、悖论式领导影响团队创造力的社会网络机制以及 CEO 悖论式领导行为对组织创造力的驱动机制，补充和拓展悖论式领导有效性的实证研究。

四 内容组织

本书将分为 7 章，各章节的内容安排如下。

第一章：交代本书具体的研究背景，提出本书致力于解答的研究问题，指出本书研究的理论意义和现实意义，并对研究的总体安排和内容组织做概括性的介绍。

第二章：对本书所涉及的有关创造力的相关研究文献进行全面的梳理与评述，包括员工创造力、团队创造力与组织创造力的相关研究文献等，为本书研究框架的构建与研究假设及命题的推导奠定基础。

第三章：对悖论式领导的相关研究文献进行全面的梳理与评述，包括悖论式领导的概念、维度与测量、前因变量以及结果变量等相关文献，为本书研究框架的构建与研究假设及命题的推导奠定基础。

第四章：围绕本书的第一个子研究展开，基于 175 份"上司—员工"的配对问卷数据，探讨了团队外部网络在悖论式领导与员工创造力之间的中介作用，以及中庸思维在团队外部网络影响员工创造力过程中的调节作用，进一步探究中庸思维对悖论式领导通过团队外部网络进而影响员工创造力的调节效应，揭示悖论式领导行为对员工创造力的跨层次作用机制。

第五章：围绕本书的第二个子研究展开，基于 41 个团队的问卷调查数据，基于社会网络理论，探讨团队内部网络连带强度和团队外部网络连带强度在悖论式领导与团队创造力之间的双重中介效用，明晰了悖论式领导影响团队创造力的作用路径，补充和拓展悖论式领导有效性的实证研究。

第六章：围绕本书的第三个子研究展开，基于 140 份问卷调查数据，构建并验证"CEO 悖论式领导—知识搜索平衡—组织创造力"的理论模型，揭示 CEO 悖论式领导影响组织创造力的内在作用机制，以期拓展悖论式领导有效性的研究层次。

第七章：对以上三个子研究进行总结，提炼出本书的理论贡献以及实践启示，并指出研究局限性及未来研究方向。

依据每章的具体内容，各章节之间的关系可用图 1—3 表示。

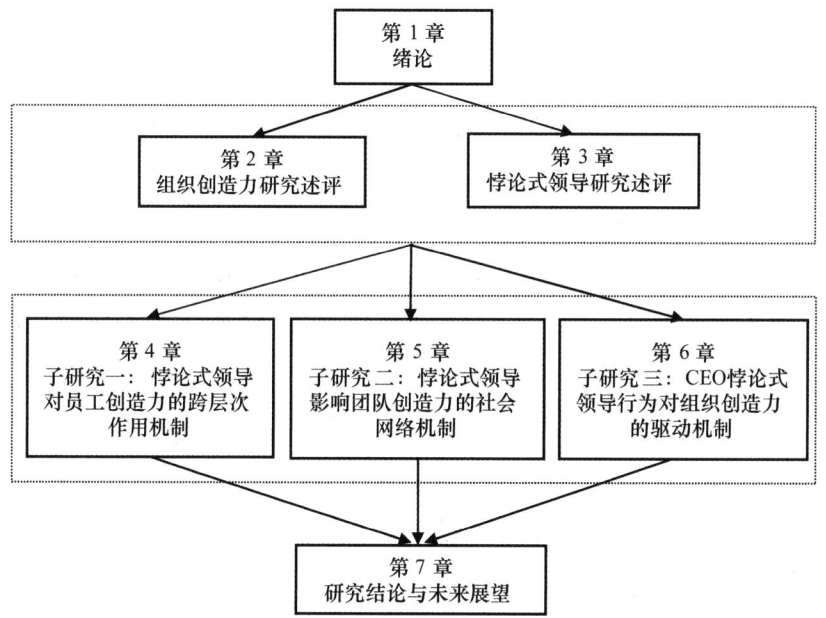

图 1—3 本书各章节之间的关系

第二章 组织创造力研究述评

第一节 员工层次创造力研究进展

一 员工创造力的概念内涵

1950年，美国心理学家Guilford首次对创造力概念展开讨论，但当时关注的学者较少。直到20世纪80年代，创造力的研究才成为学者们重点关注的议题。已有研究对员工创造力的内涵界定主要包括过程观、人格观、结果观和能力观等四种视角，如表2—1。

表2—1　　　　　　　　员工创造力的内涵

视角	学者（年份）	内涵
过程观	Reber（1985）	形成新颖、独特的解决方案或产品的心理过程。
	Leonard（1999）	建立或描述具有实用性的新想法的过程。
	Parnes et al.（1977）	发现事实、定义问题、产生创意、发现方案和采纳方案五个阶段。
人格观	Dacey & Lennoon（1998）	具有高创造力的个体通常表现出容忍不确定性、突破规范、突破功能限制、无性别刻板印象、弹力、毅力、延期报偿、喜好复杂的工作、喜欢冒险和具有勇气等人格特质。
	林崇德（1999）	创造力是基于特定的目的，运用已知信息，产生对个人或社会有价值的新颖的个人品质。
结果观	Guilford（1985）	创造力是个体设计新产品或将新观念融入已有产品中进而产生新产品的形式。
	Amabile（1996）	关于产品、服务、生产方法、管理流程的新颖的、有价值的想法或意见。

续表

视角	学者（年份）	内涵
能力观	Guilford（1985）	个体具有新颖的想法或对原有想法、产品进行创造的能力。
	Sternberg 和 Lubart（1991）	一种创造出既新颖又实用的产品或想法的能力。

资料来源：根据相关文献整理。

二 员工创造力的测量

有关员工创造力的测量方法目前已经取得了良好的进展，并趋于成熟，其中最为常见的研究方法是实验法与实地调查法。

在实验法中，通常由若干独立的专家或者领导针对员工所产生的创意、产品或者过程进行一致性的合理评价来测量员工创造力（Amabile，1983）。该方法的优点是可以控制干扰因素，不足之处是外部效度有限。

在实地调查法中，常用的员工创造力量表有 Scott 和 Bruce（1994）的创造力量表、Oldham 和 Cummings（1996）的创造力绩效量表、Tierney 等（1999）的创造力量表、Zhou 和 George（2001）的创造力量表、Farmer 等（2003）的创造力量表。各量表的测量题项如表2—2所示。

表2—2　　　　　　　　　员工创造力的测量量表

量表	测量题项
Scott 和 Bruce（1994）	产生有关新技术、新过程或新产品的想法
	产生创新想法
	向他人弘扬自己的想法
	调查并确保实施新想法所需的资金
	为新想法的实施制订充分的计划和时间表
	是一个创新的人

续表

量表	测量题项
Oldham 和 Cummings（1996）	该员工工作的原创性和实用性（员工产生的想法、成果对组织是与众不同且有用的）
	该员工工作的适用性和实用性（适用现有资源或信息产生对组织有用的想法、成果）
	该员工工作的创造性（员工产生别具一格且对组织有用的想法或成果）
Tierney 等（1999）	该员工工作能体现其原创性
	敢于冒险采用新想法
	发现现有方法或设备的新用途
	采用与众不同的方式解决问题
	解决了造成其他困难的问题
	识别出新产品/新工艺的机会
	产生新颖但可操作的与工作相关的想法
	是创造力的好榜样
	在我们的领域产生了革命性的想法
	该员工工作能体现其原创性
	敢于冒险采用新想法
	发现现有方法或设备的新用途
	采用与众不同的方式解决问题
	解决了造成其他困难的问题
Zhou 和 George（2001）	经常建议采用新方法完成目标
	提出新颖可行的方法改善工作绩效
	寻求新的工艺或流程
	经常建议采用新的方法提高质量
	是创意的好来源
	不害怕冒险
	向他人推广和倡导想法
	如果有机会的话，在工作中表现出创造性
	为新想法的实施制订充分的计划和时间表
	经常有新的、创新的想法
	想出创造性的解决方法
	通常对问题有新的解决方法
	提出执行工作任务的新方法

续表

量表	测量题项
Farmer 等（2003）	员工在工作中优先尝试新的想法和方法
	寻求解决问题的新思路和方法
	产生与该领域相关的突破性想法
	是创造力的典范

资料来源：根据相关文献整理。

三 员工创造力的影响因素

国内外学者从领导风格、工作特征、个人特质、心理需求、领导特质与行为、工作环境等方面对员工创造力的前因展开了大量的实证研究，取得了丰富的成果，如表2—3所示。

（一）上司领导风格对员工创造力的影响

学者们围绕变革型领导与员工创造力之间的关系开展了充分的探讨，多数研究结果表明变革型领导正向影响员工创造力（丁琳和席酉民，2008；Lin et al.，2010；Cheung & Wong，2011；Peng et al.，2013；Wang et al.，2014；Afsar et al.，2014；Mittal & Dhar，2015；Jaiswal & Dhar，2015；Jyoti & Dev，2015；Nils et al.，2015；Qu et al.，2015；杨浩和杨百寅，2015；Masood & Afsar，2017；Dong et al.，2017；Chaubey et al.，2019；Florin et al.，2020；Shafi et al.，2020；卢艳秋等，2020）；然而，有少数研究发现变革型领导会抑制员工创造力（蔡亚华等，2015）；另外，Ma 和 Jiang（2018）研究发现变革型领导与员工创造力之间不存在显著相关关系；Ma 等（2020）的研究结果表明变革型领导与员工创造力之间存在倒 U 型关系，工作正规化和权力距离调节了两者之间的曲线关系。

国内外学者就辱虐管理与员工创造力之间的关系也展开了诸多研究，大部分研究发现辱虐管理负向影响员工创造力（刘文兴等，2012；Zhang et al.，2014；Liu et al.，2016；Gu et al.，2016；Han et al.，

2017；沈伊默等，2019；Shen et al.，2020；Wang et al.，2021；He et al.，2021）；也有少数研究得出不一致的观点，如 Lee 等（2013）的研究结果表明主管辱虐管理行为与员工创造性表现之间呈倒 U 型关系，李晋等（2015）研究发现，对于低传统性员工而言，辱虐型领导制约了员工的创造力，而对于高传统性员工而言，辱虐型领导则提高了员工的创造力。

有关家长式领导与员工创造力之间的关系，现有研究尚未达成一致的看法。Tian 和 Sanchez（2017）研究发现家长式领导中的仁慈型领导与员工创造力呈正相关关系，而威权型领导与员工创造力呈负相关关系。仁慈型领导对员工创造力的正向效应得到了多数研究的验证（蒋琬和顾琴轩，2015；Lin et al.，2018），相关研究也发现德行领导正向影响员工创造力（王永跃等，2018），威权领导正向影响员工创造力（张怡凡等，2019）。

另外，多数研究表明伦理型领导对员工创造力具有显著的正向预测作用（宋文豪等，2014；Chughtai，2016；Dhar，2016；Javed et al.，2018；Asif et al.，2019；Kalyar et al.，2020），但也有研究发现伦理型领导与员工创造力之间呈倒 U 型关系（Feng et al.，2018）。石冠峰等（2017）的研究结果表明，亲和幽默型领导正向影响员工创造力，攻击幽默型领导却负向影响员工创造力。此外，国内外相关研究发现真实型领导对员工创造力具有显著的正向影响（Cerne et al.，2013；Rego et al.，2014；Ahmad et al.，2015；Malik et al.，2016；Meng et al.，2016；Semedo et al.，2017；Chaudhary & Panda，2018），授权型领导正向影响员工创造力（Zhang & Zhou，2014；Byun et al.，2016；Martono et al.，2020；Liu et al.，2020），服务型领导与员工创造力之间呈正相关关系（Yang，Liu & Gu，2017；Jaiswal & Dhar，2017；Yang et al.，2020），谦卑型领导正向影响员工创造力（Wang et al.，2018；刘新梅等，2019），包容型领导、共享型领导、魅力型领导、愿景型领导、自我牺牲型领导、精神型领导、创业型领导、责任型领导、真我型领导、教练型领导、赋能型领导、灵性领导、差序式领导对员工创造力均有显著的正向预测作用（彭伟等，2017；古银华等，2017；王辉和常阳，2019；Gu et al.，2018；Liu et al.，2021；张鹏程等，2011；王兆证和周路路，2015；Liang & Fan，2020；Sani et al.，2020；Riana et al.，2020；Castro-Gonzalez et al.，2019；秦伟平等，2016；朱永跃等，2020；龚文和薛姣，2020；邓志华等，2020；吴士健等，2021）。

（二）工作特征对员工创造力的影响

已有研究主要围绕任务复杂性、任务冲突、任务意义、工作自主性、工作不安全感、工作压力对员工创造力的影响展开探讨。国内外相关研究发现任务复杂性有助于激发员工创造力（洪雁和王端旭，2011；Jo & Lee，2012；Sung et al，2017）。关于任务冲突对员工创造力的影响，现有研究尚未达成一致认识，有研究发现任务冲突和员工创造力之间呈正相关关系（Clercq et al，2017），但Li等（2018）的研究结果却表明任务冲突与员工创造力呈倒U型关系。任务意义对员工创造力具有显著的正向影响（马君和赵红丹，2015）。工作自主性对员工创造力的正向预测作用得到了诸多学者的共识（Chang et al.，2012；Kumar & Appu，2015；Zhang et al.，2017；马君等，2020）。部分研究发现工作不安全感负向影响员工创造力（张小林等，2014），也有研究却发现工作不安全感与员工创造力之间存在显著的正相关关系（陈明淑和周子旋，2020），据此，有学者指出工作不安全感与员工创造力之间呈现倒U型关系，中等水平的工作不安全感下的员工创造力最高（周浩和龙立荣，2011）。工作压力与员工创造力之间的关系是国内外学者关注的一个焦点议题，研究发现挑战性压力正向影响员工创造力，然而阻碍性压力却负向影响员工创造力（Hon et al.，2013；刘新梅等，2016；Ding et al.，2019；Sun et al.，2019；刘美玉等，2021）。

（三）人格特质对员工创造力的影响

已有研究主要围绕主动性人格、情绪、情绪智力、批判性思维、中庸思维、自我反思、经验开放性等对员工创造力的影响展开探讨。现有文献普遍认为主动性人格对员工创造力具有显著的正向影响（Jiang & Gu, 2015；Pan et al., 2018；Li et al., 2019；Zhang et al., 2021）。关于情绪与员工创造力的关系，已有研究发现积极情绪有助于提高员工创造力，而消极情绪则会抑制员工创造力（Liu, 2016；Montani et al., 2018；顾远东等，2019）。此外，情绪智力以及情感稳定性都有助于激发员工的创造力（Jafri, 2018；Park et al., 2021）。经验开放性与员工创造力之间的正相关关系也得到了诸多研究的证实（Madrid & Patterson, 2016；Zhang et al., 2020）。另有研究结果表明，玩兴特质、自我导向型完美主义、自我反思、批判性思维、中庸思维与员工创造力都存在显著的正相关关系（石冠峰等，2016；Kim et al., 2017；Wang et al., 2019；江静和杨百寅，2014；吴士健等，2020）。姚艳虹和季凡祺（2021）研究发现，悖论思维与员工创造力呈倒U型关系。

（四）心理需求对员工创造力的影响

国内外学者主要围绕内在动机、创造力自我效能感、资质过高感、期望感知、心理授权、心理安全、心理弹性对员工创造力的影响开展了较多的实证研究。大量研究结果表明，内在动机对员工创造力具有显著的正向预测作用（Hon & Hy, 2012；Zhu & Peng, 2013；Ngan Hoang et al., 2021）。创造力自我效能感对员工创造力的促进作用也得到了诸多研究的证实（丁栋虹和张翔，2016；Han & Bai, 2020；Li et al., 2020）。关于资质过高感与员工创造力之间的关系，有研究发现两者之间呈现U型关系（马蓓等，2018），但两者之间的关系可能会受到组织创造力支持感的调节（陈明淑和向琴，2019）。Lu和Ghorbani（2016）研究发现，期望感知对员工创造力具有显著的正向影响；心理弹性、心理安全都有助于激发员工的创造力（王永跃和张玲，2018；Liu & Ge,

2020)。

(五) 领导特质与行为对员工创造力的影响

国内外学者围绕领导者情绪智力、创造力自我效能感与心理资本对员工创造力的影响开展了研究，研究结果表明三者对员工创造力均具有显著的正向影响（Castro et al., 2012; Huang et al., 2016; 徐劲松和陈松, 2017）。此外，相关研究也发现领导创造力以及领导创新性工作表现对员工创造力具有积极的影响作用（Koseoglu et al., 2017; 黄勇等, 2021; 潘静洲等, 2013）。无论是领导的角色示范还是行为示范，都有助于激发员工创造力（Li et al., 2015; 尚玉钒和李磊, 2015）。领导支持行为、公开行为以及知识共享行为与下属创造力之间均存在显著的正相关关系（王端旭和洪雁, 2010; Yi et al., 2017; Zaitouni & Ouakouak, 2018; Le & Thanh, 2020）。领导反馈与下属创造力之间的关系是学者们关注的一个重要议题，相关研究发现领导的积极反馈、发展性反馈都有助于下属创造力的提高，而消极反馈则会抑制下属创造力（李东方等, 2013; Le & Thanh, 2019; 耿紫珍等, 2020）。领导倾听、领导授权等积极的领导行为对下属创造力都具有显著的正向预测作用（Castro et al., 2018; 朱永跃和欧阳晨慧, 2019）。此外，高质量的领导成员交换关系对员工创造力的正向影响得到了诸多研究的验证（黄艳等, 2018; Vila-Vázquez et al., 2020; Mulligan et al., 2021）。

(六) 工作环境对员工创造力的影响

已有研究主要围绕组织氛围、组织文化、组织公平、人力资源管理实践、团队结构等对员工创造力的影响展开探讨。无论是组织支持性氛围还是员工感知到的组织支持感都有助于激发员工创造力（王端旭和洪雁, 2011; Tsai et al., 2015; Wu et al., 2019; Duan et al., 2020; Aldabbas et al., 2021）。组织创新氛围对员工创造力的正向预测作用也得到诸多研究证实（Hsu & Chen, 2017; Liu & Wang, 2019）。Turgut 和 Skmen (2018) 研究发现，组织伦理感知与员工创造力之间存在显著的正相关关系。关于组织文化与员工创造力之间的关系，有研究发现，领导能力和灵活型组织文化与员工创造力之间存在正相关关系，市场和集团组织文化与员工创造力之间存在负相关关系（Ogbeibu et al.，2020）。工作场所乐趣以及个性化管理都有助于激发员工创造力（Wang et al.，2018；石冠峰和姚波兰，2019），而职场排斥则会抑制员工创造力（王洪青和肖久灵，2021）。组织公平与员工创造力之间的关系是学者们关注的一个重要议题，研究发现组织公平总体上有助于员工创造力的提升，分配公平、程序公平、互动公平与员工创造力之间都存在显著的正相关关系（Young & Linn，2012；谢俊等，2013；Zou et al.，2015）。关于绩效薪酬与员工创造力的关系，有研究发现，绩效薪酬的信息性对员工创造力具有显著的正向影响，然而绩效薪酬的控制性则会抑制员工创造力（常涛等，2014），员工感知到的奖励会显著激发其创造力（Li et al.，2017）。高绩效工作系统与员工创造力之间的正相关关系也得了学者们的普遍共识（Chiang et al.，2015；Agarwal & Farndale，2017；Tang et al.，2017；曹曼和赵曙明，2018；Miao & Cao，2019），绩效导向和稳定导向的人力资源实践都有助于激发员工创造力（魏巍和彭纪生，2018），组织可以通过积极构建双元型人力资源系统来提高员工创造力（胡文安等，2017），然而组织过低或过高的期望贡献都不利于激发员工创造力（李召敏和赵曙明，2018）。虽然高承诺工作系统有助于员工创造力的提高（Li et al.，2017），但过高或过低的组织公民行为压力都不利于员工创造力，适中组织公民行为压力情境下的员工创造力最高（赵红丹和江苇，2018）。团队结构特征与员工创造力之间的关系也是国内外学者关注的一个焦点议题，有研究发现团队结构约束有助于提高员工创造力（李家俊等，2017），团队合作氛围及创造力氛围与员工创造力之间都存在显著的正相关关系（Zhu et al.，2018；Sung et al.，2018），然而，信息型团队断裂显然不利于激发员工创造力（刘新梅等，2019）。

第二章 组织创造力研究述评

表2—3 员工创造力影响因素的实证研究汇总

研究视角	研究者	前因变量	研究对象	研究结论
领导风格	丁琳和席酉民（2008）	变革型领导	69对主管与下属的匹配问卷	变革型领导正向影响员工创造力；心理授权和组织对创造力的支持起中介作用。
	Lin, Xi & Hua（2010）	变革型领导	183份领导—员工配对问卷	变革型领导与员工创造力显著正相关，上下级关系在其中发挥中介作用。
	Cheung & Wong（2011）	变革型领导	182份主管—员工配对数据	变革型领导正向影响下属创造力，领导者的任务与关系支持在两者关系中发挥调节作用。
	Peng et al.（2013）	变革型领导	31个团队172名员工	变革型领导正向影响员工创造力，创新氛围在其中发挥中介作用。
	Wang, Tsai & Tsai（2014）	变革型领导	旅游酒店的395对主管—员工配对数据	变革型领导正向影响员工创造力，创造力角色认同和创造力自我效能在两者之间起链式中介作用，工作复杂性在其中起调节作用。
	Afsar, Badir & Bin（2014）	变革型领导	中国五家企业的639名员工和87名领导	变革型领导与员工创造力显著正相关系，心理授权在两者之间起中介作用，依赖型自我建构与独立型自我建构在其中发挥调节作用。
	Mittal & Dhar（2015）	变革型领导	348份主管—下属配对问卷	变革型领导正向影响员工创造力，创造力自我效能在其中起到中介作用，知识共享在其中发挥调节效应。
	Jaiswal & Dhar（2015）	变革型领导	372名员工和他们的直接上司	变革型领导对员工创造力有显著的正向影响作用，创新氛围在两者之间起中介作用，创新自我效能感调节员工创造力之间的关系。
	Jyoti & Dev（2015）	变革型领导	印度的202名员工	变革型领导与员工创造力之间存在正向关系，学习导向在其中发挥调节作用。

组织创造力的提升路径研究：悖论式领导的触发作用

续表

研究视角	研究者	前因变量	研究对象	研究结论
领导风格	Nils, Sabine & Unger (2015)	变革型领导	279名员工	变革型领导对员工创造力具有积极影响作用，晋升焦点在其中发挥中介作用，创新过程参与和晋升焦点与员工创造力之间起部分中介作用。
	Qu, Janssen & Shi (2015)	变革型领导	中国某能源公司420对领导者—员工配对问卷	变革型领导与员工创造力呈正相关关系，员工认同在其中起中介作用，下属感知的领导积极情感调节员工创造力认同的中介效应。
	杨皓和杨百寅 (2015)	变革型领导	225份领导—下属配对问卷	变革型领导正向影响员工创造力，创新认知投入在其中发挥中介作用，员工的积极情绪正向调节创新认知投入与员工创造力的中介效应。
	蔡亚华、贾良定和万国光 (2015)	变革型领导	65家企业的205个工作团队的905位员工	变革型领导通过影响员工负荷性压力感知进而对员工创造力产生抑制效应。
	Masood & Afsar (2017)	变革型领导	587名护士和164名医生	变革型领导正向在变革型领导与员工心理授权之间起中介作用，角色认同调节变革型领导行为与知识共享之间的关系，内在动机和知识共享在变革型领导与创造力之间起中介作用，依赖型信任和披露型信任调节共享行为与员工创造力之间的关系。
	Dong et al. (2017)	变革型领导	8家公司43个团队的171个员工	变革型领导对员工创造力具有积极影响，知识共享在其中发挥中介作用，个人技能发展在知识共享与个人技能发展与员工创造力之间发挥调节作用。
	Ma & Jiang (2018)	变革型领导 交易型领导	260家创业经验不足5年的企业	变革型领导与员工创造力正相关，交易型领导与员工创造力不显著相关，变革型领导与财务报酬、交易型领导与财务报酬的协同作用分别强化了对员工创造力的影响，心理授权在上述关系中发挥了完全中介作用。

续表

研究视角	研究者	前因变量	研究对象	研究结论
	Chaubey, Sahoo & Khatri (2019)	变革型领导	印度两个汽车制造单位的254名管理人员	变革型领导正向影响员工的创造力,员工创造性自我效能在其中起中介作用,工作环境调节变革型领导与员工创造力之间的关系。
	Florin, Zbuchea & Pinzaru (2020)	变革型领导	139名员工	变革型领导与员工创造力存在显著正相关关系,心理授权在其中起中介作用。
	Shafi et al. (2020)	变革型领导	31家软件公司的164名主管与员工	变革型领导正向影响员工创造力,内在动机正向调节两者间的关系。
	Ma et al. (2020)	变革型领导	232名员工和他们的直接主管	变革型领导与员工创造力之间存在倒U型关系,工作正规化和权力距离调节了两者之间的曲线关系。
领导风格	卢艳秋、庞立君和王向阳 (2020)	变革型领导	60个团队中302对领导—员工配对数据	变革型领导对员工创造力具有显著的正向预测作用,团队共享信念在其中发挥跨层次中介作用,团队失败共享信念与员工创造力之间发挥显著中介作用。
	刘文兴、廖建桥和张鹏程 (2012)	辱虐管理	一家大型制造企业的385名员工	辱虐管理负向影响员工创造力,关系冲突、程序不公平感在两者关系中发挥完全中介作用。
	Lee, Yun & Srivastava (2013)	辱虐管理	203套上级—下属配对问卷	主管辱虐管理行为与员工创造性表现之间呈倒U型关系,当辱虐管理处于中等水平时,员工表现出更多的创造力。
	Zhang et al. (2014)	辱虐管理	235份主管—下属配对问卷	辱虐管理负向影响员工创造力,内在动机在两者间起中介作用,核心自我评价调节辱虐管理与员工内在动机的关系,并调节内在动机在两者间的中介作用。

续表

研究视角	研究者	前因变量	研究对象	研究结论
领导风格	李晋、秦伟平和周路路（2015）	辱虐型领导	江苏省两家大型民营企业集团中的532名员工及其89名主管	员工传统性负向调节辱虐型领导与员工创造力之间的关系，并且这一调节作用被组织宽容氛围部分中介。对于低传统性员工而言，辱虐型领导抑制了员工的创造力，对于高传统性员工而言，辱虐型领导促进了员工的创造力。
	Liu et al.（2016）	辱虐管理	423名员工	心理安全和组织认同在辱虐管理对员工创造力的负面影响过程中发挥中介作用。
	Gu et al.（2016）	辱虐管理	207名员工	辱虐管理与员工创造力呈负相关关系，部门认同调节两者的关系，员工所持的面孔起到了缓和作用，辱虐管理对部门认同的直接影响和部门认同的间接作用在员工面子较低时更加明显。
	Han, Harms & Bai（2017）	辱虐管理	43个工作团队的283名员工	辱虐管理与员工创造力呈负相关关系，员工的睡眠不足和情绪耗竭在其中起中介作用。
	沈伊默等（2019）	辱虐管理	以93名主管和369名员工为对象	主管的辱虐管理行为对员工创造力具有消极影响，心理契约破坏在其中起中介作用，但该负向的间接关系效应对高中庸思维者而言较弱。
	Shen, Yang & Hu（2020）	辱虐管理	77个工作小组的357个主管与下属	辱虐管理与员工创造力负相关，创造性角色认同在两者关系中起中介作用，辱虐管理氛围调节创造性角色认同与员工创造力之间的关系。
	Wang et al.（2021）	辱虐管理	234名员工	辱虐管理负向影响员工创造力，心理可得性具有消极影响，绩效改进归因调节心理可得性在其中起中介作用。
	He et al.（2021）	辱虐管理	71个团队中319名团队成员及其领导	辱虐管理对员工创造力具有消极影响，且团队层面的领导部署交换在其中起中介作用。

续表

研究视角	研究者	前因变量	研究对象	研究结论
领导风格	Tian & Sanchez (2017)	家长式领导	60家科技组织的302名员工—主管—同伴三元组	仁慈型领导与员工创造力呈正相关,威权型领导与员工创造力呈负相关,情感信任在上述关系上起中介作用。
	蒋瑜和顾琴轩 (2015)	仁慈型领导	167套员工—领导匹配问卷	仁慈型领导促进员工创造力,员工对领导认同与领导成员交换在两者之间发挥顺序中介作用。
	Lin et al. (2018)	仁慈型领导	42个研发团队的391名中国员工	仁慈型领导与员工创造力之间存在正相关关系,领导成员交换在其中发挥中介作用,权力距离调节仁慈型领导成员交换之间的关系。
	张怡凡、陈默和唐宁玉 (2019)	威权领导	某科技型企业239个两阶段、领导—下属配对样本	威权领导正向影响员工创造力,心理依赖在其中起中介作用,权力距离取向在威权领导与心理依赖之间发挥正向调节作用,主动性人格在领导成员交换中发挥中介作用。
	王永跃、张玲和张书元 (2018)	德行领导	275份员工问卷配对问卷	德行领导正向促进员工创造力,上下级关系部分中介德行领导与员工创造力之间的作用,权力距离调节领导与上下级关系的中介效应。
	宋文豪、于洪彦和蒋婉 (2014)	伦理型领导	高新技术企业的202份员工与领导匹配问卷	伦理型领导对员工创造力有显著的正向影响作用,伦理氛围,心理安全和知识共享在伦理型领导与员工创造力之间起中介作用。
	Chughtai (2016)	伦理型领导	巴基斯坦一家大型公立医院的172名医生	伦理型领导会激发员工创造力,心理授权和领导部属交换在伦理型领导与员工创造力之间起中介作用。

续表

研究视角	研究者	前因变量	研究对象	研究结论
领导风格	Dhar（2016）	伦理型领导	468名客户接触员工和117名主管	伦理型领导与员工创造力之间呈正相关关系；领导成员交换在两者间发挥中介作用，工作自主性调节领导成员交换与员工创造力之间的关系。
	Javedet al.（2018）	伦理型领导	巴基斯坦的205份主管一下属配对问卷	伦理型领导促进员工创造力，对领导者的信任在其中发挥中介作用。
	Feng et al.（2018）	伦理型领导	258名领导与员工	伦理型领导与员工创造力之间呈倒U型关系，员工内在动机在这一曲线关系中起部分中介作用。
	Asif et al.（2019）	伦理型领导	233名公共部门员工	伦理型领导与员工创造力呈完全中介作用，情感承诺和工作投入在两者之间起部分中介作用。
	Kalyar, Usta & Shafique（2020）	伦理型领导	557名在公立医院工作的护士及其主管人员	伦理型领导与员工创造力之间存在正相关关系，员工心理资本起中介作用，并调节领导成员交换在其中起完全中介作用，情感承诺和工作领导成员交换与员工创造力之间的关系。
	石冠峰、毛舒婷和王坤（2017）	幽默型领导	334名员工	亲和幽默型领导对员工创造力具有显著的正向预测作用，攻击幽默型领导对员工创造力具有显著的负向预测作用，领导成员交换在上述关系中起中介作用，上下级共事时间调节亲和幽默型领导与员工创造力之间的正向关系，也调节攻击型幽默型领导与员工创造力之间的负向关系。
	Cerne et al.（2013）	真实型领导	23个团队领导和289个团队成员	真实型领导正向影响员工创造力，创新支持感调节两者之间的关系。

续表

研究视角	研究者	前因变量	研究对象	研究结论
领导风格	Rego et al. (2014)	真实型领导	葡萄牙零售机构的203名员工	真实型领导正向影响员工创造力，员工的积极情感和希望在其中起中介作用。
	Ahmad, Zafar & Shehzad (2015)	真实型领导	302对领导—员工配对问卷	真实型领导正向影响员工创造力，内在动机和情绪在真实型领导与员工创造力之间起部分中介作用。
	Malik, Dhar & Handa (2016)	真实型领导	印度的43家中小型医院	真实型领导与员工创造力呈正相关，知识共享在其中发挥中介作用，信息技术的使用在其中起调节作用。
	Meng, Cheng & Guo (2016)	真实型领导	中国企业的69名团队领导和335名团队成员	真实型领导正向影响员工创造力，团队信任和心理安全在其中起中介作用。
	Semedo, Coelho & Ribeiro (2017)	真实型领导	543名员工	真实型领导正向影响员工创造力，幸福感在其中起中介作用，员工对管理的满意度调节真实型领导、幸福感和创造力之间的关系。
	Chaudhary & Panda (2018)	真实型领导	印度汽车行业的300名员工	真实型领导与员工创造力呈正相关系，真实型领导投入在其中发挥真实型中介作用。
	Zhang & Zhou (2014)	授权型领导	322名主管—员工配对数据	授权型领导与员工创造力呈正相关系，心理意义和工作创造力自我效能在其中发挥中介作用。
	Byun et al. (2016)	授权型领导	224名领导—员工配对问卷	授权型领导正向影响员工创造力，心理授权与任务明显性调节授权型领导与员工创造力之间的关系。
	Martono, Wulansari & Khoiruddin (2020)	授权型领导	国有银行的220名员工	授权型领导正向影响员工创造力，对领导的信任、学习动机和创造力自我效能在授权型领导与员工创造力之间起中介作用。

续表

研究视角	研究者	前因变量	研究对象	研究结论
领导风格	Liu et al.（2020）	授权型领导	214名员工	授权型领导正向影响员工创造力，认知活性在其中发挥部分中介作用，考虑未来结果调节授权型领导与认知灵活性的关系。
	Yang, Liu & Gu（2017）	服务型领导	11家银行的466名员工和83名团队领导	服务型领导正向影响员工创造力，创造力自我效能感和团队领导权力距离调节服务型领导与团队自我效能感之间的关系。
	Jaiswal & Dhar（2017）	服务型领导	48个团队	服务型领导对员工创造力具有显著的正向预测作用，领导服务型信任在服务型领导与员工创造力之间起中介作用，集体主义调节服务型领导与团队服务氛围之间的关系。
	Yang et al.（2020）	服务型领导	中国11家银行的451名员工	
	Wang, Liu & Yu（2018）	谦卑型领导	106个团队的328名成员	谦卑型领导正向影响员工创造力，团队认同在其中之间起中介作用，心理安全在其中起中介作用，知识共享调节领导与员工创造力的关系。
	刘新梅、姚进和陈超（2019）	谦卑型领导	51个团队196名团队成员	谦卑型领导正向影响员工创造力，建言氛围在其中发挥中介作用，领导成员交换中调节建言氛围的中介效应。
	彭伟、朱晴雯和乐婷（2017）	包容型领导	257份领导—员工配对问卷调查	包容型领导对员工创造力有积极影响作用，创造自我效能感和领导成员交换在包容型领导与员工创造力之间起中介作用。
	古银华等（2017）	包容型领导	67家企业的468套上级—下属配对问卷	包容型领导正向影响员工创造力，团队心理安全感、下属认知依赖在其中起中介作用。

续表

研究视角	研究者	前因变量	研究对象	研究结论
	王辉和常阳（2019）	包容型领导	10家企业的273名员工	包容型领导对员工创造力有显著的正向影响，心理可得性部分中介包容型领导与员工创造力之间的关系，工作复杂性正向调节包容型领导与心理可得性之间的关系，且正向调节心理可得性的中介效应。
	Gu et al.（2018）	共享型领导	53个跨组织团队	共享型领导通过知识共享对员工创造力有显著的正向影响，任务相互依赖正向调节共享型领导与知识共享的关系。
	Liu et al.（2021）	共享型领导	北京、天津和河北地区的89个科研团队	共享型领导对员工创造力有正向影响，创造力自我效能感与成就动机在其中存在同步中介和顺序多重中介作用。
领导风格	张鹏程、刘文兴和廖建桥（2011）	魅力型领导	196对直接领导与员工的配对问卷	魅力型领导正向影响员工创造力，心理安全和知识共享在魅力型领导与员工创造力之间起负向调节作用，集体主义负向调节魅力型领导与员工创造力之间的关系，个体主义在魅力型领导与员工创造力之间起正向调节作用。
	王兆证和周路路（2015）	愿景型领导	532名员工及其89名主管的配对数据	愿景型领导对员工创造力有显著的正向影响作用，学习导向部分中介愿景型领导与员工创造力之间的关系，价值观一致性调节愿景型领导与学习导向之间的关系。
	Liang & Fan（2020）	自我牺牲型领导	中国两所大学的206名在职MBA学员	自我牺牲型领导正向影响员工创造力，心理安全在两者之间发挥中介作用。
	Sani, Eko & Maharani（2020）	精神型领导	220名员工	精神型领导不直接影响员工创造力，知识共享在精神型领导与员工创造力之间起中介作用。

续表

研究视角	研究者	前因变量	研究对象	研究结论
领导风格	Riana et al. (2020)	创业型领导	214名小型手工业企业的员工	创业型领导与员工创造力呈正相关关系,高绩效工作系统调节两者之间的关系。
	Castro-Gonzalez et al. (2019)	责任型领导	96家公司的176名主管及销售人员	责任型领导正向影响员工创造力,社会责任感知、组织认同和工作满意度在责任型领导与员工创造力之间发挥中介作用。
	秦伟平等 (2016)	真我型领导	532名员工及其89名主管	真我型领导对员工创造力具有积极影响作用,工作激情在两者之间起完全中介作用,员工的权力距离感在真我型领导对工作激情的正向作用中发挥调节作用。
	朱永跃等 (2020)	教练型领导	373名企业员工	教练型领导正向影响员工创造力,员工内在动机中介作用,员工变革开放性在教练型领导与员工内在动机之间正向调节。
	袭文和薛姣 (2020)	赋能型领导	电子科技行业的338名员工	赋能型领导与员工创造力之间存在正相关关系,个人学习在赋能型领导与员工创造力的关系中支持部分中介作用,成就动机在赋能型领导与个人学习之间正向调节应通过员工内在动机中介进行传递。
	邓志华、谢春芳和张露 (2020)	灵性领导	336套领导—员工有效配对数据	灵性领导正向影响员工创造力,员工灵性价值观部分中介灵性领导与员工创造力之间的关系,灵性价值观主动性人格调节灵性领导与员工创造力之间的关系。
	吴士健、高文超和权英英 (2021)	差序式领导	山东省高新技术企业的347名员工	差序式领导正向影响员工创造力,中庸思维正向调节作用,且部分调节作用通过创造自我效能感进行传递。

续表

研究视角	研究者	前因变量	研究对象	研究结论
工作特征	洪雁和王端旭（2011）	任务复杂性	华东地区多家企业的179名知识型员工	任务复杂性对知识型员工创造力具有显著的正向预测作用，创意自我效能感在任务复杂性与知识型员工创造力之间起中介作用。
	Jo & Lee（2012）	任务复杂性	韩国信息通信技术企业的365名员工	任务复杂性、内在动机和组织信任依次正向影响员工创造力。
	Sung, Antefelt & Choi（2017）	工作复杂性	瑞典和韩国不同公司的143名员工—主管配对数据	工作复杂性通过促进心理授权认知和过载间接影响员工创造力，模糊容忍度调节工作复杂性对员工创造力的间接影响。
	马君和赵红丹（2015）	任务意义	15个部门的2169名员工	任务意义正向影响员工创造力，创造角色认同强化任务意义对创造力的积极影响，并在任务意义发挥中介作用，奖励在其中发挥调节作用，然而高强度奖励会干扰奖励的调节效应。
	Clercq et al（2017）	任务冲突	746名员工	任务冲突与员工创造力之间呈正相关关系，学习取向在其中发挥中介作用，目标一致性发挥调节作用。
	Li et al.（2018）	任务冲突	59个团队的员工	任务冲突与员工创造力之间呈倒U型关系，成长需求强度对任务冲突与员工创造力的关系具有调节作用。
	Chang, Huang & Choi（2012）	任务自主性	148名员工	任务自主性与员工创造力正相关关系，自我控制在任务自主性与员工创造力之间起调节作用。
	Kumar & Appu（2015）	工作自主性	IT公司的304名信息技术专业人员	工作自主性对员工创造力具有显著的正向影响，工作复杂性在其中发挥调节作用。
	Zhang et al.（2017）	工作自主性	14家公司的209名团队成员和45名团队经理	工作自主性正向影响员工创造力，心理绩效压力和学习目标导向在其中发挥调节作用。

续表

研究视角	研究者	前因变量	研究对象	研究结论
	马君、樊子立和周嘉妮（2020）	个性化工作协议	安徽省6家企业的管理科技术人员	个性化工作协议正向影响员工创造力，内部人身份认知在其中发挥中介作用，上级发展性反馈正向调节内部人身份认知的中介效应。
	周浩和龙立荣（2011）	工作不安全感	286对上级—下属配对数据	工作不安全感与员工创造力之间呈现倒U型关系，创造力自我效能感在两者之间起正向调节作用。
	张小林、吴艳和周盛琳（2014）	工作不安全感	长三角十家企业的117名员工	工作不安全感负向影响员工创造力，心理资本在其中起中介作用，组织创新氛围调节员工不安全感与员工创造力之间的关系。
	陈明淑和周子旋（2020）	工作不安全感	323份问卷	工作不安全感能促进员工创造力，现场非正式学习在其中起中介作用，组织创新氛围感知调节现场非正式学习的中介效应。
工作特征	Hon, Chan & Lin（2013）	工作压力	北京的265名全职员工	挑战型工作压力对员工创造力具有积极影响作用，而阻碍型压力对员工创造力具有消极影响作用，领导反馈调节上述关系。
	刘新梅、崔天恒和沈力（2016）	工作压力	5家商业银行的396名一线服务员工	挑战型工作压力对员工创造力具有显著的正向预测作用，妨害型工作压力对员工创造力具有显著的负向预测作用，情绪稳定性调节挑战型工作压力与员工创造力之间的关系，尽责性与情绪稳定性调节妨害型工作压力对员工创造力之间的关系。
	Ding et al.（2019）	工作压力	72组260名员工	挑战性压力与员工创造力呈正相关关系，阻碍性压力与员工创造力呈负相关关系，任务导向型企业社会网络在两种压力对员工创造力的影响中起正向调节作用，而关系导向的企业社会网络在阻碍性压力对员工创造力的影响中起负向调节作用。

续表

研究视角	研究者	前因变量	研究对象	研究结论
工作特征	Sun, Hu & Ding (2019)	挑战性压力	33家企业的240名员工	挑战性压力对员工创造力有正向影响，自我效能感和情绪衰竭部分中介挑战性压力与员工创造力之间的关系。
	刘叶玉、胡叶琳和黄速建 (2021)	阻碍性压力源	38家企业的518对领导员工的匹配问卷数据	阻碍性压力源与员工创造力显著负相关，防御型调节焦点发挥部分中介作用，上级发展性反馈削弱阻碍性压力源与防御型调节焦点之间的关系。
	Booger, Ruysseveldt & Dam (2015)	时间压力	192名员工	时间压力正向预测员工创造力，创造力需求在时间压力与员工创造力之间发挥调节作用。
	Jiang & Gu (2015)	主动性人格	中国软件公司的232名员工	主动性人格正向影响员工创造力，变革责任感在两者之间起中介作用，发展性反馈正向调节主动性人格和变革责任感之间的关系。
	Pan et al. (2018)	主动性人格	54个工作团队的247名员工及其直接主管	主动性人格正向影响员工创造力，非正式领导地位在其中发挥中介作用，领导的前瞻性行为正向调节非正式领导地位与员工创造力之间的关系。
	Li et al. (2019)	主动性人格	一家中国有旅游公司的208份主管-员工配对问卷	主动性人格与员工创造力之间呈正相关关系，积极情感和工作反馈学习正向调节主动性人格与员工创造力中介作用。
个人特质	Zhang, Li & Guo (2021)	主动性人格	中国一家大型国有企业的500名员工及其直属主管	主动性人格与员工创造力之间具有显著的正向预测作用，领导成员交换调节主动性人格与员工创造力之间的关系。
	Liu (2016)	积极情绪	中国制造企业的220名员工	积极情绪对员工创造力有正向预测作用，工作复杂性在积极情绪与员工创造力之间发挥调节作用。
	Montani et al. (2018)	消极情绪	163名法籍加拿大员工和101名意大利员工	情绪激活和正念调节消极情绪与员工创造力的关系，低激活的消极情绪仅在正念激活高时与员工创造力正相关，而中高激活的消极情绪与员工创造力呈正相关。

续表

研究视角	研究者	前因变量	研究对象	研究结论
个人特质	顾远东、周文莉和彭纪生（2019）	消极情绪	472名高新技术企业员工	消极情绪对员工创造力具有负向影响，组织认同和职业认同对消极情绪对员工创造力的负向影响，组织认同与职业认同的交互作用对消极情绪和员工创造力的关系也具有调节作用。
	Jafri（2018）	情绪智力	两家金融机构的233名员工	情绪智力与员工创造力呈正相关关系，主管支持和工作自主性均通过对情绪的正向调节影响员工创造力的关系。
	Park, Jin & Kai（2021）	情感稳定性	149名员工的1747个每日评级	情感稳定性与员工创造力呈正相关关系，正向情感在两者之间起中介作用，知识共享的创造性意愿在正向情感和员工创造力之间起调节作用。
	Madrid & Patterson（2016）	经验开放性	不同组织类型的220名全职员工	经验开放性对员工创造力有显著的正向影响，认知需求和组织公平在两者之间起调节作用。
	Zhang, Xu & Sun（2020）	经验开放性	23家公司的217对主管—员工配对数据	经验开放性与员工创造力正相关，而密切监控则与员工创造力负相关，领导者的创造性期望在经验开放性与员工创造力之间起调节作用。
	石冠峰、王爱华和唐杰（2016）	玩兴特质	468个企业员工	玩兴特质与员工创造力之间存在正相关关系，心理投入部分中介玩兴特质与员工创造力之间的关系，时间管理倾向在玩兴特质与员工创造力之间发挥调节作用。
	Kim, Kim & Yun（2017）	完美主义	250套主管—下属配对问卷	自我导向型完美主义与员工创造力之间呈正相关，整体公正调节自我导向型完美主义与员工创造力之间的关系。
	Wang, Liu & Cai（2019）	自我反思	中国各大公司的351对全职员工及其主管	自我反思的三个维度与员工创造力之间正相关，员工智力作为本在资本的中介作用，亲子意识负向调节员工智力资本对本在员工创造力的影响。

续表

研究视角	研究者	前因变量	研究对象	研究结论
个人特质	江静和杨百寅（2014）	批判性思维	211对直接领导—下属—同事的三方配对问卷	批判性思维对员工创造力有积极的影响作用，创新自我效能感完全中介批判性思维与员工创造力之间的关系，领导成员交换调节批判性思维与创新自我效能感之间的关系。
	吴士健、孙专专和权英（2020）	中庸思维	多个行业的302名员工	中庸思维与员工创造力之间存在正相关关系，知识隐藏部分中介中庸思维与员工创造力之间的关系，知识心理所有权调节中庸思维与知识隐藏之间的关系。
	姚艳虹和季凡祺（2021）	悖论思维	313名员工	悖论思维与员工创造力呈倒U型关系。个人学习能力在上述关系中起中介作用，领导促进型聚焦行为强化了变量间的间接关系，而领导防御型聚焦行为削弱了变量间的间接关系。
	Hon & Hy（2012）	内在动机	31家酒店服务公司的250名员工	内在动机对员工创造力具有显著的正向影响，主要通过内在激励包括创造力激励、领导授权支持等来发挥作用。
	Zhu & Peng（2013）	内在动机	大型汽车制造企业398名专业技术人员及其直接主管	内在动机通过创造力过程参与对员工创造力之间起调节作用。
	Ngan Hoang et al.（2021）	内在动机	550名员工	内在动机与员工创造力呈正相关关系，授权型领导在内在动机与员工创造力之间起调节作用。
心理需求	丁栋虹和张翔（2016）	创造力自我效能	263套员工直接上级配对问卷	创造力自我效能正向影响员工创造力，内在动机、隐性知识共享在其中起中介作用。
	Han & Bai（2020）	创造力自我效能感	43个团队的222名员工	创造力自我效能感与员工创造力之间呈相关关系，领导者的辩证思维调节自我效能感与员工创造力之间的关系。

续表

研究视角	研究者	前因变量	研究对象	研究结论
心理需求	Li et al.（2020）	创造力自我效能感	145名研发人员	创造力自我效能正向预测个体创造力，创造性过程参与在创造力自我效能与个体创造力之间发挥中介作用，能力面子压力在创造性过程参与的中介效应中支持调节焦点在创造性过程参与的中介效应中支持调节作用。
	马苓、胡蓓和侯宇（2018）	员工资质过高感	92个团队379名企业员工进行配对问卷	员工资质过高感与个体创造力之间呈U型关系，能力面子压力在两者之间发挥中介作用，能力面子压力与能力面子压力与能力面子压力与集体主义氛围调节高感与能力寻求行为的U型关系。
	陈明淑和向琴（2019）	资质过高感	315名企业员工	组织创造力支持感在资质过高感与员工创造力之间发挥正向调节作用，组织创造力支持感与员工创造力之间部分通过反馈寻求行为的中介作用实现。
	Lu & Ghorbani（2016）	期望感知	中国不同地区185家公司的2035名员工	期望感知与员工创造力之间呈正相关，自我效能在期望感知与员工创造力之间起部分中介作用。
	Jamshid & Nabiallah（2010）	心理授权	德黑兰工程技术服务公司的200名员工	心理授权与员工创造力之间存在显著的正相关关系。
	王永跃和张玲（2018）	心理弹性	350名知识型员工及其领导的配对问卷	心理弹性对创造力的影响过程中发挥完全中介作用，创造力自我效能感在心理安全感与创造力之间的中介效应中均发挥调节作用。
	Liu & Ge（2020）	心理安全	4家中国银行的231名员工	心理安全感与员工创造力正相关，工作投入在心理安全与员工创造力之间起完全中介作用。

续表

研究视角	研究者	前因变量	研究对象	研究结论
	Castro, Gomes & Sousa (2012)	领导者情绪智力	66对领导—员工配对问卷	领导者的情绪智力正向影响员工创造力，组织氛围在两者间的中介效应不显著。
	徐劲松和陈松 (2017)	领导心理资本	102个领导—员工配对团队	领导心理资本对员工创造力具有积极影响作用，员工心理资本完全中介领导心理资本与员工创造力之间的关系，团队信任在员工心理资本两者与创造力关系中发挥显著的跨层次调节作用。
	Huang, Krasikova & Liu (2016)	领导者创造力自我效能感	106名主管下的544名员工	领导者创造力自我效能感对下属的创造力有显著的正向影响，领导的创造力在其中起中介作用，领导成员交换调节创造性过程参与和创造力之间的关系。
领导特质与行为	Koseoglu, Liu & Shalley (2017)	主管创造力	一家IT公司的443名员工和44名主管	主管创造力正向影响员工创造力，员工创造力角色认同在其中起中介作用，员工感知组织支持调节主管创造力与员工创造力之间的关系。
	黄勇、崔敏和颜卉 (2021)	领导创造力	93个团队与448个员工	领导创造力与员工创造力之间存在显著的正相关关系，组织创造力在其中发挥完全中介作用，角色宽度自我效能感在支持感在角色宽度领导支持感这三者间创造力具有显著的正向调节作用。
	潘静洲、娄雅婷和周文霞 (2013)	领导创新性工作表现	96对领导—下属配对问卷	领导创新性工作表现对员工创造力具有积极的促进作用，创新的内在动机在其中介中受到威权型领导的调节，领导创新性工作表现、领导成员交换和威权型领导这三者对员工创造力具有显著的三重交互影响效应。

39

续表

研究视角	研究者	前因变量	研究对象	研究结论
领导特质与行为	Li et al.（2015）	领导角色示范	5家中国公司的340名员工	感知的领导角色示范与下属的创造力之间存在显著正相关，工作复杂性调节感知的领导角色示范与下属创造力之间的关系。
	尚玉钒和李磊（2015）	领导行为示范	中国5家企业340位员工及其直接领导	领导行为示范与员工创造力之间发挥中介作用，工作复杂性调节被试员工工作focus点中介。
	王端旭和洪雁（2010）	领导支持行为	181名员工	领导支持行为正向影响员工创造力，内部动机和心理投入在领导支持行为与员工创造力之间起中介作用。
	Zaitouni & Ouakouak（2018）	领导支持	8个组织的299名员工	领导支持与员工创造力之间存在正相关关系，员工敬业度在两者之间发挥正向调节作用。
	Yi et al.（2017）	领导公开行为	中国某大型IT公司51个团队199名员工	领导公开行为与员工创造力呈正相关关系，心理安全和集中注意力在两者之间均发挥中介作用。
	Le & Thanh（2020）	领导知识共享行为	越南信息技术公司的319名员工	领导知识共享行为对员工创造力具有显著的正向影响，领导知识获取在其中起部分中介作用，调节领导知识共享行为和员工知识获取之间完全中介作用。
	李东方、罗瑾琏和黄良志（2013）	领导反馈	长三角地区的高科技企业的214名员工	领导的积极反馈对员工创造力正向影响，领导的消极反馈却会抑制员工创造力，心理资本在两者间起完全中介作用。
	Le & Thanh（2019）	领导者的发展反馈	越南的326名信息技术组织员工	领导者的发展反馈与员工创造力正相关；员工技能和内在动机在其中起中介作用。

续表

研究视角	研究者	前因变量	研究对象	研究结论
领导特质与行为	耿紫珍、赵佳佳和丁琳（2020）	上级发展性反馈	陕西省和山西省的55家企业的291名员工	上级发展性反馈对员工创造力有显著正向影响，中庸思维在其中发挥中介作用，心理安全在其中起中介作用的正向调节。
	Castro et al.（2018）	主管倾听	744名员工	主管倾听促进员工创造力。
	朱永跃和欧阳晨慧（2019）	领导授权	368名员工	领导授权行为正向影响员工创造力，权力距离负向调节领导授权与员工创造力之间的关系，该调节效应通过员工促进性建言传递。
	黄艳、黄勇和彭纪生（2018）	领导成员交换	442对主管—下属配对样本	领导成员交换正向影响员工创造力，积极情感和消极情感在其中发挥中介作用，组织创造力支持感正向调节员工工作投入与员工创造力之间的关系。
	Vila-Vázquez et al.（2020）	领导成员交换	知识型中小企业的320名员工	领导成员交换对个体创造力具有积极影响作用，工作投入在两者之间起中介作用，工作的复杂性调节工作投入与员工创造力之间的关系。
	Mulligan et al.（2021）	领导成员交换	17家西班牙公司的210名员工	领导成员交换与员工创造力之间呈正相关关系，正念和工作投入在其中发挥显著的中介作用。
工作环境	王端旭和洪雁（2011）	组织氛围	来自浙江各地不同类型企业的181名员工	支持性组织氛围与员工创造力正相关关系，内部动机和心理投入在其中发挥正向预测作用。
	Tsai et al.（2015）	组织支持	320名员工	组织支持对员工创造力具有显著的正向预测作用，工作环境在两者之间起中介作用。
	Wu, Yang & Yang（2019）	支持性组织氛围	26家企业的467名员工	支持性组织氛围正向促进员工创造力，心理资本完全中介支持性组织氛围与员工创造力的关系。

续表

研究视角	研究者	前因变量	研究对象	研究结论
工作环境	Duan et al.（2020）	组织支持感	68个组织的410名员工	组织支持感、召唤和员工创造力之间存在显著的正相关关系，召唤在组织支持感和员工创造力之间起中介作用。
	Aldabbas, Pinnington & Lahrech（2021）	组织支持感知	英国的492名员工	组织支持感知正向影响员工创造力，工作投入在组织支持感知与员工创造力之间具有中介作用。
	Hsu & Chen（2017）	组织创新氛围	16个组织的781名员工	组织创新氛围与员工创造力呈正相关关系，员工心理资本完全中介两者之间的关系。
	Liu & Wang（2019）	创新氛围	53名教师	创新氛围对员工创造力具有积极影响作用，创造性能力在其中起中介作用，创造性能力调节创新氛围与员工创造力之间的关系。
	Turgut & Skmen（2018）	组织伦理感知	160名员工	组织伦理感知与员工创造力之间存在正相关关系，自我效能感调节组织伦理感知与员工创造力之间的关系。
	Ogbeibu, Senadjki & Gaskin（2020）	组织文化	尼日利亚制造业的439名员工	领导能力和灵活型组织文化型组织文化与员工创造力与员工创造力之间存在显著的正相关关系，市场和集团组织文化与员工创造力之间存在显著的负相关关系，领导能力抑制了市场组织文化对员工创造力的影响，却增强了灵活型组织文化对员工创造力的影响。
	Wang, Liu & Shalley（2018）	个性化管理	3个组织的177名全职员工	个性化管理正向影响员工创造力，创造力自我效能在其中起中介作用。
	石冠峰和姚波兰（2019）	工作场所乐趣	333名企业员工	工作场所乐趣对员工创造力具有显著的正向影响，反馈寻求行为在其中发挥中介作用，个人一组织匹配在该中介效应中发挥显著的调节作用。

续表

研究视角	研究者	前因变量	研究对象	研究结论
工作环境	王洪青和肖久灵（2021）	职场排斥	112名员工连续10个工作日的1120个样本	职场排斥与员工创造力之间存在显著的负相关关系，创造取向目标投入过程投入在其中发挥中介作用，绩效证明目标投入发挥显著的正向调节作用，也在创造力过程投入的中介效应中发挥显著的负向调节作用。
	Young & Linn（2012）	组织公平感	私营机构的476名全职员工	组织公平感正向影响员工创造力，组织支持感在组织公平感与员工创造力之间起完全中介作用。
	谢俊等（2013）	程序公正人际公正	234名员工	程序公正与员工创造力之间存在显著的正相关关系，心理授权在其中发挥中介作用。
	Zou, Zhang & Liu（2015）	公平	238名员工	分配公平、程序公平与互动公平对员工创造力产生正相关影响，创意合作在该过程中发挥了显著中介作用。
	常涛、刘智强和王艳子（2014）	绩效薪酬	81家中国企业的467名员工	绩效薪酬的信息性通过影响能力面子压力进而对员工创造自主产生正向影响，绩效薪酬的控制性则通过自我分配公平感在该过程中发挥了显著中介作用。
	Li et al.（2017）	感知到的奖励	196名员工	感知到的奖励正向影响员工创造力，期望与内在动机在感知到的奖励与员工创造力之间发挥中介作用。
	Chiang, Hsu & Shih（2015）	高绩效工作系统	158家企业	高绩效工作系统通过心理授权促进员工创造力，外向型人格调节外向型人格对人际交换在外向型人格的调节作用中起中介作用。
	Agarwal & Farndale（2017）	高绩效工作系统	268份上下级配对样本	高绩效工作系统能够促进员工的创造力，离职管理积极调节组织支持感对创造力的关系。

续表

研究视角	研究者	前因变量	研究对象	研究结论
工作环境	Tang et al.（2017）	高绩效工作系统	268套主管—员工配对问卷	高绩效工作系统正向促进组织支持感与员工创造力，组织支持感在其中起中介作用，下放管理正向调节组织支持感与员工创造力之间的关系。
	曹曼和赵曙明（2018）	高绩效工作系统	134名人力资源部经理和1177名员工	高绩效工作系统与员工创造力之间存在显著的正相关关系，信息整合在其中发挥部分中介作用，工作控制在信息整合与员工创造力的关系中发挥显著的调节作用。
	Miao & Cao（2019）	高绩效工作系统	61个部门的266名员工	高绩效工作系统与员工幸福感、员工工作幸福感部分中介高绩效工作系统与员工创造力之间的关系，变革型领导在工作幸福感与员工创造力之间以及高绩效工作系统与员工创造力之间起调节作用。
	魏巍和彭纪生（2018）	人力资源实践	江苏、安徽、浙江地区12家企业的362个员工	绩效导向和稳定导向人力资源实践对员工创造力具有显著的正向影响，两者对员工创造力还存在显著交互影响效应。
	胡文安等（2017）	双元型人力资源系统	36家高新技术企业中336名研发人员	双元型人力资源对员工创造力具有显著的正向影响，双元学习在其中发挥部分中介作用，情境分离能力在其中发挥显著的调节作用。
	李召敏和赵曙明（2018）	组织期望贡献	90家大中型制造业企业的301名主管及1518名下属员工	组织期望贡献与员工创造力之间存在倒U型关系，组织期望在其中发挥中介作用，组织提供激励在员工能力面子压力在其中效应中发挥显著的调节作用。
	Li, Chen & Cao（2017）	高承诺工作系统	中国221家高科技企业和383名研发员工	高承诺工作系统与员工创造力存在正相关关系，工作投入在其中起中介作用，领导成员交换在员工投入的中介效应中发挥调节作用。

第二章 组织创造力研究述评

续表

研究视角	研究者	前因变量	研究对象	研究结论
工作环境	赵红丹和江苇（2018）	公民行为压力	297套直接上司—目标员工配对样本	公民行为压力与员工创造力之间呈现倒U型关系，员工自我效能感在公民行为压力与员工创造力之间发挥显著的调节作用。
	李家俊等（2017）	团队结构	高新技术企业中的110个研发团队及其813名员工	团队结构约束与员工创造力之间存在显著的正相关关系，员工消极情绪在两者之间发挥中介作用，员工自我情绪管理调节员工消极情绪与员工创造力的关系。
	Zhu, Gardner & Chen（2018）	团队合作氛围	54个团队的238名成员	团队合作氛围与员工创造力之间存在正相关关系，内在动机在其中起中介作用，外在动机调节员工团队合作氛围与员工创造力之间的关系。
	Sung, Du & Choi（2018）	团队创造力氛围	高科技公司的856名员工	团队创造力氛围与员工创造力呈显著正相关关系，团队认知在两者之间发挥中介作用。
	刘新梅等（2019）	信息型团队断裂	288个员工及60个团队	信息型团队断裂与员工创造力之间存在显著的负相关关系，创造性自我效能在两者关系中发挥中介作用，挑战型时间应通过创造性自我效能来传递。

资料来源：根据相关文献整理。

第二节 团队层次创造力研究进展

一 团队创造力的概念内涵

最早学者们关注的主要是个体创造力的研究,随着团队工作的发展,学者们开始关注团队创造力的研究,然而,不同的学者对团队创造力的概念内涵持有不同的观点。根据现有研究,发现学者们对团队创造力概念的界定主要存在两种观点:第一是从员工创造力的内涵出发,将团队创造力与个体创造力相联系,认为团队创造力是个体创造力的函数,受到团队特征的影响,比如,Pirola-Merlo 和 Mann(2004)认为团队创造力是将团队中所有个体的创造力进行加总平均或加权平均所得。第二则是从团队层面界定团队创造力的内涵,持这一观点的学者们认为,团队创造力与团队成员创造力没有必然的联系,团队创造力也并不是团队成员创造力的简单相加,而是团队特有的属性。比如 Shin 和 Zhou(2007)提出团队创造力是指一个团队所产生的有关服务、产品、流程和程序等新颖且富有价值的想法。综上,可以看出,有关团队创造力的概念内涵尚未达成统一。

二 团队创造力的结构与测量

(一)团队创造力的结构维度

团队创造力是一个多维度的概念,关于其维度构成却尚未得到统一的认识,具体如表2—4所示。

表2—4　　　　　　　　团队创造力的结构维度

学者(年份)	维度
Pirola-Merla & Mann(2004)	有用性;新颖性
傅世侠和罗玲玲(2005)	成员的创造力;课题的探索性;团队创造氛围

续表

学者（年份）	维度
Chen（2006）	创造性；创新性；独创性
Bechtoldt et al.（2010）	流畅性；原创性；适宜化
周详等（2013）	团队成员的创造性工作能力、团队创造互动过程、团队工作的意义与价值、团队创新氛围

资料来源：根据相关文献整理。

如表2—4所示，Pirola-Merlo和Mann（2004）将团队创造力划分为新颖性和有用性等两个维度，前者指产生的想法、产品、过程或服务在过去从未出现过，是一种突破性的产出，后者则是从产出结果出发，关注团队创造产生的价值。Chen（2006）则认为团队创造力包括创造性、创新性和独创性三个维度，其中创造性强调团队提出新的、从未出现的新观点、新想法，创造出新产品与新服务，创新性强调创造结果与过往相比能以不同的方式呈现，独创性强调创造产出的与众不同与不可替代性，总的来说，目前有用性与新颖性的维度划分得到了较多学者的认同。

（二）团队创造力的测量

关于团队创造力的测量，现有文献主要采用三种方法：一是创造力实验测量法，主要包括创造性洞察力任务、远距离联想测验以及托兰斯创造思维测验等经典实验；二是产品分析法，主要指通过特定的产品测试或者接触到产品的客户评价来衡量其产生过程中设计的创造性行为；三是主观评定法，主要指观察者根据一定的评价标准对被试者的创造力进行评估。

在运用主观评定法来测量团队创造力过程中，常见的量表有De Dreu（2002）开发的团队创新量表、Shin和Zhou（2007）开发的团队创造力量表、Farh和Lee（2010）改编的团队创造力量表、周详等（2013）编制的高效科研团队创造力量表。具体如表2—5所示。

表 2—5　　　　　　　　　团队创造力的测量量表

量表	测量题项
De Dreu（2002）	团队成员经常将新观点应用于提升我们的产品和服务质量
	这个团队很少考虑新的和替代的完成工作的方法和过程
	团队成员经常产生新的服务、方法或过程
	这是一个创新的团队
Shin 和 Zhou（2007）	团队提出新的想法
	团队提出的新想法总是很有用
	团队有创新性
	团队提出的新想法对组织是重要的
Farh 和 Lee（2010）	团队成员经常运用新的想法来改进产品和服务的质量
	团队成员经常考虑用新方法和步骤来从事工作
	团队成员经常提出新的服务项目或新的工作方法与步骤
	这是个富有创意的团队
周详等（2013）	问题解决能力强
	具有较强的学习能力
	具有丰富的本专业知识
	有进取心
	资源收集、整合能力强
	分析能力强
	团队领导鼓励团队成员的创造性行为
	团队成员都为新想法提供实际的帮助
	团队的领导者总是鼓励大家发表新观点、提出新的方案
	团队成员彼此的互动帮助成员发散思维
	团队成员信任彼此的工作能力
	团队成员能灵活地解决问题
	相比科研实践阶段您的团队更注重科研前期准备（构想、设计）
	团队成员彼此的互动促进新想法的产生和完善
	团队目标是有价值的
	团队的课题有意义
	团队的课题有挑战性
	团队成员都认为团队目标是有价值的
	沟通能力强
	团队成员彼此的互动频率感到满意
	团队成员之间彼此信任
	团队为团队成员提供创新机会
	团队成员高度认可您的团队

资料来源：根据相关文献整理。

三 团队创造力的影响因素

国内外学者主要从领导风格、团队特征、团队成员特质与行为、领导特质与行为、工作环境等方面对团队创造力的前因展开了大量的实证研究，取得了丰富的成果，如表2—6所示。

（一）上司领导风格对团队创造力的影响

学者们围绕变革型领导、共享型领导、授权型领导、伦理型领导、真实型领导、包容型领导、教练型领导、创业型领导等上司领导风格与团队创造力之间的关系开展了充分的探讨。多数研究发现，变革型领导有助于提高团队创造力（汤超颖等，2011；徐兵和石冠峰，2014；陈璐等，2016；Kim et al.，2019；杨红等，2021）；另有学者深入探讨不同导向的变革型领导对团队创造力的影响，发现团队导向的变革型领导对团队创造力具有显著的正向影响（谢俊和储小平，2016；石冠峰等，2020），然而个体差异性变革型领导会通过团队知识分享的传导进而对团队创造力产生负面影响（蔡亚华等，2013）。共享型领导行为对团队创造力的正向预测作用得到了诸多研究的证实（韩宏稳和杨世信，2016；Wu & Chen，2018；王亮等，2017；Gu et al.，2018；Han et al.，2019；刘雪梅和刘铮，2019；Huang et al.，2020；Ali et al.，2020）。相关研究表明，授权型领导有助于提高团队创造力（Li et al.，2018；赵金国等，2019）。多数研究结果表明，伦理型领导对团队创造力具有显著的正向影响（彭正龙等，2015；Tu et al.，2019；Zhao et al.，2020），少数学者却研究发现伦理型领导与团队创造力之间呈现倒U型关系（Mo et al.，2019）。学界普遍认可真实型领导与团队创造力之间存在显著的正相关关系（罗瑾琏等，2013；Kang et al.，2020），包容型领导有助于提高团队创造力（彭伟和金丹丹，2018；陈慧等，2021），教练型领导对团队创造力具有显著的积极影响（赵红丹和刘微微，2018；Kwon & Oh，2020），创业型领导与团队创造力显著正相关

(Cai et al., 2019；林芹和易凌峰，2020）。

此外，相关研究发现，不论谦虚型领导还是谦卑型领导，都有助于提高团队创造力（Gonalves & Brando，2017；Jia et al.，2018；刘圣明等，2018）。还有文献探讨了魅力型领导与团队创造力之间的关系，发现两者显著正相关（罗瑾琏等，2014；岳雷和马卫民，2016）。近年来，时间领导力与团队创造力的关系引起了学者的关注，研究结果表明，时间领导力可以促进团队创造力的提升（马君和闫嘉妮，2021；卫武等，2021）。家长式领导与团队创造力之间的关系却尚未得到完全一致的结论，多数研究认为仁慈领导、德行领导均对团队创造力具有显著的正向预测作用，有研究发现威权领导会削弱团队创造力（耿紫珍等，2021），然而也有研究结果表明威权领导与团队创造力之间不存在显著的相关关系（常涛等，2016）。服务型领导有助于提高团队创造力（Yang et al.，2017），然而自我服务型领导却会对团队创造力产生负面影响效应（Jian et al.，2019）。辱虐型领导对团队创造力的消极影响也得到了相关研究的验证（彭伟等，2020；He et al.，2021）。李全等（2021）探讨了时间狂领导与团队创造力之间的关系，研究结果表明两者之间存在显著的负相关关系。有学者尝试突破探讨单一领导风格与团队创造力之间关系的局限性，就双元领导行为与团队创造力之间的关系开展了相应的实证研究，相关研究结果一致表明，双元领导行为对团队创造力具有显著的正向影响（管建世等，2016；杨红等，2021）。

（二）团队特征对团队创造力的影响

团队成员异质性与团队创造力的关系是国内外学者关注的一个核心议题，相关研究主要围绕性别、年龄、家乡、教育、知识、经验、认知、文化、价值观等方面的异质性对团队创造力的影响展开。相关研究发现，在高目标互依性情境下，团队成员的性别多样化以及年龄都有助于团队创造力的提高（王明旋等，2019）。然而，团队成员家乡的多样性可能会通过影响团队成员信息交流，进而抑制团队创造力（Li et al.，

2018）。现有研究关于团队成员教育多样性与团队创造力之间的关系尚未取得一致认识，有研究发现，当团队面临的任务变化较大、人员变动较少时，教育水平的多样性更有利于团队创造力的发挥（Guo et al.，2021）；但 Luan 等（2016）的研究结果表明，团队成员教育多样性与团队创造力之间呈现倒 U 型关系。关于团队知识异质性与团队创造力的关系，绝大多数研究发现两者呈现显著的正相关关系（Park et al.，2018；王辉和苏新雯，2020；孙金花等，2020）；极少数研究结果表明，团队成员知识异质性与团队创造力之间呈倒 U 型关系（吕洁和张钢，2015）。相关研究发现，团队成员经验开放性的异质性与团队创造力显著正相关（Zhang et al.，2019）。团队成员认知多样性对团队创造力的促进作用得到了诸多研究的证实（陈星汶等，2015；Wang et al.，2016；Aggarwal & Woolley，2019；Kook & Kim，2021）。团队成员文化多样性有助于团队创造力的提升（Lu et al.，2018），然而，团队成员价值观的异质性却可能会抑制团队创造力（陈文春和张义明，2017）。

团队内部冲突与团队创造力之间的关系也是国内外学者关注的一个重要议题，相关研究却尚未取得一致的结论。部分研究认为任务冲突对团队创造力具有显著的正向影响（周明建等，2014；Lee et al.，2019），但多数研究却发现任务冲突与团队创造力之间存在倒 U 型关系，过高或过低的任务冲突都不利于团队创造力（Farh & Lee，2010；Nan et al.，2017；肖丁丁和朱桂龙，2018；涂艳红等，2019）。团队成员关系冲突对团队创造力的消极影响效应得到学者们的广泛共识（周明建等，2014；肖丁丁和朱桂龙，2018；涂艳红等，2019；Farh & Lee，2010；Nan et al.，2017；Lee et al.，2019）。此外，Rong 等（2019）研究发现，团队成员认知冲突与团队创造力呈显著的正相关关系，情绪冲突与团队创造力呈显著的负相关关系。

国内外学者围绕团队目标取向与团队创造力之间的关系也开展了相应的研究。比如，Gong 等（2013）研究发现，团队学习目标和团队绩效趋近目标通过团队信息交换与团队创造力呈显著正相关；另有相关研究结果表明，绩效趋向目标导向与团队创造力正相关，绩效规避目标导向与团队创造力负相关（罗瑾琏等，2016；薛宪方等，2017）。

此外，有学者就团队情绪智力、集体心理所有权、交互记忆系统、团队韧性与团队创造力之间的关系展开研究，发现团队情绪智力正向影响团队创造力（Barczak et al., 2010），集体心理所有权与团队创造力之间呈现显著的正相关关系（Wei et al., 2019；卫利华等，2019），交互记忆系统对团队创造力具有显著的正向影响（王端旭和薛会娟，2013；张鸿萍和赵惠，2017），团队韧性有助于提升团队创造力（Fan et al., 2021）。

Shin 和 Kim（2015）研究还发现，团队合作规范、团队积极情感对团队创造力均具有显著的正向影响。团队认同正向影响团队创造力（Lee et al., 2019），然而，团队断层却可能抑制团队创造力（杜娟等，2020）。团队跨界行为对团队创造力的正向预测作用得到了诸多研究的验证（徐建中和曲小瑜，2014；臧维等，2019；朱金强等，2020）。

鉴于团队内部社会网络与外部社会网络对团队创造力具有显著的影响（赵娟和张炜，2015），学者们基于社会网络理论，就团队社会网络对团队创造力的影响开展诸多研究，却尚未取得一致的结论。有研究发现，团队外部关系强度和团队内部关系强度均与团队创造力存在显著的正相关关系（张宁俊等，2019）；但黄同飞和彭灿（2015）的研究结果却表明，团队内部非正式网络、外部非正式网络与团队创造力都呈现倒U型关系。还有些研究从网络结构视角出发，探讨网络密度与网络中心性对团队创造力的影响，研究发现网络密度与团队创造力之间呈现倒U型关系（王艳子等，2012），网络中心性与团队创造力之间呈现显著的负相关关系（王艳子等，2014）。

（三）团队成员特质与行为对团队创造力的影响

国内外学者主要围绕团队成员创造力、知识共享或隐藏行为、跨界行为对团队创造力的影响开展研究。团队成员创造力对团队创造力的正向预测作用得到了诸多研究的验证（王莉红等，2016；Yuan & Knippenberg，2020）。团队成员知识共享有助于提高团队创造力（Ali et al.，2019；Men et al.，2019），知识隐藏对团队创造力会产生负面影响（Bogilovic et al.，2017），然而理性隐藏与团队创造力之间的关系却并不显著（Bari et al.，2019）。另外，相关研究发现，团队成员跨界行为对团队创造力具有显著的正向影响（臧维等，2020）。

（四）领导特质与行为对团队创造力的影响

已有研究主要围绕领导宜人性、自恋、创造力等特质以及领导社会网络、跨界行为对团队创造力的影响展开探讨。相关研究发现，领导宜人性、领导自恋与团队创造力都存在显著的正相关关系（李召敏和赵曙明，2018；Zhou et al.，2019）。领导创造力或领导创造力期望都有助于团队创造力的提高（Wen et al.，2017；Li & Yue，2019；刘伟国等，2018）。从网络关系嵌入性视角来看，领导的外部网络联带或内部网络联带对团队创造力都具有促进作用（王艳子等，2014）；但从网络结构嵌入性视角来看，团队领导外部网络中心性正向影响团队创造力，外部网络密度却会抑制团队创造力（王艳子等，2016）。领导跨界行为对团队创造力具有显著的正向预测作用（王艳子等，2017；余义勇等，2020）。领导的正面反馈有助于激发团队创造力（Hoever et al.，2018）；信息型负反馈对团队创造力的新颖性维度和有效性维度具有显著的促进作用，控制型负反馈对团队创造力的新颖性维度却具有显著的负面效应（耿紫珍等，2015）。无论是领导成员交换差异化，还是上下级关系差异，这两者与团队创造力都存在倒 U 型关系，过高或过低的领导成员交换差异化或上下级关系差异化，都不利于团队创造力的提高（Li et al.，2016；赵红丹等，2018）。

（五）工作环境对团队创造力的影响

已有研究主要围绕组织情绪、组织支持感、个体—组织匹配、人力

表2—6 团队创造力影响因素的实证研究汇总

研究视角	研究者	前因变量	研究对象	研究结论
领导风格	汤超颖、朱月利和商继美（2011）	变革型领导	78个科研团队	变革型领导正向影响团队创造力，团队支持文化、团队灵活变革型文化和团队市场效文化在变革型领导影响团队创造力的过程中发挥中介作用。
	徐兵和石冠峰（2014）	变革型领导	30家高新技术企业的128个知识型团队	变革型领导对团队创造力具有积极的影响效应，团队反思、团队边界管理在其中发挥部分中介作用，团队反思对团队边界管理具有显著的正向影响。
	陈璐、柏帅皎和王月梅（2016）	变革型领导	90个企业高管团队	变革型领导与团队创造力之间存在正相关关系，团队学习在其中起中介作用，外部社会资本正向调节团队学习行为的中介效应。
	Kim, Park & Kim（2019）	变革型领导	韩国52个团队的196名员工	变革型领导正向影响团队创造力，员工的心理安全在其中起中介作用。
	杨红等（2021）	变革型领导	162家高新技术企业的400个研发团队	变革型领导正向影响团队创造力，知识共享起部分中介作用，变革型领导与异质性在变革型领导与知识共享之间发挥倒U型调节作用。
	谢俊和储小平（2016）	变革型领导	广东省22家企业的484名员工与领导的配对数据	团队导向的变革型领导与团队创造力呈现显著的正相关关系，结构授权在其中发挥中介作用。
	石冠峰、牛宇霖和刘朝辉（2020）	变革型领导	85名团队领导和378名员工	团队导向的变革型领导与团队创造力呈相关关系，团队知识分享在变革型领导与团队创造力之间起中介作用。

54

续表

研究视角	研究者	前因变量	研究对象	研究结论
领导风格	蔡亚华等（2013）	差异性变革型领导	225个研发团队	个体差异变革型领导与团队创造力存在负相关关系，团队一致性变革型领导与团队创造力存在正相关关系，团队知识分享在上述关系中起中介作用。
	韩宏稳和杨世信（2016）	共享型领导	32家本土化企业102个团队	共享型领导对团队创造力具有显著的正向预测作用，边界跨越在共享型领导与团队创造力之间起中介作用，心理安全在边界跨越与团队创造力间关系以及边界跨越的中介效应中发挥正向调节作用。
	Wu & Chen（2018）	共享型领导	52家酒店的67名员工	共享型领导与团队创造力之间存在正相关关系，团队资本在两者之间发挥中介作用。
	王亮、牛雄鹰和石冠峰（2017）	共享型领导	30家企业128个团队的510位成员	共享型领导正向影响团队创造力，边界强化和边界缓冲行为在共享型领导与团队创造力的过程中发挥中介作用。
	Gu et al.（2018）	共享型领导	53个跨组织团队	共享型领导通过知识共享影响团队创造力产生正向影响，任务相互依赖在共享型领导与知识共享之间、知识共享与团队创造力之间发挥正向调节作用。
	Han, Lee & Beyerlein（2019）	共享型领导	260名研究生和本科生	关系导向的共享型领导显著正影响团队创造力，心理安全环境在两者关系中发挥中介作用。
	刘雪梅和刘铮（2019）	共享型领导	6家企业中的64个知识型工作团队	共享型领导与团队创造力呈正相关关系，交互记忆系统在两者之间发挥中介作用，任务复杂性调节交互记忆系统的中介效应。
	Huang, He & Zhai（2020）	共享型领导	54个跨组织团队的275名员工	共享型领导正向影响团队创造力，团队信任在其中发挥中介作用，领导者文化智力在共享型领导与团队信任之间发挥调节作用。

续表

研究视角	研究者	前因变量	研究对象	研究结论
领导风格	Ali et al. (2020)	共享型领导	84个建筑项目工作团队	共享型领导对团队创造力具有显著的正向作用，职业认同在其中发挥中介作用，团队协作在职业认同的中介效应中发挥显著的调节作用。
	Hon & Chan (2013)	授权型领导	52家酒店的286名团队成员	授权型领导与团队创造力之间存在显著的正相关关系，团队自我协调及团队互相依赖调节团队自我效能感与团队创造力之间的关系，团队任务相互依赖调节授权型领导与团队创造力之间的中介效应。
	Li, Wang & Huang (2018)	授权型领导	84个团队392员工	授权型领导正向预测团队创造力，寻求反馈氛围在授权型领导与团队创造力之间起中介作用，团队反馈氛围与授权型领导与寻求反馈氛围之间的关系。
	赵金等 (2019)	授权型领导	121家企业CEO-高层管理团队配对数据	授权型领导有助于激发高层管理团队创造力，团队状态冲突在授权型领导与团队创造力之间起中介作用，成员认知多样性调节团队状态冲突在该过程中的中介效应。
	彭正龙、陈秀桂和赵红丹 (2015)	伦理型领导	6家企业的80名领导与392名员工	伦理型领导对团队创造力具有显著的正向作用，领导成员交换质量在该过程中发挥完全中介作用。
	Tu et al. (2019)	伦理型领导	44个知识工作团队的230名成员	伦理型领导对团队创造力具有显著的积极影响效应，心理安全氛围在两者间起中介作用，主管支持在心理安全氛围的中介效应与团队创造力的关系中发挥调节作用。
	Zhao et al. (2020)	伦理型领导	91名高管	CEO伦理型领导促进团队创造力的提升，高管团队凝聚力在该两者之间起中介作用，权力距离在CEO伦理型领导与团队创造力的关系中发挥调节作用。

第二章　组织创造力研究述评

续表

研究视角	研究者	前因变量	研究对象	研究结论
领导风格	Mo, Ling & Xie (2019)	伦理型领导	50名团队主管和186名员工	伦理型领导与团队创造力之间存在倒U型关系，团队断层显著调节伦理型领导与团队创造力之间的曲线关系。
	罗瑾琏、赵佳和张旋洋 (2013)	真实型领导	高新技术企业的63个知识团队	真实型领导对团队创造力具有显著的正向影响，团队自省性在其中发挥中介作用，团队沟通在真实型领导影响团队创造力的过程中发挥正向调节作用。
	Kang, Seonae & Kim (2020)	真实型领导	124名医护人员	真实型领导对团队创造力有显著的正向影响作用，积极心理资本部分中介两者之间的关系。
	彭伟和金丹丹 (2018)	包容型领导	12家高新技术企业的78个团队	包容型领导对团队创造力具有显著的正向影响，团队内部网络连带强度、交互记忆系统在包容型领导影响团队创造力的过程中发挥链式中介作用。
	陈慧、梁巧转和丰超 (2021)	包容型领导	82个团队343名员工和82名领导	包容型领导对团队创造力具有显著的正向预测作用，团队心理资本和团队建言行为在包容型领导影响团队创造力的过程中发挥中介作用。团队任务不确定性在上述链式中介效应中发挥显著的调节。
	赵红丹和刘微微 (2018)	教练型领导	73对团队主管与团队成员配对数据	教练型领导对团队创造力有显著的正向影响，双元学习在其中起中介作用，团队学习目标在双元学习中介效应中起显著调节作用。
	Kwon & Oh (2020)	教练型领导	381名员工	教练型领导对团队创造力有显著的正向影响，反馈接受和创造性自我效能感在其中起中介作用。
	Cai et al. (2019)	创业型领导	8家中国公司的43名领导和237名员工	创业型领导与团队创造力之间存在显著的正相关关系，团队创造性自我效能感在其中发挥中介作用。

续表

研究视角	研究者	前因变量	研究对象	研究结论
领导风格	林芹和易凌峰（2020）	创业型领导	73个团队的356名员工	创业型领导正向影响团队创造力，团队跨界在其中发挥中介效应，团队认知多样性显著调节创业型领导与团队创造力之间的关系。
	Gonalves & Brando（2017）	谦逊型领导	40家不同行业的公司的73个团队	谦逊型领导正向影响团队创造力，团队信息共享在其中起中介作用。
	Jia et al.（2018）	谦逊型领导	11家信息技术公司的72个工作团队和354名员工	谦逊型领导正向影响团队创造力，团队心理安全和团队心理资本在其中起中介作用，权力距离调节领导与成员之间的关系。
	刘圣明，陈力凡和王思迈（2018）	谦卑型领导	76位团队领导和342位成员的匹配数据	谦卑型领导行为与团队创造力存在正相关关系，团队纵向反馈沟通以及团队成员与领导之间纵向的深度沟通在其中发挥中介作用。
	罗瑾琏，门成昊和钟竞（2014）	魅力型领导	524名研发团队员工及其主管	魅力型领导与团队创造力之间存在显著的正相关关系，集体效能感和团队自省在两者之间起中介作用，而环境动态性在其中发挥调节作用。
	岳雷和马卫民（2016）	魅力型领导	上海和济南两个地区6家企业的领导与研发团队	魅力型领导成员交换关系、集体效能感在魅力型领导与团队创造力之间起中介作用，领导成员交换关系在魅力型领导与团队创造力之间发挥显著的调节性作用。
	马君和闫嘉妮（2021）	时间领导力	66个研发团队和326名团队成员	时间领导力对团队创造力具有显著的正向影响，团队时间共识在该过程中发挥中介作用，同步偏好在团队时间共识的中介效应中发挥调节作用。
	卫武等（2021）	团队时间领导	77个团队231名员工	团队时间领导正向影响团队创造力，团队信息交换在其中起中介作用，团队多元观在团队信息交换的中介效应中发挥调节作用。

第二章 组织创造力研究述评

续表

研究视角	研究者	前因变量	研究对象	研究结论
领导风格	常涛、刘智强和景保峰（2016）	家长式领导	本土企业104个团队的637名员工	仁慈领导和德行领导与团队创造力呈正相关，威权领导与团队创造力之间无显著的相关关系。与低威权相比，高威权下德行领导在仁慈领导与团队创造力之间发挥的正向调节效应更显著。
	耿紫珍、马乾和丁琳（2021）	家长式领导	113个工作团队	仁慈领导和德行领导能够正向预测团队创造力，威权领导则负向预测团队创造力，员工建言在上述关系中发挥中介作用。
	Yang, Liu & Gu (2017)	服务型领导	11家银行的466名员工和83名团队领导	服务型领导促进了团队创造力，创造性自我效能和团队心理安全在其中起中介作用，团队权力距离调节自我效能感与团队服务型领导之间的关系。
	Jian, Zhen & Xiao (2019)	自我服务型领导	107个研发团队	自我服务型领导负向影响团队创造力，任务依存在中介作用，心理安全和知识隐藏在其中起中介作用，差错规避氛围在两者间发挥中介作用，自我服务型领导与知识隐藏之间的关系。
	彭伟、马越和陈奎庆（2020）	辱虐型领导	常州和泰州两地8家高新技术企业的61个团队	辱虐型领导负向影响团队创造力，团队防御型调节焦点差错规避氛围在两者间的中介效应。
	He et al. (2021)	辱虐管理	71个团队中319名团队成员及其领导	辱虐管理与团队管理与团队层面的领导成员交换差异调节团队层面的领导成员交换与团队创造力的负向关系，并且调节团队层面的领导成员交换差异与团队创造力的正相关关系。

续表

研究视角	研究者	前因变量	研究对象	研究结论
领导风格	李全、佘卓霖和杨百寅（2021）	工作狂领导	北京一家通讯技术企业的106个团队	工作狂领导负向影响团队创造力，团队心理脱离在其中发挥中介作用，工作狂领导行为与团队心理脱离之间、团队工作自主性与团队跨界行为之间，领导跨界行为与团队跨界行为之间均发挥显著的调节作用。
领导风格	管建世、罗瑾琏和钟竞（2016）	双元领导	41个创新团队	双元领导行为与团队创造力之间存在显著的正相关关系，团队学习取向在变革型领导与团队创造力之间发挥中介作用，绩效证明目标取向在交易型领导与团队创造力之间发挥中介作用，环境动态性在双元领导与团队创造力之间的关系中发挥显著的正向调节作用。
领导风格	杨红等（2021）	双元领导风格	78名团队领导和325名团队成员	双元领导风格正向影响团队创造力，团队氛围负向调节双元领导风格与团队创造力之间的关系，团队信任在双元领导风格与团队创造力之间发挥显著的二次调节作用。
团队特征	王明旋等（2019）	性别及年龄多样化	73个团队331名员工的配对数据	在高目标互依性情境下，团队家多样性负向预测团队创造力。团队成员的性别多样化与年龄多样化均在团队家多样化与团队创造力之间起中介作用，团队激情在团队成员的年龄多样化与团队创造力之间起团队中介作用。
团队特征	Li et al.（2018）	团队家乡多样性	54个团队的304名员工和54名团队领导	团队家乡多样性负向发挥中介作用，团队认同在团队家乡多样性与团队创造力之间发挥调节作用，团队整合在团队家乡多样性与团队信息交流之间发挥调节作用，信息交流在两者之间发挥中介作用。
团队特征	Luan, Ling & Xie（2016）	教育多样性	47个工作团队	教育多样性与团队创造力之间呈倒U型关系，知识整合能力调节教育多样性与团队创造力之间的曲线关系。
团队特征	Guo, Gan & Wang（2021）	教育水平的多样性	90个知识型工作团队	当团队面临的任务变化较大、人员变动较少时，教育水平的多样性更有利于团队创造力的发挥。

续表

研究视角	研究者	前因变量	研究对象	研究结论
团队特征	Park, Lew & Lee (2018)	任务知识多样性	韩国10家公司的325个员工	任务知识多样性与团队创造力之间存在显著的正相关关系，团队在组织任期中的地位不平等负向调节这种关系，认知冲突在任务知识多样性与团队创造力之间发挥中介作用，任务知识协调调节知识异质性与团队创造力之间的关系。
	吕洁和张钢 (2015)	团队知识异质性	391套团队领导与成员的配对问卷	团队知识异质性与团队创造力之间呈倒U型关系，知识异质性与团队创造力之间发挥中介作用，任务知识协调调节知识异质性与团队创造力之间的关系。
	王辉和苏新雯 (2020)	团队知识异质性	51个企业内部创业团队的331名员工	团队知识异质性与团队创造力呈正相关关系，团队知识共享在其中发挥中介作用，共享型领导正向调节团队知识共享与团队创造力之间的关系。
	孙金花、庄万霞和胡健 (2020)	隐性知识异质性	51名领导和246名成员	隐性知识异质性对团队创造力具有正向预测作用，知识重构在其两者之间起中介作用，认知冲突调节隐性知识异质性与团队创造力的关系。
	Zhang et al. (2019)	经验开放性的异质性	26家公司53个创意团队的347名成员	经验开放性的异质性与团队创造力呈正相关关系，变革型领导和知识共享在两者之间起部分中介作用，团队反思反向调节性反思发挥调节作用。
	陈星汶、崔勋和于桂兰 (2015)	认知多样性	582名企事业单位员工	团队认知多样性与团队创造力存在显著的正相关关系，团队信任和开放性调节团队反思之间的关系。
	Wang, Kim & Lee (2016)	认知多样性	62个团队	认知多样性显著影响团队创造力，团队内动机调节认知多样性对团队创造力的中介作用，变革型领导调节认知多样性认知多样性对团队内在动机的影响，并调节了团队内在动机对团队创造力的中介效应。
	Aggarwal & Woolley (2019)	认知多样性	112个MBA学生项目团队	认知多样性对团队创造力有显著的正向预测作用，团队内在动机在其中发挥中介作用。

61

续表

研究视角	研究者	前因变量	研究对象	研究结论
团队特征	Kook & Kim（2021）	认知多样性	62 个团队的 293 名员工	团队认知多样性与团队创造力之间存在显著的正相关关系，团队信息细化起中介化作用，团队成员交换调节团队认知多样性对团队创造力的间接正向影响。
	Li et al.（2017）	团队文化多样性	57 个多元文化工作团队的 384 名成员及其领导	团队文化多样性对团队创造力具有积极影响效应，团队信息共享和员工信息阐述在其中发挥中介作用，团队的包容氛围在团队文化多样性与团队创造力之间起正向调节作用。
	Lu et al.（2018）	文化多样性	48 个团队	文化多样性与团队创造力正相关，团队沟通开放性与信息阐述在其中起中介作用，仁慈型领导调节文化沟通开放性与团队创造力之间的关系。
	陈文春和张义明（2017）	团队成员异质性	71 个团队的 357 名团队成员	知识异质性与团队创造力存在正相关关系，团队认同在其两者间发挥不同的关系中介作用。
	周明建、潘海波和任际范（2014）	团队冲突	104 名团队主管和 406 名下属员工	团队任务冲突与团队创造力之间呈正相关关系，团队效能在其中发挥中介作用。在高关系冲突的团队中，任务冲突会正向促进团队效能；在低关系冲突的团队中，任务冲突则会降低团队效能。
	肖丁丁和朱桂龙（2018）	团队冲突	华南地区 101 个高校科研团队	任务冲突与团队创造力之间存在倒 U 型关系，共享心智模型质量显著调节两者之间的关系，准确性对任务冲突与团队创造力之间的关系起正向调节作用，一致性对关系冲突与团队创造力之间的关系起负向调节作用。

续表

研究视角	研究者	前因变量	研究对象	研究结论
团队特征	Rong, Zhang & Xie (2019)	团队冲突	71名高管人员	认知冲突与团队创造力存在正相关关系，情绪冲突与团队创造力存在负相关关系，团队氛围对认知冲突与团队创造力之间的关系起正向调节作用，对情绪冲突与团队创造力之间的关系起负向调节作用。
	Farh & Lee (2010)	任务冲突	71个信息技术项目团队	任务冲突与团队创造力之间呈倒U型关系，团队创造力在任务程度的中等程度时最高，团队效应在早期阶段最强。
	Nan et al. (2017)	工作冲突	54个团队	关系冲突与团队创造力负相关关系，任务冲突与团队创造力呈倒U型关系，共享型领导在其中起调节作用。
	Lee et al. (2019)	团队冲突	10家大公司的325对团队	任务冲突对团队创造力具有抑制作用，以团队为中心的变革型领导对任务冲突与团队创造力之间的关系起负向调节作用。
	涂艳红、袁凌和王欢芳 (2019)	团队任务冲突	85名团队领导与414位团队成员的配对数据	任务冲突与团队创造力呈倒U型关系，关系冲突与团队创造力具有显著负向预测，领导政治技能在任务冲突与团队创造力之间的关系中发挥领导显著的负向调节作用。
	Gong et al. (2013)	团队目标	100个研发团队的485名成员及其领导	团队学习目标和团队绩效趋近目标均正向影响团队创造力，团队信息交换在上述关系中起中介作用，而团队回避目标负向影响团队创造力，团队领导对团队创造力具有积极影响。
	罗瑾琏、徐振亭和钟竞 (2016)	团队目标取向	81个研发团队的81名团队主管与410位团队成员	团队证明绩效取向对团队创造力具有积极影响，团队回避绩效取向对团队创造力具有消极影响，团队自省在其中发挥中介作用。

续表

研究视角	研究者	前因变量	研究对象	研究结论
团队特征	薛宪方、褚珊珊和宁晓梅（2017）	团队目标导向	浙江省大学生挑战杯创业大赛的100个团队	团队学习目标导向和团队绩效趋向目标导向对团队创造力具有显著的正向影响，团队绩效规避目标导向对团队创造力具有显著的负向影响，内隐协调在其中发挥中介作用。
	Barczak, Lassk & Mulki（2010）	团队情绪智力	美国东北部一所大学的82个学生团队	团队情绪智力对团队创造力具有显著的正向影响，团队信任与合作文化在两者之间起链式中介作用，认知信任调节合作文化与团队创造力之间的关系。
	Wei et al.（2019）	集体心理所有权	101名知识型团队领导和800名下属	集体心理所有权对团队创造力有正向影响，信息细化在其中起中介作用，地位提升标准调节集体心理所有权和信息细化之间的关系。
	卫利华等（2019）	集体心理所有权	国内企业91个工作团队	集体心理所有权对团队创造力具有显著的正向影响，信息深加工在其中发挥中介作用，信息深加工与信息共享在集体心理所有权与信息深加工之间发挥中介调节作用。
	王端旭和薛会娟（2013）	交互记忆系统	33个实际运行的工作团队的244名成员	交互记忆系统正向影响团队创造力，利用性学习与交互记忆系统与团队创造力之间起中介作用，探索性学习在两者之间的中介效应不显著。
	张鸿洋和惠惠（2017）	交互记忆系统	383名员工与47名主管	交互记忆系统与知识分享在其中发挥中介作用。
	Fan, Cai & Jiang（2021）	团队韧性	201名本科生和他们的老师	团队韧性能正向预测团队创造力，团队效能感和团队韧性在团队韧性和团队创造力之间存在正相关关系。
	Shin & Kim（2015）	合作规范	韩国12个不同组织的97个工作小组	团队合作规范和团队积极情感与团队创造力之间关系，集体效能在这些关系中起中介作用。

续表

研究视角	研究者	前因变量	研究对象	研究结论
	Lee et al.（2019）	团队认同	65个工作小组	团队认同正向影响团队创造力，团队调节焦点在两者间起调节作用。
	杜娟、赵曙明和林新月（2020）	团队断层	20家企业的80个工作团队的291名员工	团队断层对团队创造力具有显著的负向影响，团队行为整合在其中发挥中介作用，悖论型领导风格负向调节团队行为整合的中介效应。
	徐建中和曲小瑜（2014）	团队跨界行为	95个装备制造企业团队的441名团队成员	团队跨界行为正向影响团队创造力，知识交易行为在其中发挥中介作用，低不确定性规避在团队跨界行为影响团队创造力的过程中发挥调节作用。
	臧维等（2019）	团队跨界行为	78个知识型服务业团队510名员工	团队跨界行为对团队创造力具有显著的正向预测作用，知识整合能力性和知识整合质性在团队跨界能力与团队创造力之间发挥链式中介作用，知识整合质性、知识整合新颖性与团队创造力间的关系发挥显著的负向调节作用。
团队特征	朱金强等（2020）	团队跨界行为	536名员工和111名主管	团队跨界行为与团队创造力之间存在显著的正相关关系，团队调节自我效能感在两者关系中发挥中介作用，角色宽度自我效能感在两者关系中发挥中介作用。
	王艳子等（2012）	网络密度	61个研发团队	网络密度与知识共享行为和知识共享质量在这一过程中发挥倒U型调节关系，知识共享行为、网络异质性和网络密度与新颖性的关系中发挥调节作用。
	王艳子、罗瑾琏和常涛（2014）	社会网络	10家企业61个研发团队的416名研发人员	网络连带强度、网络中心性与团队创造力之间存在显著的正相关关系，网络中心性与团队创造力之间存在显著的负相关关系，团队知识共享在上述过程中起中介作用。
	赵娟和张炜（2015）	团队社会网络	72个团队样本	团队内部社会网络和外部社会网络对团队创造力都有显著的影响，团队学习在其中发挥中介作用。

续表

研究视角	研究者	前因变量	研究对象	研究结论
团队特征	黄同飞和彭影灿（2015）	非正式网络	181个研发团队	团队内部非正式网络与团队创造力都呈现倒U型关系，外部非正式网络与团队创造力都产生积极的影响，团队内部非正式网络通过影响两类非正式网络心智模型进而对团队创造力产生影响，团队外部非正式网络通过影响协作式共享心智模型进而对团队创造力产生影响。
团队特征	张宁俊、张露和王国瑞（2019）	团队关系强度	四川、重庆和贵州的73个团队	团队外部关系强度和内部关系强度对团队创造力都产生积极的影响，团队信息深化在该过程中发挥中介作用，团队工作标准化团队信息深化与团队创造力之间的关系以及团队工作标准化团队成员创造力与团队创造力的中介效应中均发挥负向调节作用。
团队成员特质与行为	王莉红、顾琴轩和俞明传（2016）	个体创造力	65个团队的327名员工	个体创造力对团队创造力有显著的正向预测作用，共享团队目标、团队功能多样性、成员创造性人格在个体创造力与团队创造力关系中发挥调节作用。
团队成员特质与行为	Yuan & Knippenberg（2020）	团队成员创造力	60个销售团队的483名员工	团队成员创造力与团队创造力之间存在正相关关系，信息详尽程度在团队成员创造力与团队创造力关系中发挥调节作用。
团队成员特质与行为	Ali et al.（2019）	知识共享	沙特阿拉伯的152名员工	知识共享与团队创造力之间存在显著的正相关关系，个体文化智力调节知识共享与团队创造力之间的关系。
团队成员特质与行为	Men et al.（2019）	知识共享	中国86个知识型团队的381名员工和雇主	知识共享正向促进团队创造力，吸收能力和知识整合在知识共享与团队创造力之间发挥中介作用，认知团队多样性在知识共享与知识吸收能力、知识共享与知识整合的关系中发挥调节作用。

续表

研究视角	研究者	前因变量	研究对象	研究结论
团队成员特质与行为	Bari et al.（2019）	知识隐藏	282 名大学生	回避隐藏和装聋作哑与团队创造力之间存在显著的负相关关系，理性隐藏对团队创造力的影响不显著，掌握动机氛围感在回避隐藏和装聋作哑对团队创造力的影响过程中发挥调节作用。
	Bogilovic, Cerne & Skerlavaj（2017）	个体知识隐藏	24 个团队中的 104 名国际学生	个体知识隐藏对团队创造力具有负向影响，文化智力调节知识隐藏与团队创造力的关系。
	臧维等（2020）	员工跨界行为	京津冀地区 16 个行业 130 个团队	员工跨界行为对团队创造力具有显著的正向影响，团队信任在其中发挥中介作用，决策参与在团队信息搜索的中介效应中发挥负向调节作用。
	李召敏和赵曙明（2018）	团队领导宜人性	132 个团队	团队领导宜人性对团队创造力具有显著的正向影响，团队信息深度加工在其中发挥中介作用。
领导特质与行为	Zhou et al.（2019）	领导者自恋	23 家高科技企业 96 个团队的 667 名团队成员和团队领导	领导者自恋对团队创造力具有显著的正向影响，团队信息搜索在其中发挥中介作用，决策参与在领导自恋与团队信息搜索之间的关系中发挥显著负向调节作用。
	Wen, Zhou & Lu（2017）	领导创造力	229 名研发团队员工和 32 名团队领导	领导创造力与团队创造力显著正相关，领导者认同在任领导创造力与团队创造力之间的关系中发挥显著的中介作用。
	Li& Yue（2019）	领导创造力	89 个项目团队的 382 名员工及其领导	领导创造力对团队创造力具有显著的正向影响，团队领导授权在领导创造力与团队创造力的关系中发挥中介作用，任务复杂性与领导创造力的创造力之间的关系中发挥显著调节作用。
	刘伟国等（2018）	领导创造力期望	116 位团队领导及其所属的 568 位团队成员	团队领导创造力期望与团队创造力显著正相关，团队知识交换认同在其中发挥中介作用，团队知识领导的创造力角色认同在跨领域边界行为与团队创造力的关系中发挥显著的调节作用。

续表

研究视角	研究者	前因变量	研究对象	研究结论
领导特质与行为	王艳子、罗瑾琏和常涛（2014）	团队领导的内部社会网络连带	61 个研发团队	团队领导的内部社会网络和外部社会网络连带均正向影响团队创造力，团队知识共享在内部社会网络连带影响团队创造力的过程中发挥中介作用，外部社会网络连带在内部社会网络连带与团队创造力关系中发挥显著的调节作用。
	王艳子、罗瑾琏和李情（2016）	团队领导外部社会网络	126 位研发团队领导	团队领导外部网络中心性正向影响团队创造力，外部网络密度却会抑制团队创造力，跨界行为在上述影响过程中发挥中介作用，"面子"在团队领导外部网络中心性与团队创造力关系中发挥显著的调节作用。
	王艳子、白丽莎和李情（2017）	领导跨界行为	110 位研发团队领导	团队领导跨界行为正向影响团队创造力具有显著的正向影响，知识搜索在上述影响过程中发挥中介作用，知识内隐性负向调节跨界行为和知识搜索之间的关系。
	余义勇、杨忠和李嘉（2020）	团队领导跨界行为	78 个团队、322 名团队成员	团队领导跨界行为对团队创造力有显著影响，团队吸收能力在团队领导跨界行为和团队创造力之间起调节作用，团队学习目标和跨界行为在团队创造力过程中沉浸在领导跨界行为和知识搜索之间起调节作用。
	Hoever et al.（2018）	反馈	234 名学生	负面反馈通过激发团队创造力，正面反馈会使成员灵活地使用新信息的关注促进团队创造力。
	耿紫珍、刘新梅和张晓飞（2015）	负反馈	97 个团队	控制型负反馈对团队创造力的新颖性维度具有显著的负面效应，合作目标和信息型负反馈对上述影响过程有调节作用，信息型负反馈具有显著的促进作用，合作效性维度具有显著的促进作用，合作目标相依性在负反馈影响过程对团队创造力的新颖性维度和有效性维度相依性在上述影响过程中发挥显著的正向调节作用。

续表

研究视角	研究者	前因变量	研究对象	研究结论
领导特质与行为	Li et al. (2016)	领导成员交换差异	中国公司的59个团队	领导成员交换差异与团队创造力之间存在倒U型关系，且领导成员交换质量对倒U型关系具有调节作用。
	赵红丹、吴桢和高源 (2018)	上下级关系差异化	297套团队成员—团队领导匹配对样本	上下级关系与团队创造力之间呈现倒U型关系，两者之间的非线性关系在高团队差异化的团队中更加显著，团队成员关系差异化与团队创造力之间显著负相关，团队心理安全感在两者关系中发挥中介作用。
	Tsai et al. (2012)	积极组织情绪	68个研发团队的成员和领导	团队信任较低的情况下，积极组织情绪与团队创造力相关关系，当信任水平较高时，积极组织情绪与团队创造力呈负相关关系。
	朱雪春、陈万明和唐朝永 (2015)	团队支持感	156个研发团队的518名员工	团队支持感与团队创造力之间具有显著的正相关关系，团队知识共享和团队反思在两者关系中发挥中介作用。
	Jia et al. (2014)	员工—组织匹配	55家中国高科技组织229个团队的1807名员工	员工—组织匹配与团队创造力之间具有显著的正相关关系，团队沟通密度与团队成员的工作任务复杂性在两者关系中发挥显著的调节作用。
工作环境	赵武等 (2016)	个体—组织匹配	27家中小科技型企业的75个跨功能团队	个体—组织匹配度对团队创造力具有显著的正向促进作用，内隐协调在上述影响中发挥中介作用；成员内部人身份感知与团队成员之间的交互效应感越强，内隐协调程度越高。
	Oedzes et al. (2019)	非正式层级	304人组成的56个组织工作团队	非正式层级与团队创造力显著负相关，领导授权在其中起调节作用。
	秦伟平等 (2015)	人力资源管理实践	25家企业的95个跨功能团队	参与导向型人力资源管理实践对团队创造力具有显著的正向影响，且其关系受参与导向型人力资源管理实践对团队创造力具有显著的正向人力资源管理实践对上述影响过程中起团队内隐协调在上述影响过程中发挥正向的交互作用。

续表

研究视角	研究者	前因变量	研究对象	研究结论
工作环境	Ma et al.（2017）	高绩效人力资源实践	16家中国公司的80个工作团队	高绩效人力资源实践正向影响团队创造力，团队效能感在能力提升实践影响团队创造力的过程中发挥中介作用，知识共享在动机提升实践影响团队创造力的过程中发挥中介作用。
	Ogbeibu（2020）	人力资源管理	马来西亚31家制造企业的229名员工	绿色绩效和薪酬负向影响绿色团队创造力，技术动荡性调节绿色招聘和甄选对绿色团队创造力的正向影响。

资料来源：根据相关文献整理。

资源管理实践等对团队创造力的影响展开探讨。Tsai等（2012）研究发现，团队信任较低的情况下，积极组织情绪与团队创造力呈正相关关系；当信任水平较高时，积极组织情绪与团队创造力呈负相关关系。团队支持感与团队创造力之间都存在显著的正相关关系（朱雪春等，2015），个体—组织匹配对团队创造力的正向影响得到了诸多研究的证实（Jia et al.，2014；赵武等，2016），然而非正式层级却会对团队创造力产生不利影响（Oedzes et al.，2019）。关于组织人力资源管理与团队创造力之间的关系，也是学者们关注的一个焦点议题。研究发现，参与导向型人力资源管理实践对团队创造力具有显著的积极影响作用（秦伟平等，2015），高绩效人力资源实践与团队创造力之间也存在显著的正相关关系（Ma et al.，2017），然而绿色绩效和薪酬却对绿色团队创造力具有消极的影响效应（Ogbeibu，2020）。

第三节 组织层次创造力研究进展

一 组织创造力的概念内涵

学者们对创造力的早期研究主要聚焦于个体层次，直到20世纪80年代，才对组织创造力展开深入研究。目前，有关组织创造力的内涵尚未形成统一认识。梳理现有文献，发现学者们基于不同的研究视角对组织创造力内涵进行界定，主要包括三种观点：结果观、过程观和能力观，如表2—7。

结果观主要关注创造性过程的结果，如结果观的代表性学者Harrington（1990）认为组织创造力是由创造性过程、富有创造性的人、具有创造性的产品和创造性的环境四个方面组成，是这四者之间互动的结果。过程观认为组织创造力是指在复杂的社会系统中，由组织成员共同协作产生的有价值的新产品、新服务、新想法、新流程或过程的创造（Woodman et al.，1993）。还有学者从能力观的视角对组织创造力进行界定，认为组织创造力是组织所具有的能够产生新的服务、产品、流程与程序等新颖且富有价值的想法的一种能力（Lee & Choi，2003）。国内学者刘新梅等（2010）认为组织创造力是指在动态复杂的社会环境下，组织具有对产品、服务、过程、方法等提出有价值的新想法，以及提出改进性解决方案的能力。

表2—7　　　　　　　　　　组织创造力的内涵

视角	学者（年份）	内涵
结果观	Harrington（1990）	创造性过程、富有创造性的人、创造性的产品和创造性的环境四个方面的结合，以及它们之间互动的结果。
	王姣等（2010）	创新核心要素、内源性动力、外部环境共同影响的结果。
过程观	Woodman et al.（1993）	在复杂的组织环境中，组织能够对服务、产品、流程等提出新颖且有用的想法、以及开创性的解决方案，这种创造是由组织成员合作完成。
能力观	Lee & Choi（2003）	组织推进并完善关于新的产品、服务、流程的新颖的想法的综合性能力。
	彭灿等（2003）	在生产过程中的每一个环节与流程中，组织能够发现新问题、定义新问题、衡量新问题、以及提出创造性问题解决方案的能力。
	刘新梅等（2010）	组织具有对产品、服务、过程、工艺、方法等提出有价值的新想法，以及提出改进性解决方案的能力。

资料来源：根据相关文献整理。

二　组织创造力的测量

与个体和团队创造力相比，组织创造力的研究尚处于起步阶段，学者们对组织创造力量表的研究还相对有限。常见的测量量表主要包括以下三种：Amabile（1996）开发的组织创造性情境量表、Lee和Choi（2003）开发的组织创造力量表与Lang和Lee（2010）开发的组织创造力量表，如表2—8所示。

表 2—8 组织创造力的测量量表

量表	测量题项
Amabile（1996）	鼓励人们在组织中创造性的解决问题
	我的上级是一个良好的工作榜样
	我的工作小组中有自由和开放的沟通
	我可以决定如何开展我的项目
	我可以得到我在工作中所需要的资源
	我感到我当前的工作具有挑战性
	在相对较少的时间里我有太多的工作要做
	组织中有很多政治性的问题
	组织中我的范围工作是创新的
	组织中我的范围工作是有效的
Lee 和 Choi（2003）	本公司产生了许多有关产品/服务的有用的新想法
	本公司营造了有助于我们产生新颖和有用想法的环境
	本公司花费大量时间产生新颖而有用的想法
	本公司认为产生新颖和有用的想法是重要的活动
	本公司积极提出新颖和有用的想法
Lang 和 Lee（2010）	公司的成员产生了很多原创性的想法
	我们对试验新想法毫无顾虑
	公司在开发新产品和服务以在市场竞争方面具有创新精神而享有盛誉
	公司一直在创新设计新的工作流程和操作程序，以满足客户不断变化的需求
	在组织中有一种持续改进的意识
	公司成员欢迎新想法的实施
	鼓励工作人员探索新的知识领域
	工作人员乐于尝试解决问题的新方法
	员工们知道他们的想法比其他任何东西都重要
	员工愿意尝试新的方法来完成工作任务

资料来源：根据相关文献整理。

三 组织创造力的影响因素

从现有文献来看，与员工创造力及团队创造力的前因研究相比，国内外学者对组织创造力的前因开展的相关研究相对较少，主要从领导因素、个体因素、工作环境等视角展开，如表2—9。

(一) 组织因素对组织创造力的影响

学者们主要围绕组织战略导向、组织学习、组织治理、人力资源管理实践等与组织创造力之间的关系开展了深入的探讨。关于战略导向与组织创造力的关系，现有研究聚焦在市场导向、竞争导向、创业导向或企业家导向等对组织创造力的影响效应上。相关研究发现，市场导向与组织创造力呈现倒 U 型关系，过高或过低的市场导向都不利于激发组织创造力（耿紫珍等，2012；刘新梅等，2013；顾琴轩等，2021）；然而，创业导向或企业家导向与组织创造力之间存在显著的正相关关系（耿紫珍等，2012；刘新梅等，2013；马喜芳和颜世富，2016）。另有研究结果表明，组织的资源柔性和协调柔性均与组织创造力显著正相关（许晓娜和赵德志，2020）。

组织学习与组织创造力的关系也是国内外学者关注的一个焦点议题。不论是探索式学习，还是利用式学习，均有助于组织创造力的提高（刘新梅和白杨，2013）；然而，在资源有限的条件下，过分强调组织的双元学习平衡却不利于提高组织创造力（刘新梅等，2013）。另外，郭秋云等（2017）的研究还发现，失败学习对组织创造力具有显著的正向影响。组织知识管理有助于提高组织创造力（Tuna & Duygu, 2015；薛伟贤和孙姝羽，2019）。不论是正式知识治理，抑或是非正式知识治理，都与组织创造力存在显著的正相关关系（吴士健等，2017）。

现有研究就人力资源管理实践与组织创造力的关系也开展了诸多研

第二章 组织创造力研究述评

表2—9 组织创造力影响因素的实证研究汇总

研究视角	研究者	前因变量	研究对象	研究结果
组织因素	耿紫珍、刘新梅和杨晨辉（2012）	市场导向 企业家导向	162家不同类型的企业	市场导向与组织创造力之间呈现U型关系，企业家导向对组织创造力有正向影响，市场知识获取在市场导向、企业家导向与组织创造力的关系中都发挥中介作用，技术知识获取在企业家导向与组织创造力的关系中发挥着中介作用。
	刘新梅等（2013）	市场导向 企业家导向	116个企业	市场导向与组织创造力之间存在倒U型相关，应用性学习和转化性学习在市场导向与组织创造力的关系中发挥中介作用，探索性学习在市场导向与组织创造力的关系中的中介效应随着市场导向增强而减弱。
	顾琴轩、胡冬青和许彦妮（2021）	市场导向	145家企业的979名高层管理人员与核心员工	市场导向与组织创造力之间呈现出倒U型的非线性关系，一致性文化在市场导向与组织创造力之间发挥中介作用，创业导向与组织创造力显著中介之间显著正相关。
	马喜芳和颜世富（2016）	创业导向	220家企业的中高层领导	创业导向与组织创造力显著正相关，知识整合能力在该过程中发挥中介作用，高集体主义倾向的组织情境在创业导向与组织创造力关系以及知识整合能力与组织创造力关系中均发挥显著的调节作用。
	王莉红、魏农建和许彦妮（2016）	竞争导向	161家企业	竞争关系在两者关系中发挥显著的调节作用，有机结构在竞争导向与组织创造力关系中发挥显著。适应性文化在竞争导向与组织创造力关系中发挥作用并不显著。
	许晓娜和赵德志（2020）	战术柔性	423名企业员工	资源柔性和协调柔性均正向影响组织创造力，员工政治技能在上述影响中发挥中介作用，技术不确定性正向调节资源柔性、协调柔性与组织创造力的关系。

续表

研究视角	研究者	前因变量	研究对象	研究结果
组织因素	刘新梅和白杨（2013）	探索式学习利用式学习	275 个企业	探索式学习和利用式学习均对影响组织创造力，市场知识获取和技术知识获取在探索式学习影响组织创造力的过程中发挥中介作用，技术知识链式中介作用。
	郭秋云等（2017）	失败学习	244 个企业样本	失败学习对组织创造力具有积极影响效应，忘却活动和形成新知识在失败学习与组织创造力之间发挥链式中介作用。
	刘新梅等（2013）	组织双元控制机制	283 个企业	组织双元的联合对组织创造力具有显著的正向影响，然而，在资源有限的条件下，过分强调组织双元平衡却不利于提高组织创造力；结果通过过程控制和过程控制均与组织双元联合进而对组织创造力产生影响。
	Tuna & Duygu（2015）	知识管理	土耳其的 227 名员工	知识管理对组织创造力有显著正向影响，组织沟通和企业创新能力在上述影响中发挥中介作用。
	赵旭和刘新梅（2015）	知识治理	239 家企业	正式知识治理和非正式知识治理与组织创造力均显著正相关，然而正式知识治理和非正式知识治理的交互影响效应不存在显著效应。
	吴士健、孙专专和刘新民（2017）	知识治理	高科技企业的 366 名员工	正式知识治理和非正式知识治理与组织创造力均存在显著的正相关关系，不同的组织学习方式在上述影响过程中发挥中介作用，新型文化仅在知识治理与组织学习关系中发挥显著的调节作用。

第二章　组织创造力研究述评

续表

研究视角	研究者	前因变量	研究对象	研究结果
组织因素	薛伟贤和孙姝羽（2019）	组织知识管理	214名企业员工	知识流动、知识扩散与组织创造力信息化与组织创造力均存在显著的正向相关关系，高管支持在上述影响中发挥显著的正向调节作用。
	刘新梅和王文隆（2013）	人力资源管理实践	多个省市的267家企业	承诺型人力资源管理实践对组织创造力具有显著的正向影响，组织学习能力在其中发挥中介作用；控制型人力资源管理实践对创造力的负向影响，组织学习能力在其中发挥中介作用。
	王博艺（2014）	人力资源管理实践	107家企业	创新导向的人力资源管理实践对组织创造力具有显著的正向影响，组织结构创新文化在其中发挥显著的中介作用，组织结构因素在其中发挥显著的调节作用。
	Song et al.（2019）	人力资源管理系统	82家知识密集型公司的780名员工	以创造力为导向的人力资源管理系统正向影响组织创造力，创新文化在其中起中介作用，顾客导向调节和创新文化的中介效应。
	Jeong & Shin（2019）	高绩效工作实践	16个行业的454家韩国公司	高绩效工作实践正向影响组织创造力，员工的集体学习关系对组织创造力起中介作用，组织变革调节两者间的关系。组织变革实践和组织变革对组织创造力起到交互作用。
	马喜芳、钟根元和颜世富（2018）	组织激励	116家大中型企业的999名员工	组织创造力之间不存在显著的相关关系，组织物质激励、组织发展激励与交易型领导风格、发展型领导风格在组织激励对创造力协同影响效应，跨部门协同在组织物质激励与组织发展激励影响组织创造力的过程中发挥中介作用。
	马喜芳、颜世富和钟根元（2019）	激励协同	中国925份来自107家企业	规则物质激励对组织创造力具有显著的正向影响，跨部门协同在作用，主管权变激励规则发展激励与组织创造力之间发挥中介作用，主管权变激励在规则物质激励影响组织创造力的过程中发挥调节作用。

续表

研究视角	研究者	前因变量	研究对象	研究结果
组织因素	Kang（2016）	调节焦点	148家企业	组织的晋升焦点与组织创造力呈正相关关系，组织的预防焦点与组织创造力也呈正相关关系，财务奖励和创造力培训之间的交互作用调节焦点与组织创造力之间的关系。
领导因素	Allen, Smith & Silva（2013）	领导风格	372名员工	变革型领导对组织创造力具有正向影响，而放任型领导对组织创造力则具有负向影响。
	Azzam & Abou-Moghli（2018）	变革型领导	20家保险公司的90名管理人员	变革型领导对组织创造力具有显著的正向影响。
	孙永磊和雷蕾莉（2018）	领导风格	生物医药、电子信息等行业的237名员工	变革型领导对组织创造力具有显著的正向影响，交易型领导对组织创造力具有显著的负向影响，学习型组织氛围和创造型组织氛围在变革型领导影响组织创造力发挥中介作用，计划型组织氛围在交易型领导影响组织创造力的过程中发挥中介作用。
	孙永磊、宋晶和陈劲（2016）	差异性变革型领导	我国企业创新的实践数据	差异性变革型领导对组织创造力具有显著的正向影响，心理授权在上述影响中发挥显著的中介作用。
	邓志华、肖小虹和陈江涛（2020）	精神型领导	112家新创企业的343名员工	创始人精神型领导过程影响组织创造力发挥中介作用，泛家文化在创始人精神型领导影响组织创造力的过程中以及精神型氛围的中介效应中均发挥显著的调节作用。
	Morteza & Majid（2020）	管理者的沉默行为	200名高管、副总裁、管理和行政主管	管理者的沉默行为与组织承诺、组织创造力呈显著的负相关关系。

资料来源：根据相关文献整理。

究。承诺型人力资源管理实践以及创新导向的人力资源管理实践均会正向促进组织创造力,然而控制型人力资源管理实践却可能会负向抑制组织创造力(刘新梅和王文隆,2013;王博艺,2014)。以创造力为导向的人力资源管理系统以及高绩效工作实践与组织创造力都存在显著的正相关关系(Song et al.,2019;Jeong & Shin,2019)。此外,还有研究就组织激励与组织创造力之间的关系开展了深入探讨,发现组织物质激励对组织创造力没有显著的影响,组织发展激励与组织创造力之间存在显著的正相关关系(马喜芳等,2018);规则物质激励对组织创造力具有显著的负向影响,规则发展激励对组织创造力具有显著的正向影响(马喜芳等,2019)。Kang(2016)的研究却表明,组织的晋升焦点和预防焦点对组织创造力都具有显著的正向影响。

(二)领导因素对组织创造力的影响

已有研究主要围绕变革型领导、精神型领导等领导风格对组织创造力的影响开展了深入的探讨。变革型领导对组织创造力具有显著的促进作用,已经得到诸多研究的证实(Allen et al.,2013;Azzam & Abou-Moghli,2018;孙永磊等,2016;孙永磊和雷培莉,2018),然而,放任型领导以及交易型领导却都不利于组织创造力的提升(Allen et al.,2013;孙永磊和雷培莉,2018)。此外,邓志华等(2020)研究发现,精神型领导对组织创造力具有显著的正向影响。另外,还有研究表明,管理者的沉默行为对组织创造力具有显著的负向影响(Morteza & Majid,2020)。

第四节 组织创造力研究的简要评述

在当前日益复杂,充满不确定性的竞争环境中,组织如何保持创造力一直是学者们关注的重点。通过梳理创造力的相关文献,发现创造力逐渐受到了研究者们的重视,并取得了丰富的研究成果,但仍存在一些不足，有待于未来深入探讨。

第一，虽然国内外学者就员工创造力的影响因素开展了大量研究，也取得了较好进展，尤其就上司领导风格与员工创造力的关系开展了诸多探讨，但仍然有两点值得未来深入探究：一是现有研究更多是同一个层次上的实证研究，缺乏就上司领导风格对员工创造力的跨层次作用机制开展深入的分析；二是员工创造力的激发既要考虑新颖性，同时又需要考量实用性，迫切需要管理者去解决这样的悖论，呼吁新型领导风格。

第二，现有学者就团队创造力的影响因素开展了诸多研究，也取得了较好进展，尤其是就上司领导风格影响团队创造力的作用开展了大量的实证研究，但仍存在一些不足，有待未来深入探究：现有文献主要停留在社会认知理论和自我决定理论等传统心理学视角就上司领导风格对团队创造力的作用机制进行解读。由于个体心理因素作用的发挥具有不稳定性，难以全面解释其中的影响机理，这就需要借助更广泛的理论视角去深入探究上司领导风格影响团队创造力的内在机制与路径。

第三，与员工层面以及团队层面创造力的影响因素研究相比，组织层面创造力的影响因素研究相对匮乏。虽然有少数研究探讨了上司领导风格与组织创造力的关系，但内在的作用机制尚未明晰，迫切需要整合多个理论视角来深入探讨上司领导风格影响组织创造力的驱动机理。

第三章 悖论式领导研究述评

第一节 悖论式领导的概念内涵

一 悖论的来源

在西方,"悖论"一词"paradox"由两个希腊词根组成,即"para"和"doxa",Chen(2002)将其对应为"contrary opinions",意为"超越逻辑的状态或关系"。公元前3世纪,古希腊的麦加拉学派提出的"说谎者悖论"是最早的逻辑语义悖论典范,即"我说的这句话是谎话",揭开了西方哲学对"悖论"关注的序幕(庞大龙等,2017)。中国的悖论思想最早体现在春秋时期《易经》中"一阴一阳谓之道",世界万物都可以被划分为阴阳两个部分,如天与地,日与月,刚与柔等(苏中兴,2017)。以道家为代表的中国古代阴阳哲学强调"阴中有阳,阳中有阴,阴阳合一",强调所有现象都是阴阳两种对立力量相互作用的结果。其中,"阴"代表柔,而"阳"则代表刚,两者既相互对立、相互分割,同时又相互依存、相互转化(刘刚等,2014)。

东西方的悖论思想既有相似之处,又存在明显的不同。两者的相似点主要体现在两者都强调悖论的根本属性为相互矛盾,并且是一种难以解决的矛盾(庞大龙等,2017)。两者的不同在于:西方悖论思想强调世间万物都是此非彼长的关系("A"或"B"),两者相互分离且相互矛盾;东方悖论思想则强调悖论是相互对立但又处于同一个系统,两者相互联系、相互协同甚至相互转化（庞大龙等，2017）。

近年来，悖论逐渐成为组织管理学科领域学者研究的一个热点主题。组织管理学领域的学者将"悖论"界定为"相互矛盾且相互关联但又同时随着时间的推移长期存在的要素"（Smith & Lewis，2011）。该定义体现了悖论的两个核心特征，分别是"相互矛盾"和"相互依存"。前者强调不同元素之间的对立，这些矛盾将会给企业带来相互冲突的需求，如"企业既需要维持稳定性同时又要保持灵活性"，这些需求会给组织发展带来张力；后者强调矛盾两端不是分割的，正如同一枚硬币的两面一样，它们永远不会分开且存在于一个连续体中（谭乐等，2020）。

二 悖论式领导的概念解析

随着经济全球化与科学技术的快速发展，社会环境瞬息万变，使得组织面临愈加动态化、复杂性和竞争性的环境。组织管理者如何有效应对复杂动态环境中隐藏的相互矛盾的需求及由此产生的张力，直接关系到组织的生存与永续发展（Lewis，2000）。Smith 和 Lewis（2011）认为应该通过构建动态化的平衡管理模式以应对社会环境的不确定性与组织需求多样性之间的矛盾，进而提高组织的运行效率。Zhang 等（2015）以中国传统文化中"阴—阳"哲学为分析框架，率先对悖论式领导做了相应的界定，认为悖论式领导是指领导者用看似存在竞争但又相互关联的行为同时和长期满足组织结构需求或追随者的工作需求。自此，悖论式领导引起了国内外学者的广泛关注。

总的来说，国内外学者主要从三个视角对悖论式领导的内涵进行阐释，分别为特质与认知视角、行为视角与能力视角。具体如表3—1所示。部分学者基于特质与认知视角，认为悖论式领导应具备"两者都"而不是"二选一"的思维认知方式（Smith & Lewis，2011）或具有认知复杂性与情绪平静性的特质（Waldman & Bowen，2016）。也有学者强调悖论式领导能将看似相互矛盾却又相互联系的行为方式统一、协调起来，以便有效面对组织中的复杂情境（Zhang et al.，2015）。持能力观的学者认为悖论式领导应该具备协调和平衡矛盾的能力，包括接纳能力、差异化能力和整合能力（Smith et al.，2012），其中接纳能力是指领导者要承认组织内部存在矛盾与张力问题，并将组织内的相互竞争看作组织发展的需求（欧阳桃花等，2016），差异化能力则是指领导者要区分不同备选方案之间的独特之处，整合能力侧重于寻求每个备选方案之间的协同效应（刘燕君等，2018）。

综上所述，悖论式领导作为一种新兴的领导方式，学者们对其概念内涵的研究目前尚未达成共识，但通过梳理可知，悖论式领导包含三个基本特征。一是包容性，指悖论式领导能够以开放和包容的心态容纳组织发展中急需解决的各种悖论，并认为组织中的张力是维持组织活力的关键因素（欧阳桃花等，2016）。二是矛盾性，强调在处理悖论的过程中要用看似对立但又相互关联的行为满足组织结构和下属需求（Zhang et al.，2015）。三是灵活性，既要求个体的认知可以在不同思维模式之间进行转换，同时要求个体能够根据社会环境的变化灵活改变自己的行为方式以适应组织发展的需要（Smith & Tushman，2005）。如表3—1所示。

表3—1　　　　　　　　悖论式领导的概念内涵

视角	学者（年份）	定义
特质与认知视角	Smith & Lewis（2011）	具备"二者都"而不是"二选一"的辩证思维方式。
	Waldman & Bowen（2016）	具备自我复杂性和情绪调节特质，且能够识别、接纳与整合矛盾。
行为视角	Zhang et al.（2015）	通过综合运用看似相互矛盾却相互关联的领导行为，以同时或随时间推移满足组织结构化及员工个人化的需求。
	Kauppila & Tempelaar（2016）	具有高绩效期望和高管支持的领导行为。

续表

视角	学者（年份）	定义
能力视角	Smith et al.（2012）	领导者具备接纳、差异化与整合三种能力，并有效应对组织中存在的张力问题。
	Lavine（2014）	领导者既要确保组织灵活性与稳定性的整合，而且需要保持组织内部环境与外部动态情境的匹配。
	欧阳桃花等（2016）	需要塑造多重双元能力应对组织中存在的悖论问题。

资料来源：根据相关文献整理。

三 悖论式领导的概念比较

为进一步明确悖论式领导的内涵与外延，有必要将悖论式领导与权变领导、双元领导进行区分比较。

（一）悖论式领导与权变领导

权变领导强调领导者要时刻根据组织情境的变化来选择适合的领导方式（Fiedler，1978）。悖论式领导与权变领导的相同点在于两者都强调领导行为要适应组织情境的需要，不同点主要体现在以下两个方面：一方面，从认识论来看，权变领导秉持"二选一"（"A"或"B"）的逻辑，强调领导方式要与组织情境相匹配（谭乐等，2020）；而悖论式领导秉"二者都"（既"A"又"B"）的逻辑，强调寻求矛盾两端共存的可能性（Zhang et al.，2015）。另一方面，从方法论来看，权变领导以权变理论为基础，注重权衡矛盾的一端（"A"或"B"），进而采取差异化管理策略；而悖论式领导以悖论思想为基石，强调矛盾两端的相互依存性，积极探索协同管理策略（Lewis，2000；Smith & Lewis，2011）。

（二）悖论式领导与双元领导

近年来，有学者将组织双元理论运用于领导力研究领域，并提出了"双元领导"（ambidextrous leadership）的概念（Probst et al.，

2011）。双元领导强调领导者要具备在开放式领导行为与闭合式领导行为之间灵活切换的能力（Rosing et al.，2011）。国内学者罗瑾琏等（2016）在总结前人研究结论的基础上，对双元领导提出了一个系统化的定义，指领导者在面对复杂和不可预测的外部环境时，运用辩证思维有效平衡看似相互对立但又相互关联的行为方式，并根据具体的组织情境进行策略之间的灵活转换，进而发挥矛盾力量协同增效功能的领导方式。

作为两种比较新颖的领导风格，悖论式领导与双元领导既有相似之处，也有明显的不同。两者的相似之处在于悖论式领导和双元领导都强调要积极应对当前复杂的管理情境，并有效处理组织内部的张力。两者的不同之处主要体现在以下三个方面：一是两者的理论基础不同（彭伟和李慧，2018），双元领导主要以组织双元理论和权变视角为基础，强调领导者需要依据情境的变化，在两种反向领导风格之间进行灵活的切换，以适应动态变化的外部环境（赵红丹和郭利敏，2017）；而悖论式领导主要以阴阳理论和悖论思想为基础，强调领导者既要关注矛盾的冲突性，也要关注其关联性，要将矛盾问题看成一个统一的整体，并遵循对立统一的逻辑思维协调和整合矛盾，从而促使矛盾的共生共存（Zhang et al.，2015；庞大龙等，2017）。二是两者应对矛盾的方式不同，双元领导强调领导者可以运用平衡的方式来回应相互冲突的活动；而悖论式领导强调领导者要以包容的心态看待矛盾之间的冲突和对抗，进而对双重目标做出差异化的反应（王朝晖，2018）。三是两者发挥效用的机制不同，双元领导侧重于通过协调两者间的平衡来应对组织问题，通常产生积极效果；而悖论式领导则侧重于通过优化和联合相互对立或冲突的两端来发挥协同作用（Waldman & Bowen，2016），有可能带来积极和消极"双刃剑"效应（谭乐等，2020）。

第二节　悖论式领导的结构与测量

一　悖论式领导的结构维度

关于悖论式领导的结构维度，现有研究尚未达成统一共识，具体包括二维度、四维度、五维度等不同的观点，如表3—2所示。

表3—2　　　　　　　　　　悖论式领导的维度

维度	学者（年份）	内容
二维度	Waldman & Bowen（2016）	代理与交流、当前和未来。
	Kauppila & Tempelaar（2016）	绩效管理、社会支持。
四维度	Zhang & Han（2019）	维持短期效率和长期发展、维持组织稳定性和灵活性、关注股东和利益相关主体、遵守和塑造环境中的集体力量。
五维度	Zhang et al.（2015）	自我中心与他人中心相结合、既维持亲密又保持距离、对待下属一视同仁同时允许个性化、严格执行工作要求同时保持灵活性、维护决策控制同时允许自主性。

资料来源：根据相关文献整理。

Zhang等（2015）率先运用中国的阴阳哲学来构建悖论式领导的理论框架，并将悖论式领导划分为五个维度，分别是将以自我为中心与以他人为中心相结合、与下属保持距离的同时又保持亲近、对待下属一视同仁的同时又允许个性化、严格执行工作要求的同时又保持灵活性、维持决策控制的同时又允许自主性。随后，Waldman和Bowen（2016）将悖论式领导分为"代理与交流""当前与未来"等两个维度，前者是领导者固有的行为悖论，具体包括"在保持自我意识的同时也要保持谦逊""在保持控制的同时也要学会放松"；后者是与组织相关的悖论，具体包括"在强调稳定性的同时也要关注动态变化""在强调利润最大化的同时也要追求企业的社会责任"。Kauppila 和 Tempelaar（2016）则认为悖论式领导主要包括绩效管理和社会支持等两个维度，前者指上级对下属的高绩效期望与高绩效要求，有助于上级对下属形成一种约束力；后者指上级对下属的指导与支持、下属的共同参与、决策的公平公正，体现了上级对下属的关心与信任。Zhang 和 Han（2019）认为高层管理者的悖论式领导行为具有一定的独特性，将 CEO 悖论式领导行为划分为四个维度，分别是"既维持企业短期效率同时考虑企业的长期可持续发展""既维持组织稳定性同时也保持企业的灵活性""既关注股东的利益同时也关心利益相关主体""既遵守社会环境秩序同时塑造环境中的集体力量"。

二　悖论式领导的测量量表

作为一种新型的领导风格，国内外学者对悖论式领导所开发的量表还不多见，现有的量表主要是 Zhang 等（2015）开发的管理人员悖论式领导量表以及 Zhang 和 Han（2019）针对 CEO 悖论式领导行为开发的量表，具体如表3—3所示。

表3—3　　　　　　　　悖论式领导的测量量表

量表	测量题项
Zhang 等（2015）	会公平地对待每一位员工，但也会视具体情况而定
	会将所有员工置于平等的地位，但会考虑他们的个性特点
	会与员工平等沟通，不带任何歧视，但会根据他们的个人特点或需要改变沟通风格
	会统一管理员工，但也会考虑他们的个性化需求
	会给员工分配相等的工作量，但也会考虑个人的优势和能力来分配不同的任务
	在表现出领导权威的同时，也会鼓励员工分享领导角色
	会喜欢成为众人瞩目的焦点，但也会允许员工成为焦点
	会要求获得尊重，但同时也会尊重他人

续表

量表	测量题项
Zhang 等（2015）	会具有较高的自我评价，但也会表现出对个人不完善和他人价值的认识
	会对个人想法和信念充满信心，但也鼓励向其他员工学习
	会控制重要的工作问题，但也允许员工处理细节
	会为员工确立最终目标，但也允许员工控制具体的工作流程
	会把控重大问题，但将较小的问题委派给员工
	在掌控全局的同时，也会给予员工适当的自主权
	会强调按照规章制度执行任务，但允许例外情况
	会明确工作要求，但不拘泥于小节
	会对工作绩效的要求较高，但不吹毛求疵
	会对工作要求很高，但也会容许员工犯错误
	能够意识到上下级之间的区别，但其不会表现出优越性
	会与员工保持一定的距离，但距离恰当
	会与员工有立场差异，但也会维护员工的尊严
	会在工作中与员工保持距离，但也会与员工友好相处
Zhang 和 Han（2019）	在考虑未来业务发展需要的同时，会确保当前业务的运作效率
	会同时强调公司业务的短期盈利能力和长期可持续发展
	既会着手提高当前商业模式的有效性，也会引入具有发展前景的新模式
	既会确保现有业务的当前利润，但也坚持探索具有潜在长期收益的新业务
	既会不断开发当前成熟的业务，同时也探索未来具有增长潜力的业务
	既会遵守政府政策，也会影响政策制定的方向
	既会维护市场规则，但也推动创建新规则
	既会尊重行业规则，同时积极推动行业规则的变革和创新
	既会跟随市场力量，同时也创造市场力量
	既会顺从外部环境中的集体力量，也善于改变这些力量
	既强调内部组织的规范性，也强调组织体系的灵活性
	既注重内部组织管理的程序化，也敢于不断调整和优化
	既注重内部组织方法的正规化，但也允许方法之间的灵活转换
	既强调组织决策过程要谨慎，同时也强调快速适应外部的变化

续表

量表	测量题项
Zhang 和 Han（2019）	既强调要稳定组织结构，同时也会根据企业的发展调整或重建组织结构
	强调股东与利益相关者（上游、下游、竞争对手、员工、政府等）之间的资源竞争性，同时也强调不同利益相关者群体之间的和谐共存
	将公司视为一个独立的单位，同时也将公司视为利益相关者群体的一部分
	既会站在股东的角度来考虑，也会站在利益相关者群体的角度来考虑
	决策既体现股东利益与利益相关者利益的对立性，又会寻求二者的一致性
	既追求企业的独特价值，也十分关注公司对利益相关者群体的价值增值

资料来源：根据相关文献整理。

第三节 悖论式领导的前因研究进展

由于悖论式领导是一种新型的领导风格，悖论式领导的研究起步较晚，学者们的关注点主要在于其概念内涵、维度测量等方面，对其前因的探讨未能完全展开。少量研究主要从领导者的个体认知和组织情境等两个方面就悖论式领导的前因展开探讨。

一 个体认知因素

Luscher 和 Lewis（2008）的研究表明，领导者自身所具备的悖论特质会对悖论式领导产生影响。通过梳理现有文献后发现，具有整体思维、认知复杂性、情绪平静性与长期导向的领导，更有可能接受和运用悖论。

Choi 和 Nisbett（2000）认为具有整体思维的领导者有可能接受悖论，更有可能协调和整合矛盾的两端，因此更可能展示悖论式领导行为。Smith 和 Lewis（2011）研究表明认知复杂性是影响悖论式领导的主要因素。Hannah 等（2013）认为思想和大脑是领导者认知复杂性的两个重要组成部分，可以使领导者区分组织成员不同角色的相关技能与态度，同时将这些技能与态度进行整合，从而形成领导者的整体形象。

领导者认知复杂性程度越高，则更容易对不同观点持开放态度，接受并寻求综合解决方案（谭乐等，2020）。Zhang 等（2015）研究发现，整体思维与综合复杂性是预测悖论式领导的两个重要的认知因素。

此外，情绪平静性也是影响悖论式领导的重要个人特质，组织的动态复杂性与组织悖论的张力，会使领导者面临困境，从而引发领导者的防御性反应，而情绪平静性可以缓解这种焦虑和恐慌，并促使领导者冷静地处理悖论问题。因此，当面对矛盾时，缓和的情绪可以减少产生反作用的防御和恶性循环（Sundaramurth & Lewis，2003）。同时，情绪调节会直接影响到悖论式领导的行为（Waldman & Bowen，2016）。另外，谭乐等（2020）认为具有长期导向的领导者在进行决策时会同时考虑现在和未来，但关于长期导向是否会直接影响悖论式领导还有待深入研究（Zhang & Han，2019）。

二 组织情境因素

现有研究主要从组织结构、外部环境两个情境因素出发，探讨悖论式领导的影响因素。

组织悖论是悖论式领导存在的基础。随着经济全球化与科学技术的发展，社会环境变得愈加复杂性与动态性，为了适应外部环境的变化，组织结构逐渐向着多级、动态的形态转变，使得组织中相互冲突的因素越来越突出和持久，构成了悖论式领导产生的客观基础。虽然有学者从理论上推理，在动态的社会环境中，处于机械化组织结构下的领导者不太可能表现出悖论领导行为，处于有机结构下的领导者更可能表现出悖论领导行为，然而实证研究却发现，组织结构与悖论式领导行为之间并不存在显著的相关关系（Zhang et al.，2015）。

此外，环境的不确定也是影响悖论式领导的重要情景因素。面对复杂动态、不确定性的组织环境，悖论式领导会表现出对任务的敏感性，提前感知组织中的悖论问题并采取新方法解决问题（贺广明等，

2020）。罗瑾琏等（2017）认为，悖论式领导可以协调与整合矛盾的两端，在复杂多元的组织情境下，满足团队与成员的共同需求，从而有效激发团队活力。然而，环境的不确定性是否会激发悖论式领导行为，还有待于未来学者们开展实证研究来验证（谭乐等，2020）。

第四节　悖论式领导的后果研究进展

梳理现有文献发现，与悖论式领导的前因研究相比，有关悖论式领导的后果研究较为丰富，如表3—4和图3—1。

一　悖论式领导的影响效应

（一）悖论式领导对个体的影响效应

国内外学者主要就悖论式领导对员工态度、行为及绩效的影响开展研究。有关悖论式领导与员工态度的关系研究，姜平等（2019）基于65个销售团队433套上司—员工的配对调查问卷，实证研究发现，悖论式领导可以显著正向预测员工的工作满意度；Franken等（2020）以新西兰一家大型公共部门的233名员工为样本，实证分析结果表明，悖论式领导与员工韧性之间也存在显著的正相关关系。

现有研究就悖论式领导与员工行为之间的关系开展了较多的探讨。Zhang等（2015）研究发现悖论式领导能够正向预测员工的主动性。李锡元等（2018）基于265套员工与主管的配对问卷，调查研究发现悖论式领导对员工建言行为具有积极影响效应；秦伟平等（2020）也得到了类似的结论，发现悖论式领导的部分维度对员工建言行为有促进作用。此外，孙柯意和张博坚（2019）以湖南省10家民营企业的56名领导和307名下属为样本，实证分析发现，悖论式领导与员工变革支持行为之间存在显著的正相关关系。牛晨晨等（2021）还发现，悖论式领导对员工环保组织公民行为也具有显著的促进作用。悖论式领导与员工双元行为的正相关关系也得到了诸多研究的验证（Kauppila & Tempelaar，2016；王朝晖，2018）。

关于悖论式领导与员工绩效的关系，学者们也开展了相应的研究。侯昭华和宋合义（2021）研究发现，悖论式领导对员工工作重塑具有显著的正向预测作用；陈海啸和关浩光（2021）以工作—家庭增益理论为理论基础，以杭州5家银行的192名员工为样本，实证研究发现悖论式领导可以正向预测员工的工作—家庭平衡。悖论式领导与员工创造力的关系，引起了诸多学者的关注。苏勇和雷霆（2018）基于11家公司350名的问卷调查数据，研究发现悖论式领导与员工创造力之间存在显著的正相关关系；Yang等（2019）基于自我决定理论，以中国四家企业的领导和员工为样本展开实证研究，结果也验证了悖论式领导对员工创造力的积极作用。悖论式领导对员工工作绩效的正向影响也得到了国内外学者的研究证实（Kim，2020；褚昊和黄宁宁，2020）。She等（2020）还进一步探讨了悖论式领导与员工服务绩效之间的关系，基于中国8家酒店72名领导和556名下属的配对调查数据，研究发现悖论式领导对员工服务绩效也具有重要的促进作用。

此外，还有极少数研究探讨了悖论式领导行为对领导者自身的影响，比如Chen等（2021）基于120名领导者及271名直接追随者的配对调查数据开展实证研究，发现悖论式领导与领导者自身的任务绩效之间存在显著的正相关关系。

（二）悖论式领导对团队的影响效应

学者们主要围绕于悖论式领导对团队创新及团队绩效的影响机制展开相关研究。罗瑾琏等（2015）通过对环同济知识经济圈的96个团队中的482名员工和领导开展问卷调查，研究发现悖论式领导能够显著正向预测知识团队创新；Li等（2018）的研究结果也表明，悖论式领导对团队创新具有显著的促进作用。总体来说，悖论式领导与团队创新的正相关关系得到了诸多研究的证实（罗瑾琏等，2017；花常花等，

2021；Ren & Zhu，2021）。

（三）悖论式领导对组织的影响效应

相比于个体层面，从组织层面探讨悖论式领导影响效果的研究相对较少，主要体现在组织绩效、组织创新两个方面。组织绩效方面，Zhang 和 Han（2019）以华北地区 340 家不同行业的私营企业为研究对象，研究结果表明悖论式领导会显著提高组织绩效。组织创新方面，付正茂（2017）研究发现，悖论式领导正向促进组织双元创新；曹萍和张剑（2021）对不同行业的 227 名企业高管及员工进行实证研究，进一步验证了悖论式领导与组织双元创新行为之间存在显著的正相关关系。

二 悖论式领导的作用机制研究

国内外学者对悖论式领导的作用机制也展开了一些探讨，相关的中介变量主要分为个体层面、团队层面与组织层面。

（一）悖论式领导对个体影响的作用机制

相比于团队层面与组织层面，悖论式领导对个体影响的中介效应研究比较丰富，相关的理论视角主要涉及社会交换理论、社会认知理论、社会认同理论、调节焦点理论等。姜平等（2020）以社会交换理论为基础，考察了悖论式领导影响员工满意度与工作绩效的作用机制，发现领导成员交换在悖论式领导影响员工满意度和工作绩效的过程中发挥中介作用。

李锡元等（2018）以 265 个员工及主管为研究对象，探讨悖论式领导对员工建言行为的作用机制，研究发现悖论式领导通过员工心理安全感正向影响员工建言行为；王朝晖（2018）研究发现，心理安全感和工作繁荣感在悖论式领导与员工双元行为之间起中介作用；杨柳（2019）选取天津三家国有科技企业的 320 名员工为研究对象，研究发现心理授权在悖论式领导与员工的工作投入之间起中介作用；Yang 等（2019）研究发现工作繁荣感在悖论式领导与员工创造力之间起中介作用，即悖论式领导通过工作繁荣感来提高员工的创造力；Franken 等（2020）认为组织支持感在悖论式领导与员工韧性之间起中介作用。

孙柯意和张博坚（2019）以社会认同理论为基础，实证研究发现员工关系认同在悖论式领导与员工变革支持行为之间发挥中介作用；Kim（2020）发现悖论式领导通过领导信任正向影响员工服务绩效；She 等（2020）以中国 8 家酒店的 72 名领导和 556 名员工为研究对象，研究发现领导认同在悖论式领导与员工服务绩效之间起中介作用。

侯昭华和宋合义（2021）基于调节焦点理论视角，探讨了悖论式领导与员工工作重塑之间的作用机制，研究发现悖论式领导通过影响员工调节焦点进而对其工作重塑产生影响。此外，褚昊和黄宁宁（2020）通过研究发现悖论式领导通过工作激情正向影响员工角色内绩效和角色外绩效。陈海啸和关浩光（2021）以杭州五家银行的 192 名员工为研究对象，研究发现员工的整体思维和工作—家庭溢出在悖论式领导与员工工作—家庭平衡之间起中介作用。牛晨晨等（2021）以 45 名领导和 253 名员工为研究对象，考察悖论式领导对员工环保组织公民行为的作用机制，发现企业社会责任在悖论式领导与员工环保组织公民行为之间发挥中介作用。Chen 等（2020）的研究结果表明，悖论式领导通过工作重塑对领导者任务绩效产生正向影响。

（二）悖论式领导对团队影响的作用机制

罗瑾琏等（2015）以知识基础观为理论基础，考察了悖论式领导对团队创新的作用机制，研究发现，知识创造和知识整合在悖论式领导影响知识团队创新的过程中发挥中介作用。与该研究结论不同，花常花等（2021）研究发现，知识权力集中度、知识创造与知识创新是悖论式领导影响团队创新的中介变量；Ren 和 Zhu（2021）的研究结果却表明，团队协调在悖论式领导与团队创新之间的关系中发挥中介作用。

（三）悖论式领导对组织影响的作用机制

由于悖论式领导对组织影响的研究文献较少，考察其内在作用机制的研究尤其匮乏。付正茂（2017）研究发现，悖论式领导主要通过知识共享进而对组织双元创新能力产生影响；曹萍和张剑（2021）的研究结果却表明，二元智力资本在悖论式领导影响组织双元创新的过程中发挥传导作用。

三　悖论式领导的边界条件研究

界定悖论式领导有效性的边界条件能够为悖论式领导的研究提供新的视角。国内外学者对悖论式领导的边界条件展开了进一步的探讨，主要体现在个人层面、团队层面与组织层面上。

个体层面的边界条件包括调节焦点、自我监控人格、中庸价值取向、特质正念、矛盾思维、竞争性价值观等个体特质变量以及心理安全、认知闭合需求、角色认同、职业韧性、组织支持感、领导成员交换等个体心理状态变量。

李锡元等（2018）研究发现员工调节焦点在心理安全感与员工建言行为之间的关系中发挥显著的调节作用，并且心理安全感在悖论式领导与员工建言行为之间发挥的中介效应也受到员工调节焦点的调节；苏勇和雷霆（2018）的研究结果表明，悖论式领导与员工工作激情之间的关系强弱会受到员工自我监控人格的影响；姜平等（2019）研究发现员工的中庸价值取向不仅在悖论式领导与领导成员交换之间的关系中发挥正向调节作用，并且还会调节领导成员交换在悖论式领导与员工工作满意度、工作绩效关系中发挥的传导作用；孙柯意和张博坚（2019）研究发现，员工特质正念正向调节悖论式领导与员工关系认同之间的关系，对高正念水平的员工而言，悖论式领导与员工关系认同的正向关系更加强烈；陈海啸和关浩光（2021）研究发现，员工矛盾思维正向调节悖论式领导与员工工作—家庭溢出的关系，并调节了员工工作—家庭溢出的中介作用；花常花等（2021）探讨了悖论式领导影响研发团队创新的边界条件，研究发现竞争性价值观正向调节悖论式领导与知识权力集中度的关系，高竞争性价值观会提升悖论式领导对知识权力集中度的作用，相反，低竞争性价值观会削弱悖论式领导对知识权力集中度的作用。

此外，Yang等（2019）基于中国四家企业139对主管—员工的配对数据，研究发现心理安全调节工作繁荣感与员工创造力之间的关系；She（2020）以中国8家酒店的72名领导和556名员工为研究对象，发现员工的认知闭合需求调节悖论式领导与领导认同之间的关系；褚昊和黄宁宁（2020）研究发现角色认同削弱了悖论式领导与和谐型工作激情的正向关系，但会强化悖论式领导对强迫型工作激情的负面影响；Chen等（2021）研究发现职业韧性正向调节悖论式领导与工作重塑的关系；牛晨晨等（2021）研究发现组织支持感在企业社会责任与员工环保组织公民行为之间发挥调节作用，并调节企业社会责任的中介作用；秦伟平等（2020）研究发现领导成员交换调节悖论式领导与员工建言行为的关系，即领导成员交换质量越高，悖论式领导与员工建言行为之间的正相关关系越强。

团队层面的边界条件包括团队认知灵活性、团队任务依赖性与任务互依性。罗瑾琏等（2017）以85个研发团队中的85名主管和397名团队成员为研究对象，研究发现团队认知灵活性调节悖论式领导与团队创新的关系，团队任务依赖性调节悖论式领导与团队活力、悖论式领导与团队创新之间的关系。花常花等（2021）研究发现任务互依性正向调节知识权力集中度与团队知识整合的关系，任务互依性越高，知识权力集中度对团队知识整合的作用越显著。

在组织层面，罗瑾琏等（2015）研究发现环境动态性调节悖论式领导对团队创新的作用，外部环境动态性越高，悖论式领导对团队创新的作用就越强。如图3—1所示。

第三章 悖论式领导研究述评

自变量
- 悖论式领导

中介变量

个体层面：
- 知识共享
- 心理安全感
- 工作繁荣感
- 领导成员交换
- 关系认同
- 心理授权
- 领导信任
- 组织支持感
- 领导认同
- 工作激情
- 调节焦点
- 工作重塑
- 整体思维
- 工作—家庭溢出
- 知识创造
- 知识整合
- 包容性感知
- 知识权力集中度
- 知识创新

团队层面：
- 团队视角
- 团队活力
- 团队创造力
- 团队协调

组织层面：
- 企业社会责任
- 二元智力资本

结果变量

个体层面：
- 工作满意度
- 工作绩效
- 工作重塑
- 双元行为
- 双元创新能力
- 建言行为
- 主动行为
- 工作投入
- 创造力
- 变革支持行为
- 员工韧性
- 工作—家庭平衡
- 环保组织公民行为

团队层面：
- 团队绩效
- 团队创新

组织层面：
- 组织绩效
- 组织双元创新

调节变量

个体层面：
- 中庸价值取向
- 特质正念
- 自我监控人格
- 认知闭合需求
- 矛盾思维
- 角色认同
- 职业韧性
- 竞争性价值观

团队层面：
- 团队认知灵活性
- 团队任务依赖性

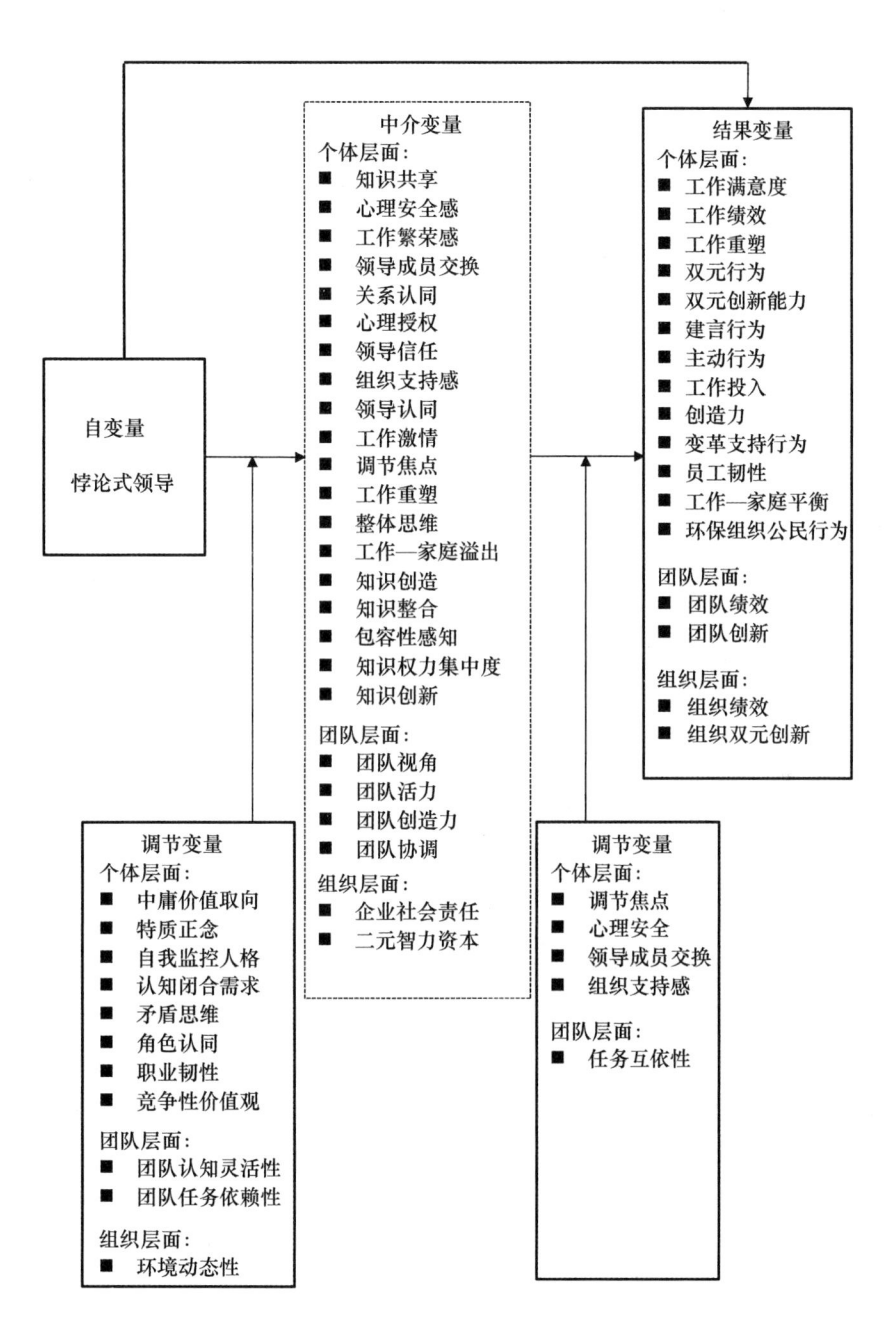

组织层面：
- 环境动态性

调节变量

个体层面：
- 调节焦点
- 心理安全
- 领导成员交换
- 组织支持感

团队层面：
- 任务互依性

图 3—1 悖论式领导有效性的研究框架

表3—4 悖论式领导的后果研究文献汇总

研究层次	研究者	研究问题	研究对象	研究结论
个体层次	姜平、张丽华和秦歌（2019）	考察悖论式领导对员工满意度和工作绩效的影响	65个独立销售团队的433套领导员工配对问卷	悖论式领导对员工的工作满意度和工作绩效的正向影响，领导成员交换在上述影响过程中发挥中介作用，员工的中庸价值取向调节悖论式领导与员工交换之间的关系，也调节领导成员交换的中介效应。
	Franken, Plimmer & Malinen (2020)	探讨悖论式领导与员工韧性的关系	新西兰一个大型公共部门的233名员工	悖论式领导正向影响员工韧性，组织支持感起中介作用。
	Zhang等（2015）	探讨悖论式领导与员工主动性之间的关系	6家公司的76名主管和516名下属	悖论式领导正向影响员工的熟练性、适应性和主动性。
	Kim和Eun（2021）	探讨悖论型领导对员工主动行为的影响	酒店行业的270名员工	悖论式领导正向影响员工主动行为，心理安全感起中介作用。
	杨柳（2019）	探讨悖论式领导对员工工作投入的影响	天津三家国有科技企业的320名员工	悖论型领导对员工工作投入具有正向预测作用，心理授权在两者之间起中介作用，工作复杂性调节悖论型领导与员工心理授权之间的关系。
	李锡元、闫冬和王琳（2018）	探讨悖论式领导对员工建言行为的影响	265个员工及主管配对数据	悖论式领导对员工建言行为具有正向促进作用，员工心理调节这一过程中发挥中介作用，员工调节焦点调节心理安全感与员工建言之间的关系，并且还调节心理安全感的中介效应。
	秦伟平等（2020）	探讨悖论式领导对员工建言行为的影响	苏浙粤32家企业的127名团队领导者和490名员工	悖论式领导对员工建言行为有显著的促进作用，领导成员交换在悖论式领导与员工建言行为关系中发挥显著的调节作用。

续表

研究层次	研究者	研究问题	研究对象	研究结论
个体层次	孙柯意和张博坚（2019）	探讨悖论式领导对变革支持行为的影响	湖南省10家民营企业的56名上级和307名员工	悖论式领导与员工变革支持行为显著正相关，员工关系认同在该过程中发挥中介作用，员工关系特质正念在悖论式领导与员工关系认同之间的关系中发挥显著的正向调节作用。
	牛晨晨、梁阜和杨静静（2021）	探讨悖论式领导对员工环保组织公民行为的影响	45名领导问卷和253名员工问卷的配对数据	悖论式领导对员工环保组织公民行为具有正向促进作用，企业社会责任在悖论式领导与员工环保组织公民行为的关系中发挥中介作用，组织支持感在悖论式领导与员工环保组织公民行为之间的关系中发挥显著的中介效应中发挥显著的调节作用，还在企业社会责任的中介效应中发挥显著的调节作用。
	Kauppila和Tempelaar（2016）	悖论式领导对员工双元行为的影响	芬兰34个组织173个小组的638名员工	悖论式领导正向影响员工的双元行为。
	王朝晖（2018）	探讨悖论式领导对员工双元行为的影响	两家大型酒店的316名一线服务员工	悖论式领导和工作繁忙感在悖论式领导与员工双元行为中发挥中介作用。
	侯昭华和宋合义（2021）	探讨悖论式领导对员工工作重塑的影响	高校创新创业中心的228套配对问卷	悖论式领导对员工工作重塑显著正相关，工作复杂性调节悖论式领导在该过程中发挥中介作用，员工调节焦点既调节悖论式领导与员工工作促进型调节焦点的关系，又调节悖论式领导与员工工作防御型调节焦点的关系。
	陈海啸和关浩光（2021）	探讨悖论式领导对员工工作—家庭平衡的影响	杭州五家银行的192名员工	悖论式领导与员工工作—家庭平衡之间存在显著的正相关关系，员工的整体思维在该过程中发挥显著的中介作用，员工才有思维调节悖论式领导与员工工作—家庭溢出之间的关系，并且也调节悖论式领导与员工工作—家庭溢出的中介效应。

续表

研究层次	研究者	研究问题	研究对象	研究结论
个体层次	苏勇和雷霆（2018）	探讨悖论式领导对员工创造力的影响	11家公司的350名员工	悖论式领导与员工创造力显著正相关，员工工作激情在上述影响过程中发挥中介作用，自我监控人格调节悖论式领导与员工工作激情之间的关系。
	Yang, Li, Liang & Zhang（2019）	探讨悖论式领导对员工创造力的影响	中国四家企业139对主管—员工配对数据	悖论式领导正向影响员工创造力，员工工作繁荣感在两者关系中发挥影响作用，心理安全调节工作繁荣感与员工创造力之间的关系。
	褚昊和黄宁宁（2020）	探讨悖论式领导对员工工作绩效的影响	不同地区不同企业的502名员工	悖论式领导对员工角色内绩效和角色外绩效都具有显著的正向预测作用，工作激情在上述影响过程中发挥中介作用，角色认同在悖论式领导与工作激情关系中发挥显著的调节作用。
	Kim（2020）	探讨悖论式领导对员工服务绩效的影响	五星级酒店的272名前台员工	悖论式领导正向影响员工服务绩效，领导信任在上述影响过程中发挥中介作用。
	She, Li, Yang & Yang（2020）	探讨悖论式领导对员工服务绩效的影响	中国8家酒店的72名领导和556名员工的配对数据	悖论式领导正向影响员工服务绩效，领导认同在领导认同在上述影响过程中发挥中介作用，员工的认知闭合需求在悖论式领导与领导认同的关系中发挥显著的调节作用。
	Chen, Zhang, Liang & Shen（2021）	探讨悖论式领导对领导者任务绩效的影响	120名领导者及271名直接追随者的配对数据	悖论式领导与领导者任务绩效显著正相关，工作重塑在两者关系中发挥中介作用，职业韧性在悖论式领导与工作重塑的关系中发挥显著的正向调节作用。

第三章 悖论式领导研究述评

续表

研究层次	研究者	研究问题	研究对象	研究结论
团队层次	罗瑾琏、花常花和钟竞（2015）	探讨悖论式领导对团队创新的影响	环同济知识经济圈的96个团队中的482名员工及主管	悖论式领导对知识团队创新具有显著的正向促进作用，知识创造和知识整合在上述关系中发挥中介作用，环境动态性调节悖论式领导与团队创新之间的关系。
	罗瑾琏、胡文安和钟竞（2017）	探讨悖论式领导对团队创新的影响	85个研发团队中的85名主管和397名团队成员配对数据	悖论式领导与团队创新显著正相关。团队活力在两者关系中发挥中介作用，团队认知灵活性知识依赖性调节悖论式领导与团队创新之间的关系。团队任务依赖性调节团队活力与团队创新之间的关系，团队任务依赖性也调节悖论式领导与团队创新的关系。
	Li等（2018）	探讨悖论式领导对团队创新的影响	98个团队	悖论式领导对团队创新具有显著的正向影响。
	花常花、罗瑾琏和闫丽萍（2021）	探讨悖论式领导对研发团队创新的影响	从事高新技术及服务的创新型企业的717名员工	悖论式领导对团队创新具有显著的正向预测作用，知识权力集中度、知识创造在上述影响过程中发挥中介作用，任务互依性与知识权力集中度的关系中发挥正向作用，竞争性价值观在知识创造与团队知识整合中度的关系中发挥正向调节作用。
	Ren和Zhu（2021）	探讨悖论式领导对团队创新的影响	福建省和江苏省80个团队的367名员工	悖论式领导正向影响团队创新，团队协调在悖论式领导与团队创新的关系中发挥中介作用。

续表

研究层次	研究者	研究问题	研究对象	研究结论
组织层次	付正茂（2017）	探索悖论式领导对双元创新能力的影响	东南大学 MBA 及 EMBA 的 110 名学员	悖论式领导与双元创新能力之间存在正相关关系，知识共享对悖论式领导与双元创新能力之间的关系中发挥中介作用。
	Zhang 和 Han（2019）	探讨悖论式领导对组织绩效之间的关系	华北地区 340 家不同行业的私营企业	悖论式领导正向影响组织绩效。
	曹湾和张剑（2021）	探讨悖论式领导对组织双元创新的影响	不同行业的 227 名企业高管及员工	悖论式领导正向促进组织双元创新，二元智力资本在悖论式领导影响组织双元创新的过程中发挥中介作用。

资料来源：根据相关文献整理。

第五节 悖论式领导研究的简要评述

近年来，伴随着组织悖论现象不断涌现，国内外学者围绕悖论式领导开展的研究日益增多，也取得了一定的研究进展，但总体来说，悖论式研究仍然处于起步阶段，还有诸多议题有待未来研究深入探讨。

第一，学者们对悖论式领导的有效性研究取得了丰富的研究成果，尤其对个体层面的有效性开展了较多的实证研究，但相关研究还不够深入，有待进一步推进。比如悖论式领导与员工创造力之间的关系，虽然大多数学者证实了悖论式领导对员工创造力的积极作用，但少数研究却不能完全支撑该结论。因此，悖论式领导影响员工创造力的内在机制还有待进一步探讨。

第二，与悖论式领导在个体层面的有效性研究相比，悖论式领导在团队层面上的有效性研究略显不足。虽然少数研究探讨了悖论式领导与团队创新之间的关系，并探索性地就两者之间的内在作用机理展开了些许探讨，但悖论式领导与团队创造力之间的关系以及两者之间的内在机制还有待进一步探究。

第三，目前极少数研究探讨了悖论式领导与组织创新能力的关系，但总体来说，国内外学者就悖论式领导在组织层面的有效性研究比较鲜见。实际上，组织管理实践中存在诸多"两难困境"，迫切需要高层管理者运用悖论思维来妥善解决。因此，深入探讨悖论式领导在组织层面上的有效性及内在作用机制是未来研究可以深入探讨的重要方向之一。

第四章　悖论式领导对员工创造力的跨层次作用机制

第一节　问题的提出

本章为子研究一的内容，集中探讨悖论式领导对员工创造力的跨层次作用机制。在日益复杂动态的外部环境下，创新已成为企业构建持续竞争力的重要途径。而企业员工是企业进行创新活动的主体，员工的创造力已经成为支撑企业创新的重要基石，然而由于创造性活动兼具风险性和不确定性，大多数员工通常选择常规性方法，维持现有工作状态，从而造成企业整体的创新能力停滞不前，因此，如何有效激发员工创造力已成为亟需解决的重要现实问题。

既有文献从个体特征和外在情境两方面对员工创造力的驱动因素进行讨论，其中上司的领导风格是学术界关注的重点（Anderson et al.，2014）。随着组织面临诸如"集权与分权""低成本与差异化""柔性与控制"等矛盾问题，以往遵循"二选一"逻辑思维的领导方式已无法有效应对（Rosing et al.，2011）。为此，Zhang 等（2015）结合西方悖论管理思想和中国传统"阴—阳"哲学，提出了悖论式领导的概念。悖论式领导是一种综合运用"既—又"的悖论思维来满足组织结构和下属需求，以整合和协同处理矛盾问题的领导方式，具体包括自我中心与他人中心相结合、既维持亲密又保持距离、对待下属既一视同仁又允许个性化、既严格执行工作要求又保持灵活性、既维护决策控制又允许自主性等5个维度（Zhang et al.，2015）。悖论式领导弥补了传统领导方式过于强调权衡取舍的做法，能够有效处理组织中存在的矛盾要素，对员工创造力、团队创新活动以及组织创新能力均具有正向的促进作用（罗瑾琏等，2017；付正茂，2017；苏勇和雷霆，2018）。总体而言，国内外学者就悖论式领导的有效性问题开展了系列研究，但是有关其作用机理和边界条件的研究仍处于探索阶段。据此，子研究一拟探讨悖论式领导如何激发员工创造力，以期揭示悖论式领导影响员工创造力的作用机制。

目前，学者主要基于社会认知理论和社会交换理论探讨上司领导风格影响员工创造力的内在作用机制，少数学者提出可以从社会网络理论的视角出发研究领导行为与员工创造力之间的关系（Wang et al.，2015）。在中国，正式或非正式的个人或团队关系对组织绩效提升起到至关重要的影响（龙静，2015）。既有研究表明，团队社会网络作为组织独特资源和能力的配置方式，会通过影响个体获取异质性资源、信息的能力和机会进而对员工的创造力产生影响（彭伟等，2017）。由于团队内部成员之间的社会关系网络往往传递同质性信息，对团队成员创造力的作用并不突出；团队成员与外部伙伴搭建的关系网络能够为团队输送多样化、非重叠的信息和资源，进而对团队成员创造力产生重要影响（彭伟等，2017）。据此，子研究一拟选取团队外部网络为中介变量，考察其在悖论式领导与员工创造力关系中发挥的中介效应。

回顾有关员工创造力的文献后发现，学者们普遍认为创造力所包含的新颖和实用两方面是相互矛盾的（Erez & Nouri，2010），过多关注新颖或是实用都会使员工创造力失去平衡。依据最佳区分性理论，当一种状态处于极点时，人们会希望其回到相对平衡，避免过犹不及，这就与中华民族所强调的中庸之道不谋而合。"中庸"乃"合宜合适、常规实用"，即做事不可极端，讲求平衡。在中国组织情境下，这一思维模式早已植根于国人心理，并且潜移默化地影响着个体的思维和行为方式。研究发现，个体特定的认知态度、思维方式等在领导风格影响员工创造力方面发挥重要的权变作用（方慧等，2017）。也即是说，团队成员凭借其构建的外部网络获取大量丰富、新颖的信息资源在悖论式领导与员工创造力之间起到重要的传导作用，而这一中介传导作用并非对所有员工均同等程度地适用。由此推断，在悖论式领导通过团队外部网络进而作用于员工创造力这一间接效应过程中，员工中庸思维可能作为一种重要的个体特征变量，对此过程会起到干预作用。据此，子研究一将选取员工中庸思维为调节变量，进一步考察中庸思维在团队外部网络与员工创造力之间关系以及悖论式领导通过影响团队外部网络来对员工创造力产生的间接效应的调节作用，以期厘清悖论式领导影响员工创造力的边界条件。

综上所述，子研究一拟以团队外部网络为中介变量、中庸思维为调节变量，构建一个跨层次的被调节中介模型，实证考察悖论式领导通过影响团队外部网络进而作用于员工创造力的传导机制以及中庸思维的跨层次调节作用，以期揭示悖论式领导影响员工创造力的作用机制，同时为组织管理者实施悖论式领导风格来激发员工创造力提供理论依据和实践指导①。

第二节　概念界定与研究假设

一　概念界定

（一）悖论式领导

"悖论"一词原隶属于哲学范畴，指"存在于相互依赖要素间的持续性矛盾"。《现代汉语词典》则将其释义为"逻辑学或数学中的矛盾命题"。无论在西方文化还是中国本土哲学中，都可以找到"悖论"的思想渊源。在西方文化中，"悖论"（Paradox）来源于希腊词根 para 和

---

① 参见彭伟、李慧、周欣怡《悖论式领导对员工创造力的跨层次作用机制研究》，《科研管理》2020 年第 12 期。

doxa，意为超越逻辑的状态或关系（Chen，2002）。在中国本土文化中，"悖论"源于道家文化及禅宗思想，意为相互依赖要素间的矛盾关系。自 Thompson（1967）提出行政管理悖论的概念后，组织管理领域关于悖论话题的探讨经久不衰。Smith 和 Lewis（2011）认为领导者可以通过接纳、整合和差异化 3 种技能来实现悖论式管理；Lavine（2014）指出悖论式领导要兼具柔性与稳定，确保内部环境与外部变化相匹配；基于我国传统哲学，Zhang 等（2015）提炼出悖论式领导的概念，即运用看似矛盾实则相关的领导行为以实现组织结构和下属的工作需求，包括自我中心与他人中心相结合、既维持亲密又保持距离、对待下属既一视同仁又允许个性化、既严格执行工作要求又保持灵活性、既维护决策控制又允许自主性等 5 个维度；Cunha 等（2016）表示，领导者需要具备多元能力以应对组织的悖论问题；Schad 等（2016）则认为悖论式领导是将绩效管理与社会支持相结合的领导方式。

综合上述学者的研究，子研究一采用 Zhang 等（2015）提出的悖论式领导概念，认为悖论式领导是一种综合运用"既—又"的悖论思维来满足组织结构和下属需求，并且能从辩证统一的角度看待和理解问题，以整合和协同处理矛盾问题的领导方式。悖论式领导基于"两者/都"而不是"二选一"的思维模式，弥补了传统领导方式过于强调权衡取舍的做法，能够有效处理组织中存在的矛盾要素，确保领导行为与复杂情境的良好匹配。由于悖论式领导具有悖论认知和矛盾思维等特质，其有效性也受到实践界和理论界的强烈关注。已有研究表明，悖论式领导对员工创造力、团队创新活动以及组织创新能力均具有正向的促进作用（罗瑾琏等，2015；付正茂，2017；苏勇和雷霆，2018）。总体而言，国内外学者就悖论式领导的有效性问题开展了一系列理论与实证研究，但是有关其作用机理和边界条件的研究仍处于探索阶段，仍需进一步的实证检验，因此，子研究一将探讨悖论式领导与员工创造力之间的关系，并进一步研究两者间的作用机制与边界条件，丰富和拓展悖论式领导的相关研究。

(二) 团队外部网络

社会网络指的是组织或个体之间的联结关系,是不同组织或个体之间相互获取各类资源的媒介,被视为影响企业获取外部资源的关键因素。依据行动者类型的不同,社会网络研究主要包括个体网络、群体网络、组织网络（Brass et al.，2004）。作为群体网络的一种类型,团队社会网络是以社会网络的视角来探讨团队问题,从而揭示团队的内部运作过程。团队社会网络是团队成员间以及团队成员与外部成员因正式或非正式关系形成的关系结构（Oh et al.，2006）。

通过梳理团队社会网络的相关文献,发现学者们对团队社会网络的类型持有不同意见,学者们根据社会网络的内容性质对团队社会网络的类型进行了划分。例如,Klein 等（2004）通过总结前人的研究将团队社会网络划分为咨询网络、友谊网络以及对抗网络三种类型。Zohar 和 Tenne-Gazit（2008）基于团队内部沟通交换和人际比较两类独立的过程将团队社会网络分为沟通网络和友谊网络。Oh 等（2006）则根据团队的边界将团队社会网络划分为团队内部网络和团队外部网络,团队内部网络主要强调团队成员内部的联结关系,其团队目标成为团队内部成员进行交流而形成内部网络的关键因素。而团队外部网络是团队内部成员为了获取资源而与外部团队建立的关系网络,反映的是不同团队之间的联结关系（徐伟青等,2011）。虽然学者们对团队社会网络的类型划分尚未取得完全一致的认识,但总的来说,团队社会网络主要分为工具性网络与情感性网络两种类型。

相关研究发现,团队社会网络可以促进员工的创新行为（Wang et al.，2015）,团队社会网络是员工获得创新灵感、支持和帮助的主要途径（赵娟和张炜,2015）。研究表明,作为组织独特资源和能力的配置方式,团队社会网络可以影响个体获取异质性资源与信息的能力,进而对员工的创造力产生影响（彭伟等,2017）。由于团队内部成员之间的社会关系网络往往传递同质性信息，对团队成员创造力的作用并不突出，团队成员与外部成员搭建的关系网络能够为团队输送多样化、非重叠的信息和资源，进而对团队成员创造力产生重要影响（彭伟等，2017）①。据此，子研究一拟选取团队外部网络为中介变量，考察其在悖论式领导与员工创造力关系中发挥的中介效应。

（三）中庸思维

"中庸"一词始见孔子的《论语·雍也》，其含义为"喜怒哀乐之未发，谓之中，发而皆中节，谓之和"。孔子认为中庸是指一种恰到好处、过犹不及的状态或达到这种状态的行为取向，并认为中庸是至高无上的德行。梳理相关文献发现，对于中庸思维的概念，不同学者有着不同的认识。钱穆（1985）从哲学的角度对中庸思维进行界定，他将中庸思维等同于西方的辩证思维，认为看待任何事物都需要"一分为二"，从两个方面去思考问题，并发现其中的联系与区别。杜成斌（2016）基于儒家思想，认为中庸思维是指做事要坚持适度原则，强调过犹不及、不偏不倚。另外，有学者如吴佳辉和林以正（2005）从组织行为学的角度对中庸思维的内涵进行界定，他们认为中庸思维是一种从多角度思考问题且统筹兼顾的行为方式。随后，中庸思维逐渐在组织行为学领域兴起，胡新平等（2012）指出，中庸思维强调"以和为贵"，即当组织出现矛盾与冲突时，拥有中庸思维的员工能够在矛盾中采取恰当的方式，调和矛盾以作出适宜的战略决策。杜旌等（2014）则认为当组织面临复杂动态的环境时，中庸思维可以达到整体平衡，并采用恰当和谐、不偏不倚的行为方式协调组织的冲突与矛盾。姚艳虹与范盈盈（2014）指出，中庸思维的多方面思考、整体性与和谐性有利于形成权衡与适当行为。

---

① 参见彭伟、金丹丹、朱晴雯《团队社会网络研究述评与展望》，《中国人力资源开发》2017年第3期。

综上所述，可以看出目前学者们对中庸思维尚无统一定义。但通过总结上述学者的定义，可以将中庸思维的主要内涵概括为三个方面：一是中庸思维具有随时、因时而中的特征；二是中庸思维体现了"和为贵"的思想，表现为多方考虑，融合各方因素；三是中庸思维具有灵活权变、审时度势的特点。中庸之道主张内中外和，体现了中国人的"和谐观"，其根本目标是追求整体和谐，在做人处事方面强调"不走极端"与"恰到好处"，在思考问题方面强调灵活变通与多方面思考。

中庸文化作为中国人根深蒂固的文化价值观之一，潜移默化影响中国人的思想和行为方式。目前，学者们对中庸思维的调节效应研究正逐步涌现。已有研究表明，相比与低中庸思维的员工，高中庸思维的员工对环境的敏感程度更高，会促使员工表现出更多的积极行为（张军伟和龙立荣，2016；周晖等，2017）。总体而言，相关研究都表明中庸思维是一种相对积极的思维方式。一般而言，相比于低中庸思维的人，高中庸思维的人在人际关系、行为处事、心理需求与组织行为等方面表现出更多积极的一面。因此，子研究一将以员工中庸思维为调节变量，探讨中庸思维在团队外部网络与员工创造力之间发挥的作用，并进一步探究中庸思维对悖论式领导通过团队外部网络进而影响员工创造力的调节效应，以便明晰悖论式领导影响员工创造力的边界条件。

二 研究假设

（一）悖论式领导与员工创造力

员工创造力指对组织具有潜在价值的新颖且实用的事物或想法（Anderson et al.，2014）。从其定义来看，新颖和实用这两个概念实质上是相对矛盾的存在。一方面，员工需要运用发散性思维将看似无关联的要素联结以获得新的构念，以便产生新颖的想法；另一方面，员工也需要具备聚敛思维，从实际情况出发考虑产品或构念，以保证想法的可行性（张光曦和古昕宇，2015）。因此，要做到两者的相互兼容需要领导者具有较强的协调能力。悖论式领导秉承"两者/都"的辩证思维逻辑，能够辩证统一地看待和解决矛盾问题，在创新过程中发挥着协调和平衡的关键作用，因此在员工创新过程中更能够发挥效用。

基于组织双元性理论，具备"两者/都"悖论思维逻辑的领导者能够有效协调和平衡组织中的创新悖论问题（Lewis et al., 2014）。第一，悖论式领导与员工共享领导权力的同时也能够聚焦个人中心，既有助于员工打破原有的思维范式，有效抵消悖论式领导过于强调控制而对员工发散性思维造成的压制（付正茂，2017），又能够推动团队内部信息与资源的传递与交换，有效弥补悖论式领导者授权员工带来的创新活动与组织无法协调的问题。第二，悖论式领导能够与员工保持较为亲密关系的同时注意保持一定的距离，既有利于增强员工在组织中的身份认同感，也会避免造成下属依赖，推动创造性思维、想法与产品的形成（罗瑾琏等，2017）。第三，悖论式领导在决策过程中既会严格控制也会给予员工一定的自主性。既能保证领导者对重大事项拥有决策权，也会为员工授权，给予员工独立思考问题的机会，有利于工作步骤与工作流程的改进与创新（苏勇和雷霆，2018）。第四，悖论式领导允许员工保持灵活性的同时要严格遵循工作要求与规则，既能够培养员工的创新思维，有效抑制工作要求对新思维和技术产生的阻碍（Zhang et al., 2015），也能够确保创新活动的有效性，缓解悖论式领导过于强调灵活性而造成的混乱问题（Lewis et al., 2014）。第五，悖论式领导对待下属一视同仁同时赋予员工一定的自主权，既有利于保证公平公正，与下属之间建立信任关系，促使下属进行创造性的活动，也会关注下属之间的差异，区分下属的优势，发挥其所长，更有可能促进下属创造力的产生。

总体而言，悖论式领导在具体的行为方式上会兼顾矛盾的双方，运用看似矛盾却相互依存的方式解决组织需求，使员工保持弹性与适应性，有利于激发员工的创造力。据此，子研究一提出以下假设：

H1：悖论式领导对员工创造力具有显著的正向影响。

(二) 团队外部网络的中介作用

团队社会网络指团队成员间以及团队成员与外部成员因正式或非正式的关系而形成的网络关系结构，包括团队内部社会网络和团队外部社会网络（Oh et al.，2006）。前者有利于提高团队成员内部的互动交流与知识共享，从而增强团队成员的责任感和信任度；后者较为注重与外部行动者间关系的建立，能够帮助团队扩展社交圈和寻找信息资源的途径，有利于团队获取异质性信息、资源、知识等。总的来看，高质量的网络联结有助于多种信息资源在团队成员间或是团队与外部关联者间频繁地传递与交流，在更广泛的空间范围下促进信息、资源、认知的整合与创造。然而，根据弱关系理论，相比于团队内部社会网络，团队外部社会网络通常不会造成信息资源的重叠和冗余，也能够为团队成员提供多种丰富的信息、知识等，并且异质性的个体也能够拓展团队的视野，实现资源、信息的互补，这也有助于员工创新能力的提高。因此，子研究一主要考察团队外部网络在悖论式领导影响员工创造力过程中的中介效应。

团队外部网络可以划分为共同语言和外部互动强度等两个维度，前者指团队成员与外部行动者在专业知识和技能等方面相通或相似；后者指团队成员与外部行动者正式或非正式的交流程度（Lechner et al.，2010）。已有研究表明，在促进团队网络的形成过程中，领导者发挥着至关重要的作用（蔡亚华等，2013；彭伟等，2017）。据此，子研究一推测悖论式领导对团队外部网络有显著影响。

第一，悖论式领导对待下属既一视同仁又允许个性化，使员工形成强烈的认同感和归属感，产生更多的帮助行为（De Cuyper & De Wittte，2011）。而主动帮助他人的行为能够创造较多与他人互动的机会及获取资源，继而为团队成员提供更多与外部行动者交流沟通的机会（Carter et al.，2015）。第二，当团队内部资源不足以满足工作需要时，团队领导者或成员必须与其他团队建立紧密的社会关系（王磊，2015）。具有悖论风格的领导者鼓励员工以一种开放、灵活的方式面对工作中存在的矛盾问题，这有利于团队间建立密切的联系以便团队从外部获取更多的信息资源与经济扶持。第三，悖论式领导允许个体差异化和灵活性的同时也要求严格执行工作要求，从而减少团队成员协调团队内部人际关系的时间，确保其有充沛的精力构建高异质性的关系网络（Chung & Jackson，2013）。第四，悖论式领导既能够严格控制决策也能够给予员工自主性，为员工发挥主动性提供了空间和自由，有利于员工与外部成员建立关系纽带（曹萍和张剑，2021）。第五，悖论式领导运用适度的思维模式处理工作人际关系，与团队内外部成员保持松紧适当的距离，并营造良性互动的工作氛围。此时，成员会通过周围环境的社会性暗示，主动展现出与团队内部规范和期望相一致的行为（Lu et al.，2018），即积极与团队内外部成员互动以构建自身人际关系网络，这对形成团队外部网络具有促进作用。

总的来说，悖论式领导能够增强员工的心理动机、提高员工与外部互动的能力以及给予他们更多交流的机会和空间，从而推动良好团队外部网络的建立和发展。据此，子研究一提出假设：

H2：悖论式领导对团队外部网络具有显著的正向影响。

团队外部网络是团队成员获得外部资本的核心载体，有助于团队从外部获取有价值的信息和资源，为团队成员的创造性活动提供工具性支持。首先，团队成员与外部行动者互动强度较高时，能够加快团队间知识、信息、资源的交换速度，帮助团队成员获取异质性资源和技术，这些异质性知识可以促进员工的发散性思维和灵活性思考，从而提升员工自身的创造力水平（赵娟和张炜，2015）。其次，知识的整合与共享有赖于相同的专业基础，当团队成员与外部行动者拥有共同语言时，有利于团队成员理解与汲取外部成员提供的新知识、新技术（刘冰和蔺璇，2010），有助于员工自身进行创造性活动。再次，具有强外部连带关系的团队与外部团队进行较多互动与合作，促使其成员与外部成员建立紧密联结关系。换言之，良好的外部网络关系能推动团队跨界行为的有效开展（Marrone，2010）。有效的团队跨界行为为信息流动和知识整合提供了有力支持，从而促进成员创造性提出解决方案（徐建中和曲小瑜，2014）。最后，信任能帮助资源交换，帮助提升创造力，而团队社会网络的形成可以使得员工之间相互信任，在相互信任的基础上，双方可以进行资源交流，有利于资源的交换整合，从而提高员工的创造力。

总的来说，良好的的团队外部网络有助于团队成员获取和分享异质性资源和知识，最终提高团队成员的创造力。综上所述，团队外部网络有利于提高员工创造力水平。据此，子研究一提出以下假设：

H3：团队外部网络对员工创造力具有正向的影响。

综上所述，悖论式领导既能够为团队员工与外部行动者进行互动交流提供时间与精力；也能做使员工在领导者决策引导下主动与外部行动者保持密切联系和互动，建立高异质性且有效的外部联结。进一步地，团队外部社会网络有助于知识、信息、资源的交流，准确、及时的吸收知识、技术，促进显性知识与隐性知识的传递，最终对员工创造力水平的提高发挥关键性作用。由此，子研究一提出研究假设：

H4：团队外部网络在悖论式领导与员工创造力之间发挥中介作用。

（三）员工中庸思维的调节作用

"中庸"一词源于《论语》中的"中庸之为德也，其至矣乎"。认为中庸是人们应该具备的品德，指一种过犹不及、恰到好处的行动取向。随着探讨的深入，学者们发现中庸就是潜藏在国人脑海中的一种思维方式，能够影响人们的言行举止（Peng & Nisbett，1999）。吴佳辉和林以正（2005）将中庸思维界定为特定情境下，个体对外部条件与内在需求进行协调和整合，并考虑行为后果的一种思维方式，包括多方思考、整合性、和谐性等3个维度。中庸思维一方面体现了不偏不倚、顾全大局的中和性行动目标；另一方面体现了追求整体与个体和谐平衡的价值观。已有研究发现，个体的思维方式最终都会凸显在其态度和行为上（姚艳虹和范盈盈，2014），有学者研究认为中庸思维所强调的和谐导向、整合性思维以及多方思考有助于促进员工创造力的产生（姚艳虹和范盈盈，2014；周晖等，2017）。据此，子研究一推测，构建良好的团队外部网络能够显著提升员工的创造力，但当员工的中庸思维水平不同，其对团队从外部获取的信息、资源的整合和运用能力也大相径庭，继而其创造性活动也会存在差异（张光曦和古昕宇，2015）。

现有文献表明，社会网络影响员工创造力主要与员工个体的认知过程相关联（Venkataramani et al.，2013）。首先，对高中庸思维的员工而言，他们能够依据外部环境及时调整自身的行为，也倾向于从整体角度思考问题，运用发散思维高效解决问题（张光曦和古昕宇，2015），继而易于形成与创造力相关的认知。其次，中庸思维强调要考虑问题的整体性，同时也要善于多角度思考问题，有利于员工获取广泛的信息与资源，且当团队成员与外部建立密切的网络连带时，团队间的互动、交流更加频繁、顺畅，也更有益于员工获取优质资源、技术进行创造性活动。最后，高中庸思维的员工更倾向于合作，促进个体之间的知识共享，有利于员工产生新想法（廖冰和董文强，2015）。然而，对低中庸思维的员工而言，他们整体观念不强，灵活应对环境变化的能力也较弱（姚艳虹和范盈盈，2014）。当团队成员从外部获悉和共享相关知识、信息时，其对知识、信息的运用与整合能力也较弱，进而对其创新能力的影响也越弱。总之，与低中庸思维水平的员工相比，高中庸思维水平的员工更能够准确感知外部环境的变化，进而也能够显著强化团队外部网络与员工创造力之间的正相关关系。据此，子研究一提出假设：

H5：中庸思维对团队外部网络与员工创造力之间的关系具有显著的正向调节作用。

根据 H1—5 及其推导过程，子研究一认为员工中庸思维对悖论式领导通过影响团队外部网络进而影响员工创造力的间接效应还具有跨层次的调节效应。具体来说，拥有较高中庸思维水平的员工能够从不同的角度看待组织问题，整合多方需求，并且为组织营造一种和谐的氛围。

在此情况下，团队成员更易于从外部网络中获取有用的知识、资源等，进而强化外部网络在悖论式领导影响员工创造力过程中发挥的作用。相反，具有较低中庸思维水平的员工通常不会注重兼顾大局，更不可能从组织整体性来思考问题，对团队成员从外部行动者处获取新颖的资讯、技术、信息的影响也较弱，进而会削弱外部网络在悖论式领导影响员工创造力过程中发挥的作用。据此，子研究一提出假设：

H6：员工的中庸思维水平对悖论式领导通过团队外部网络影响员工创造力的间接效应具有跨层次的调节作用。与中庸思维水平较低的员工相比，对中庸思维水平较高的员工来说，这种间接效应更强。

综上所述，子研究一提出的系列假设如表 4—1 所示，总体理论模型如图 4—1 所示。

表 4—1　　　　　　子研究一提出的系列假设汇总

序号	内容
H1	悖论式领导对员工创造力具有显著的正向影响
H2	悖论式领导对团队外部网络具有显著的正向影响
H3	团队外部网络对员工创造力具有正向的影响
H4	团队外部网络在悖论式领导与员工创造力之间发挥中介作用
H5	中庸思维对团队外部网络与员工创造力之间的关系具有显著的正向调节作用
H6	员工的中庸思维水平对悖论式领导通过团队外部网络影响员工创造力的间接效应具有跨层次的调节作用。与中庸思维水平较低的员工相比，对中庸思维水平较高的员工来说，这种间接效应更强

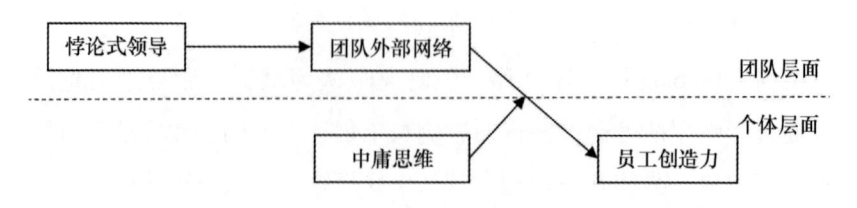

图 4—1　悖论式领导对员工创造力的作用机制模型

第三节 研究样本与变量测量

一 研究样本

子研究一的数据来源于宁波、常州等长三角地区的 8 家高新技术企业。为了降低同源偏差的不利影响，研究采取"直接上司—下属员工"的配对调查方式。其中，悖论式领导、团队外部网络、中庸思维的数据由下属员工提供，员工创造力则由其直接上司进行评价。开展调查工作之前，课题组先与 8 家企业的人力资源部门负责人进行沟通，确定参与调查的直接上司及下属员工名单，以便我们可以将直接上司提供的数据与下属员工提供的数据进行匹配。为了提高问卷调查数据的质量，课题组成员亲自到场实施问卷调查，面对面地向受访者说明本次调查的目的以及向填答者保证不泄露任何隐私，并亲手递交一份小礼品。对于出差或者调休的受访者，课题组成员给人力资源部门负责人留下问卷、调查说明书、小礼品，请人力资源部门负责人帮忙发放和回收。其中，大部分问卷是现场发放、现场回收，少部分问卷则请人力资源部门负责人帮忙发放和回收。

子研究一共向 60 个团队的 300 位参与者发放了问卷，其中直接上司问卷 60 份，下属员工问卷 240 份。共有 55 名直接上司和 215 名下属员工填答了问卷。问卷收回后，我们根据问卷填答信息的完整性、选项答案是否有明显规律性以及配对的有效性来筛选问卷，最终获得 51 个团队的 175 套有效配对问卷，有效回收率为 58.333%。

下属员工样本中，男性 77 人，占 44.000%，女性 98 人，占 56.000%；受教育程度以大专和本科学历为主（148 人，占 84.571%）；平均年龄为 31.27 岁（SD = 7.062），工龄为 8.510 年（SD = 7.719）。直接上司样本中，男性 23 人，占 45.098%，女性 28 人，占 54.902%；受教育程度以本科为主（32 人，占 62.745%），平均年龄为 36.922 岁（SD = 6.758），工龄为 14.745 年（SD = 7.717）。

二 变量测量

子研究一主要采取比较成熟的量表对悖论式领导、团队外部网络、中庸思维、员工创造力进行量表，具体如表 4—2 所示。

表 4—2　　　　　　　　　子研究一采用的量表

变量	量表	测量题项	Cronbach's α 系数
悖论式领导	Zhang 等（2015）	领导会公平地对待每一位员工，但也会视具体情况而定	0.946
		领导会将所有员工置于平等的地位，但会考虑他们的个性特点	
		领导会与员工平等沟通，不带任何歧视，但会根据他们的个人特点或需要改变沟通风格	
		领导会统一管理员工，但也会考虑他们的个性化需求	
		领导会给员工分配相等的工作量，但也会考虑个人的优势和能力来分配不同的任务	
		领导在表现出领导权威的同时，也会鼓励员工分享领导角色	
		领导会喜欢成为众人瞩目的焦点，但也会允许员工成为焦点	
		领导会要求获得尊重，但同时也会尊重他人	
		领导会具有较高的自我评价，但也会表现出对个人不完善和他人价值的认识	
		领导会对个人想法和信念充满信心，但也鼓励向其他员工学习	
		领导会控制重要的工作问题，但也允许员工处理细节	
		领导会为员工确立最终目标，但也允许员工控制具体的工作流程	
		领导会把控重大问题，但将较小的问题委派给员工	
		领导在掌控全局的同时，也会给予员工适当的自主权	

续表

变量	量表	测量题项	Cronbach's α 系数
悖论式领导	—	领导会强调按照规章制度执行任务，但允许例外情况	—
		领导会明确工作要求，但不拘泥于小节	
		领导会对工作绩效的要求较高，但不吹毛求疵	
		领导会对工作要求很高，但也会容许员工犯错误	
		领导能够意识到上下级之间的区别，但其不会表现出优越性	
		领导会与员工保持一定的距离，但距离恰当	
		领导会与员工有立场差异，但也会维护员工的尊严	
		领导会在工作中与员工保持距离，但也会与员工友好相处	
团队外部网络	赵娟和张炜（2015）	我与客户、供应商及其他组织或部门沟通时，双方能够清楚地了解彼此的专业术语或行话	0.832
		我与团队外部相关人员对项目所涉及专业领域的符号、用语、词义都很清楚	
		我能很好理解团队外部相关人员说的专业术语	
		对于团队外部相关人员描述的项目问题，我能很快明白	
		我经常与团队外部成员因友情、社交等原因进行互动	
		我经常通过电话、邮件、聊天软件等与团队外部成员交流	
		我经常与其他部门或组织因工作原因进行互动	
		我经常与供应商、科研院所及相关企业进行交流	
中庸思维	吴佳辉和林以正（2005）	意见讨论时，我会兼顾相互争执的意见	0.895
		我习惯从多方面的角度来思考同一件事情	
		在意见表决时，我会听取所有的意见	
		在决定时，我会考量各种可能的状况	
		我会试着在意见争执的场合中，找出让大家都能够接受的意见	
		我会试着在自己与他人的意见中，找到一个平衡点	
		我会在考虑他人的意见后，调整我原来的想法	

续表

变量	量表	测量题项	Cronbach's α 系数
中庸思维	—	我期待在讨论过程中，可以获得具有共识的结论	—
		我会试着将自己的意见融入他人的想法中	
		我通常会以委婉的方式表达具有冲突的意见	
		意见决定时，我会试着以和谐的方式让少数人接受多数人的意见	
		我在决定意见时，通常会考量整体气氛的和谐性	
		在做决定时，我通常会为了顾及整体的和谐性，而调整自己的表达方式	
员工创造力	Farmer 等（2003）	他（她）总是率先尝试新想法和新方法	0.865
		他（她）总是探索解决问题的新方法	
		他（她）善于产生相关领域突破性的想法	

资料来源：根据相关文献整理。

悖论式领导（PL）：采用 Zhang 等（2015）开发的量表，共 22 个题项，包括自我中心与他人中心相结合、既维持亲密又保持距离、对待下属一视同仁又允许个性化、严格执行工作要求又保持灵活、维护决策控制又允许自主性等 5 个维度。典型题项如"他/她（指领导）会统一管理员工，但也会考虑员工的个性化需求"。该量表采用 Likert 5 点量表，"1"表示"完全不同意"，"5"表示"完全同意"。

团队外部网络（TN）：采用赵娟和张炜（2015）开发的 8 个题项的量表，包括共同语言、外部互动强度等 2 个维度。典型题项如"我经常与团队外部成员因友情、社交等原因进行互动"。该量表采用 Likert 5 点量表，"1"表示"完全不同意"，"5"表示"完全同意"。

中庸思维（ZY）：采用吴佳辉和林以正（2005）开发的 13 个题项的量表，包括多方思考、整合性、和谐性等 3 个维度。典型题项如"意见讨论时，我会兼顾相互争执的意见"。该量表采用 Likert 5 点量表，

"1"表示"完全不同意","5"表示"完全同意"。

员工创造力（EC）：采用 Farmer 等（2003）开发的量表，共3个题项。典型题项如"他/她（指员工）总是率先尝试新想法和新方法"。该量表采用 Likert 5 点量表，"1"表示"完全不同意","5"表示"完全同意"。

控制变量：子研究一将员工的性别、年龄、受教育程度、工龄等人口特征变量作为控制变量。

第四节 实证分析与结果

子研究一采用 SPSS 22.0、LISREL 8.5、Mplus 6.11 和 HLM 6.08 进行统计分析。具体而言，采用 SPSS 22.0 进行信度分析和描述性统计分析，采用 LISREL 8.5 进行验证性因子分析，采用 Mplus 6.11 和 HLM 6.08 来对研究假设进行检验。

一 信度与效度检验

如表4—2所示，子研究一采用的测量量表均具有较高的内部一致性。悖论式领导的五个维度的 Cronbach's α 系数分别为 0.882、0.861、0.852、0.781、0.813，该量表的总体 Cronbach's α 系数为 0.946；团队外部网络的两个维度的 Cronbach's α 系数分别为 0.843、0.768，该量表的总体 Cronbach's α 系数为 0.832；中庸思维的三个维度的 Cronbach's α 系数分别为 0.777、0.788、0.803，该量表的总体 Cronbach's α 系数为 0.895；员工创造力量表的 Cronbach's α 系数为 0.865。上述结果表明，子研究一所用测量量表均具有较好的信度。

子研究一采用验证性因子分析方法来检验悖论式领导、团队外部网络、中庸思维与员工创造力的区分效度，结果如表4—3所示。表4—3显示，与其他六个模型相比，四因子模型的拟合效果最好（$\chi^2/df = 1.450 < 3$，

表4—3 验证性因子分析结果

模型	df	χ^2	χ^2/df	RMSEA	$\Delta\chi^2$ (Δdf)	CFI	GFI	NFI
PL, TN, ZY, EC	59	85.53	1.450	0.051		0.974	0.930	0.927
PL+TN, ZY, EC	62	163.23	2.633	0.097	77.7*** (3)	0.915	0.874	0.869
PL+EC, TN, ZY	62	280.88	4.530	0.142	195.35*** (3)	0.816	0.801	0.777
PL+ZY, TN, EC	62	372.88	6.014	0.170	287.35*** (3)	0.776	0.752	0.739
PL+TN+EC, ZY	64	354.56	5.54	0.162	269.03*** (5)	0.756	0.761	0.719
PL+TN+ZY, EC	64	427.79	6.684	0.181	342.26*** (5)	0.758	0.726	0.721
PL+TN+ZY+EC	65	614.40	9.452	0.220	528.87*** (6)	0.600	0.648	0.572

注：*** 为 $p<0.001$，下同；+ 为将2个因子合并为1个因子。

RMSEA＝0.051＜0.08，CFI＝0.974＞0.9，GFI＝0.930＞0.9，NFI＝0.927＞0.9），这表明子研究一所涉及的变量具有较好的区分效度。

二 数据聚合检验

虽然悖论式领导和团队外部网络的测量都是以团队为参照点，但这些数据均来自下属员工层次，因此需要检验组内一致性和组间异质性来判断悖论式领导与团队外部网络是否适宜聚合到团队层次。子研究一采用 Rwg 指标来评价悖论式领导与团队外部网络测量的组内一致性，结果表明悖论式领导和团队外部网络的平均 Rwg 值分别是 0.988、0.934，完全达到了可以接受的水平。子研究一采用 ICC（1）和 ICC（2）来评价悖论式领导与团队外部网络测量的组间异质性，结果表明悖论式领导和团队外部网络的 ICC（1）分别为 0.099、0.222，均高于 James (1982) 建议的 0.05 标准，表明这两个变量均存在足够的组间变异。悖论式领导与团队外部网络的 ICC（2）分别为 0.272、0.489，较小的 ICC（2）值可能是由于评价者人数较少（平均每个团队不足 4 人）而导致（Bliese, 2000）。上述结果表明，可以将悖论式领导和团队外部网络从个体层面聚合到团队层面。

三 描述性统计与相关性分析

子研究一各变量的均值、标准差与相关系数如表4—4所示。表4—4显示，悖论式领导与团队外部网络呈现出显著的正相关关系（r＝0.303，p＜0.05），这为研究假设的检验提供了初步支持。

表4—4　　描述性统计与相关性分析结果

变量	平均数	标准差	1	2	3	4	5
第一层变量							
1 员工性别	0.440	0.498					

续表

变量	平均数	标准差	1	2	3	4	5
2 员工年龄	31.270	7.062	-0.084				
3 员工受教育程度	2.509	0.749	0.105	-0.513**			
4 员工工龄	8.510	7.719	-0.092	0.953**	-0.601**		
5 中庸思维	4.250	0.489	-0.026	-0.026	-0.035	-0.037	
6 员工创造力	3.811	0.660	-0.049	0.103	0.025*	0.081	0.165*
第二层变量							
1 上司性别	0.451	0.503					
2 上司年龄	36.922	6.758	0.046				
3 上司受教育程度	2.667	0.622	-0.021	-0.458**			
4 上司工龄	14.745	7.717	0.041	0.975**	-0.535**		
5 悖论式领导	4.327	0.312	0.168	-0.182	-0.105	-0.179	
6 团队外部网络	3.918	0.411	-0.213	0.167	-0.310*	0.189	0.303*

注：N（第一层）=175，N（第二层）=51。性别：男（1），女（0）。受教育程度：高中及以下（1），大专（2），大学（3），研究生及以上（4）。+ 表示 $p<0.1$，* 表示 $p<0.05$，** 表示 $p<0.01$，*** 表示 $p<0.001$，下同。

四 假设检验

（一）主效应与中介效应的检验

子研究一采取多层线性模型来检验悖论式领导对员工创造力的跨层次影响以及团队外部网络的中介效应。采纳 Hofmann 和 Gavin（1998）的建议，在检验主效应以及中介效应时，子研究一对第一层和第二层的变量进行了总中心化处理。首先，设定一个以员工创造力为结果变量的零模型，以考察其组间方差与组内方差，结果发现组内方差（$\sigma2$）与组间方差（$\tau00$）分别为 0.209、0.229，组间方差占总方差的 52.28%，并且员工创造力存在显著的组间变异，$F(50, 124) = 4.766$，$p<0.001$，这表明可以进行多层线性分析。HLM 分析结果如表 4—5 所示。M2 结果显示，在控制了员工性别、年龄、工龄后，悖论式领导对员工创造力

具有显著的正向影响（γ=0.534，p<0.1），因此假设1得到了验证。M3结果表明，在控制了员工性别、年龄、工龄后，团队外部网络对员工的创造力具有显著的正向影响（γ=0.397，p<0.01），因此假设3得到了验证。

表4—5　　　　　　　　　　HLM分析结果

变量	员工创造力				
模型	M1	M2	M3	M4	M5
截距	3.417*** (0.322)	1.101 (1.353)	1.894** (0.555)	0.519 (1.201)	3.419 (0.318)
第一层变量					
员工性别	-0.005 (0.090)	0.008 (0.089)	-0.017 (0.089)	-0.003 (0.088)	-0.009 (0.088)
员工年龄	0.015 (0.014)	0.014 (0.104)	0.014 (0.014)	0.014 (0.014)	0.015 (0.014)
员工工龄	-0.012 (0.014)	-0.010 (0.014)	-0.012 (0.014)	-0.010 (0.014)	-0.012 (0.014)
中庸思维					-0.032 (0.079)
第二层变量					
悖论式领导		0.534+ (0.298)		0.408 (0.309)	
团队外部网络			0.397** (0.126)	0.295* (0.143)	0.394** (0.129)
跨层次交互项					
团队外部网络* 中庸思维					0.373+ (0.214)
方差分解					
组内方差（σ^2）	0.213	0.213	0.213	0.213	0.212
组间方差（τ_{00}）	0.228	0.205	0.208	0.199	0.208

注：回归系数均是稳健标准误下的非标准化系数，括号内为回归系数的稳健标准误。

由于只收集了 51 个团队的数据,团队层次的样本量较小,因此子研究一运用 Bootstrap 方法来检验悖论式领导对团队外部网络的影响,将 Bootstrap 再抽样的次数设定为 2000 次,检验结果如表 4—6 所示。表 4—6 显示,在对上司性别、年龄、受教育程度以及工龄进行控制后,悖论式领导对团队外部网络具有显著的正向影响(B = 0.477,$p < 0.01$,95% 的偏差校正置信区间 = [0.182, 0.839]),因此假设 2 得到了验证。此外,表 4—5 中的 M4 结果显示,团队外部网络对员工创造力有正向影响($\gamma = 0.295$,$p < 0.05$),但此时悖论式领导对员工创造力的影响由原来的显著($\gamma = 0.534$,$p < 0.1$)变为不显著($\gamma = 0.408$,ns),这表明团队外部网络在悖论式领导对员工创造力的影响中发挥中介作用,因此假设 4 得到了验证。

表 4—6　　　　　　　　　　Bootstrap 法的检验结果

变量	团队外部网络			
	B	SE	95% 的偏差校正置信区间	99% 的偏差校正置信区间
上司性别	-0.233	0.102	[-0.430, -0.034]	[-0.488, 0.025]
上司年龄	0.000	0.033	[-0.062, 0.069]	[-0.083, 0.101]
上司受教育程度	-0.128	0.144	[-0.395, 0.159]	[-0.482, 0.258]
上司工龄	0.008	0.030	[-0.056, 0.063]	[-0.087, 0.078]
悖论式领导	0.477**	0.162	[0.182, 0.839]	[0.093, 0.973]

(二)跨层次的调节作用检验

为了检验假设 5,子研究一采纳 Hofmann 和 Gavin(1998)的建议,将第一层的调节变量中庸思维进行中心化处理,并将中庸思维的组平均数以及其与团队外部网络的组间交互项置于第二层加以控制。表 4—4 中 M5 结果显示,在控制了员工性别、年龄、工龄、中庸思维的组平均数及其与团队外部网络的组间交互项后,团队外部网络与员工中庸思维的跨层次交互项对员工创造力具有显著的正向影响（γ = 0.373，p < 0.1），这表明员工中庸思维在团队外部网络与员工创造力之间关系中发挥着显著的正向调节作用，调节效应如图4—2所示。图4—2显示，对于不同中庸思维的员工，团队外部网络对员工创造力的正向影响呈现出显著的差异。具体而言，对于高中庸思维的员工，团队外部网络对其创造力的正向影响较强；对于低中庸思维的员工，团队外部网络对其创造力的正向影响较弱。因此，假设5得到验证。根据上述检验结果，子研究一绘制了路径分析图，如图4—3所示。

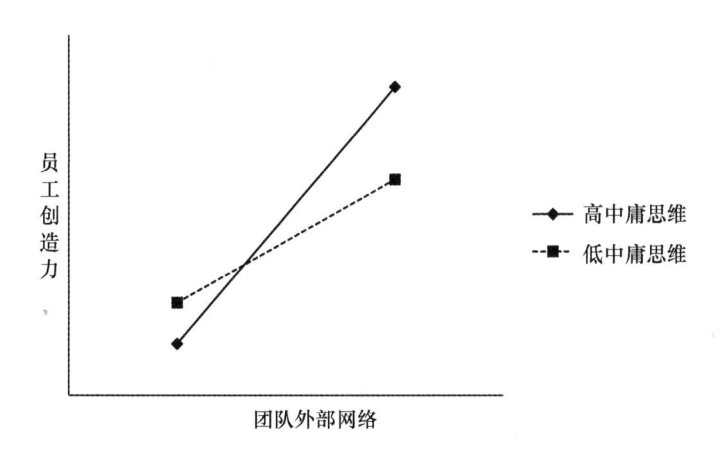

图4—2 中庸思维对团队外部网络与员工创造力关系的调节效应

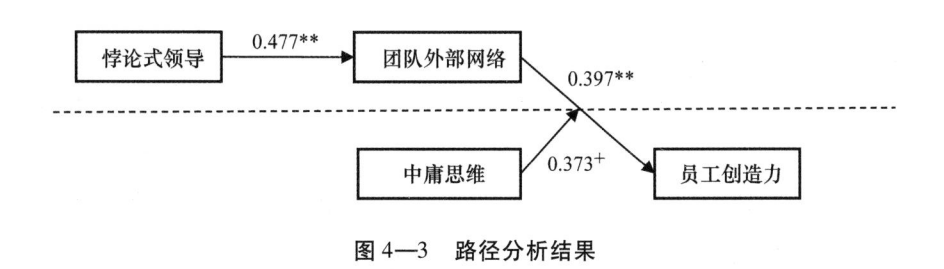

图4—3 路径分析结果

为了验证假设6（被调节的中介效应），参照Shi等（2013）的研究，将被调节中介的斜率设置为随机效应，S表示团队外部网络与员工创造力之间的相关系数，同时将变量中心化处理以确保模型的稳健性，在模型中添加新参数：高于 S 一个中庸思维的标准差，低于 S 一个标准差以及两者的差值，结果如表4—7所示。对于中庸思维水平较高的员工而言，团队外部网络在悖论式领导与员工创造力之间的中介作用显著，其系数为 0.154（$p<0.01$）；对于中庸思维水平较低的员工而言，团队外部网络在悖论式领导与员工创造力之间的中介作用同样显著，其系数为 0.146（$p<0.01$）。两者间接效应之差为 0.008（$p<0.1$），说明当员工的中庸思维水平不同时，悖论式领导通过团队外部网络影响员工创造力的中介作用的强弱不同，因此假设6得到验证。

表4—7　　　　　　　　被调节的中介效应检验结果

效应	中介路径	中庸思维	系数	90%的偏差校正置信区间	
				下限	上限
间接效应	团队外部网络	高	0.154**	0.056	0.252
		低	0.146**	0.051	0.242
		差异	0.008+	0.001	0.014

第五节　结论与讨论

一　研究结论

悖论式领导作为一种新兴的领导方式，近年来受到了学者们的关注，其相关研究正处于起步阶段。虽然已有研究表明悖论式领导对员工的态度与行为具有积极的影响，但悖论式领导影响员工创造力的作用机制尚未明晰。因此，子研究一就悖论式领导对员工创造力的影响进行了实证研究，并探讨了团队外部网络在悖论式领导与员工创造力之间的中介作用，以及中庸思维在团队外部网络影响员工创造力过程中的调节作用，进一步探究中庸思维对悖论式领导通过团队外部网络进而影响员工创造力的调节效应，旨在揭示悖论式领导行为对员工创造力的影响机制。

基于宁波、常州等长三角地区 8 家高新技术企业的 175 份"上司—员工"的配对问卷，实证研究结果表明，悖论式领导对员工创造力有显著的正向影响；团队外部网络对悖论式领导与员工创造力的关系起中介作用；员工中庸思维对团队外部网络与员工创造力之间的关系起跨层次调节作用，即与中庸思维水平较低的员工相比，员工的中庸思维水平越高，团队外部网络对员工创造力的正向作用越强；中庸思维对悖论式领导通过团队外部网络影响员工创造力的间接效应具有跨层次的调节作用，即与中庸思维水平较低的员工相比，悖论式领导通过团队外部网络进而影响高中庸思维员工创造力的间接效应更强。

二 理论贡献

子研究一对悖论式领导、员工创造力、团队外部网络以及中庸思维都有一定的理论贡献，主要体现在以下三点：

第一，构建并证实了悖论式领导、团队外部网络和员工创造力的跨层次中介传导作用。悖论式领导突破了传统领导方式的一维导向，能够包容和整合相悖的两种要素，具有较强的行为复杂性，兼具控制和灵活性、集权与分权，为团队员工建立良好的外部关系网络、获取非冗余资源和知识提供重要保障。同时，团队外部网络的建立与发展可以为团队带来丰富多样的文化、信息、技术以及政策上的支持和帮助。异质性信息和资源越丰富，则越有益于员工创新能力的提升（Wang et al., 2015）。子研究一呼应了 Lewis 等（2014）关于加强对悖论式领导作用机制研究的提议，揭示了悖论式领导的作用过程。另外，现有关于领导风格与员工创造力的研究以社会认知理论、社会交换理论等理论视角为主，子研究一基于社会网络理论研究悖论式领导行为对员工创造力的作用机制，丰富和补充了领导力—员工创造力关系研究的理论视角。

第二，引入传统文化中的中庸思维变量，探讨其在团队外部网络影响员工创造力过程中的调节作用，厘清了团队社会网络影响员工创造力的边界条件。团队外部网络的有效性会受到员工个体特征的影响，对思维水平不同的员工，悖论式领导通过团队外部网络进而对员工创造力产生的影响也不尽相同（Fang et al.，2015）。与低中庸思维的员工相比，高中庸思维的员工更能够从整体视角出发，对环境变化更为敏感，从而能够灵活高效地调整自己的行为。团队外部网络为团队带来有价值的资源，帮助团队成员接触到新颖性的信息，获取有用的信息和支持。因此，当有愈多的异质性知识和信息传播到团队中时，员工更能够整合现有资源，萌生创新观点和行为。子研究一充分考虑中国情境，明确了中庸思维在团队外部网络与员工创造力之间关系的情景因素，厘清了团队外部网络发挥有效性的边界条件（Zhou & Hoever，2014），并丰富了中庸思维领域的研究，为中庸思维应用在其他领导方式的作用研究中提供了思路。

第三，阐明了员工的中庸思维水平对悖论式领导通过团队外部网络进而影响员工创造力的跨层次调节作用机制。研究表明，中庸思维水平较高的员工往往会兼顾大局，多方思考，对团队成员从外部获取的信息、资源有效整合和利用，进而能够起到强化团队外部网络在悖论式领导与员工创造力关系间的传导作用；中庸思维水平较低的员工则缺乏从整体角度思考问题的意识，对团队成员从外部获取的资讯、技术等的应用能力也较弱，因而也会进一步弱化团队外部网络在悖论式领导与员工创造力关系间的中介作用。这一结论全面、系统地解释了员工的中庸思维水平如何影响悖论式领导对员工创造力中介传导机制，呼应了学者们提出的从个体特质等方面探讨悖论式领导有效性的跨层次边界机制（罗瑾琏等，2017），深化了我们对悖论式领导与员工创造力之间关系机理的认识。

三 实践启示

子研究一的结论对中国企业的管理实践具有一定的指导意义。

首先，子研究一发现悖论式领导正向影响员工创造力。因此，一方面，企业可以对管理者进行悖论式领导技能的培训，在招聘、甄选管理者时，优先考虑具有"悖论整合"思维的管理者；另一方面，领导者应注重培养自身"二者都"的"悖论"思维逻辑，以更加开放和包容的态度应对组织情境的变化和员工的需求，协调好组织中的矛盾与张力问题。在掌握重大决策权的同时适当授权，赋予员工一定的自主性，提高员工的发散性思维，以释放个人的创造潜能。

其次，子研究一还表明团队外部网络对悖论式领导与员工创造力的关系起中介作用。因此，悖论式领导作为推动团队外部网络的关键推动者，应当在严格执行工作要求的同时又保持灵活性，并鼓励员工以一种开放、灵活的方式面对工作中存在的矛盾问题，有利于团队间建立密切的联系以便团队从外部获取更多的信息资源与经济扶持，进一步促进员工创造力。同时，成功的企业往往更加依赖于知识和信息的频率流动，这就要求领导者应当适时的采取干预措施突破团队内部沟通交流的局限性，为员工开展更多的跨界活动提供便利。

最后，子研究一还发现员工中庸思维对团队外部网络与员工创造力之间的关系起跨层次调节作用。因此，团队领导者需要针对不同类型的员工实施不同的管理方式，对低中庸思维水平的员工而言，管理者可以通过培养其全面思考、与人和谐相处的中庸观念以便推动员工适应组织环境，激发其积极行为；对高中庸思维水平的员工而言，则敦促他们继续保持和发扬这种灵活应对的思维方式，以更好地激发其创造力。

第五章　悖论式领导影响团队创造力的社会网络机制

第一节　问题的提出

本章为子研究二的内容，集中探讨悖论式领导对团队创造力的影响机制。随着经济全球化的快速发展和科学技术变革的迅猛推进，行业竞争日趋激烈，顾客需求瞬息万变，团队因其能提升组织灵活性和反应能力等特点，被越来越多的企业采用以应对复杂多变的外部环境。虽然团队的引入为许多企业带来了可观的收益，然而现实中"伪团队"现象仍然频繁出现，不少团队成员往往选择循规蹈矩规避创新风险。因此，如何提升团队创造力已成为组织管理实践亟待解决的重要问题。

相关研究表明，影响团队创造力的因素主要包括团队构成、团队过程以及团队领导三个方面（刘璇和张向前，2016），其中，团队主管展现出的领导风格对团队创造力具有重要影响。变革型领导、共享型领导、授权型领导、真实型领导、包容型领导、教练型领导、创业型领导等正向领导风格对团队创造力的正向影响也得到了国内外大量研究的证实（陈璐等，2016；Kim et al. , 2019；刘雪梅和刘铮，2019；Huang et al. , 2020；Ali et al. , 2020；Li et al. , 2018；赵金国等，2019；Kang et al. , 2020；彭伟和金丹丹，2018；赵红丹和刘微微，2018；Kwon & Oh，2020；Cai et al. , 2019；林芹和易凌峰，2020）。

"一阴一阳之谓道",早在春秋时期的道家哲学中就提到了悖论的雏形(Li,2016)。随着研究的深入,相关悖论议题的探究不仅仅停留在哲学领域,还延展到组织管理领域中(Schad et al.,2016)。在当前行业竞争态势越发激烈的情境中,伴随着技术革新更迭和市场需求多样性的严峻挑战,企业易面临诸如"控制与弹性""探索与利用""集权与分权"等宏观和微观层面的悖论难题,此时采取常规的"非此即彼"管理方式往往难以奏效(罗瑾琏等,2015)。近年来,新兴的悖论管理模式以"动态均衡"的观点看待相悖行为,促使悖论实现有益循环以灵活应对复杂管理情境中的挑战(庞大龙等,2017)。已有研究表明,领导者行为对悖论的有效管理发挥着不可小觑的作用(Smith,2014),Zhang等(2015)提出了更能有效协调相悖行为的领导范式——悖论式领导。悖论式领导作为一种新兴的领导风格,具备"两者/都"而非"二选一"的辩证思维模式,能将看似矛盾却又相互联系的行为方式进行统一与协调。

综观现有文献,学者们就悖论式领导的后果变量开展了相关讨论,证实了悖论式领导对员工创造力、双元行为等均具有显著的正向作用(Shao et al.,2017;王朝晖,2018),这些研究立足于个体层面对悖论式领导的有效性进行探讨。与个体层面蓬勃发展的研究现状相比,有关团队层面上悖论式领导的有效性研究尚未得到足够重视(Zhang et al.,2015)。实际上,团队工作模式已成为企业进行日常活动的主流方式(Chen et al.,2013),领导者不仅要指导和管理员工,还应当引导团队以实现团队共同目标。与传统领导方式相比,悖论式领导能辩证综合地感知、看待及有效协调团队中的悖论问题,在应对创新过程中存在的对立困境上发挥着至关重要的作用,从而加速推动团队创新进程(罗瑾琏等,2017)。有鉴于此,子研究二将着重探讨悖论式领导能否作用于团队创造力,以扩展团队层面上悖论式领导有效性的研究成果。

回顾相关领导行为和团队创造力研究发现,现有文献主要停留在社会认知理论和自我决定理论等传统心理学视角对作用机制的解读（Bratnicka，2015；张建卫等，2018）。由于个体心理因素作用的发挥具有不稳定性，难以全面解释其中的影响机理，这就需要借助更广泛的理论视角（Grant & Berry，2011）。事实上，已有学者发现团队成员内外部的人际关系是团队创造力形成的关键来源之一（黄同飞和彭灿，2015）。尤其在"关系"文化浓厚的中国组织情境下，团队中关系网络的建构有助于成员实现自我价值的同时，也为团队及组织创造价值（吴湘繁等，2015）。团队社会网络指团队成员和团队内、外部成员及他们形成的正式或非正式关系的集合（彭伟等，2017）。作为用于衡量团队社会网络关系特征的关键指标，网络连带强度被定义为行动者间人际关系的亲密程度（王艳子等，2014），具体分为内部网络连带强度和外部网络连带强度。团队内部强连带能推进内部资源共享程度，团队间强联结能提高外部资源获取质量（Ren et al.，2010），可见，团队内外部网络各自发挥的重要性都不容忽视，单从团队内部或外部分支无法全面的诠释两者对团队创造力造成的差异效果，需要将两者结合进行探讨。据此，子研究二基于社会网络理论，同时将团队内部网络连带强度和团队外部网络连带强度纳入研究模型，考察两者在悖论式领导和团队创造力间发挥的传递作用。

综上所述，子研究二拟基于社会网络理论，以团队内部网络连带强度和团队外部网络连带强度为中介变量，建构并验证悖论式领导对团队创造力的双重中介模型，并探索性地对两者的中介作用进行比较分析，以明晰悖论式领导影响团队创造力间的作用路径，补充和拓展悖论式领导有效性的实证研究，为管理者实施悖论式领导风格来激发团队创造力提供实践参考[①]。

[①] 参见彭伟、马越《悖论式领导对团队创造力的影响机制——社会网络理论视角》，《科技进步与对策》2018年第22期。

第五章　悖论式领导影响团队创造力的社会网络机制

第二节　理论基础与研究假设

一　理论基础

以往学者们主要从团队构成、群体认同感、领导风格及组织情境等方面对团队有效性进行了解读（Mathieu et al.，2014；Wang et al.，2014）。尽管这些研究取得了丰硕的成果，但基本上仍是沿用传统的理论视角与研究方法，忽视了团队成员嵌入的网络关系与结构，因而难以对如何提高团队有效性这一问题做出全面系统的理论阐释（Carboni & Ehrlich，2013）。社会网络理论不只关注行动者的个体属性，更强调行动者嵌入的关系网络对行动者行为和绩效的影响（Burt et al.，2013）。根据社会网络理论，团队成员之间良好的关系能够促进资源的流动，形成信任与合作规范，进而对团队效能产生重要的影响（Grund，2012）。

其实，早在20世纪50年代，有学者就运用实验研究方法对团队社会网络的影响结果进行了初步的探索，研究发现集权结构的沟通网络能提升简单任务信息的扩散效率，非集权结构则会延误信息的转移（Bavelas，1950）；后续的相关研究也证实了非集权化的沟通结构能够更有效地解决复杂任务和减少失误（Shaw，1964）。20世纪70年代以来，随着Granovetter的弱关系理论、Burt的结构洞理论以及林南的社会资本理论的提出，社会网络理论逐渐成为组织管理领域研究的重要理论视角，尤其是在个体层面和组织层面得到了广泛的应用。近年来，国外学者运用社会网络理论，对团队社会网络的形成及影响效应等问题开展了大量的理论与实证研究（Roberson & Willamson，2012；Venkataramani et al.，2016）。

社会网络是一组行动者及联结他们之间的关系的集合。依据行动者类型的不同，社会网络研究主要包括个体网络、群体网络、组织网络（Brass et al.，2004）。作为群体网络的一种类型，团队社会网络是团队成员间以及团队成员与外部行动者因正式或非正式关系形成的关系结构（Oh et al., 2006）。依据社会网络内容性质的不同，学者们对团队社会网络的类型进行了划分，比如 Sparrowe 等（2001）从咨询网络（advice network）和妨碍网络（hindrance network）两个方面对团队社会网络进行分析；Klein 等（2004）和 Schulte 等（2012）都认为团队社会网络包括咨询网络、友谊网络（friendship network）及对抗网络（adversarial network）；Zohar 和 Tenne-Gazit（2008）基于团队内部沟通交换和人际比较两类独立的过程将团队社会网络分为沟通网络（communication network）和友谊网络；Venkataramani 等（2016）指出团队社会网络可以划分为工作流程网络（workflow network）、友谊网络和规避网络（avoidance network）三类。虽然学者们对团队社会网络的类型划分尚未取得完全一致的认识，但总体而言，团队社会网络主要包括工具性网络（instrumental network）与情感性网络（expressive network）两种类型，前者指团队成员在完成工作任务的过程中构建并维持的正式网络，后者是基于社交、共同的个人兴趣以及与工作职责没有直接关系的频繁互动形成的非正式关系网络（Parise & Rollag, 2010；Roberson & Willamson, 2012）。

依据社会网络分析层面的不同，Kilduff 和 Tsai（2003）指出社会网络分析包含个体网络和整体网络两个研究视角。个体网视角下的社会网络研究聚焦于行动者个体层面，旨在分析以行动者为中心的社会网络如何影响行为及绩效等；整体网视角下的社会网络研究着重探讨既定边界内的整体网络特征如何影响行为及绩效（Provan et al., 2007）。团队社会网络的研究同样可以围绕整体网视角与个体网视角展开，前者聚焦于团队内部成员因互动而形成的社会网络，着重探讨团队内部整体网络的结构特征对团队效能的影响（Henttonen, 2010；Jia et al., 2014）；后者则关注以团队某一成员为中心的社会网络，抑或以特定团队为中心的外部社会网络对团队成员或团队本身行为及绩效的影响（Carboni & Ehnrich，2013；Chung & Jackson，2013）①。

相关研究发现，团队社会网络可以提升团队创造力，团队内外部的强连带关系有利于员工获得创新灵感（赵娟和张炜，2015）。团队内部网络连带强度越强，团队成员之间更容易产生信任，使得内部成员之间的互动交流增多，也更愿意分享隐形知识（Hansen，1994），从而有利于团队创造力的提升。团队外部网络连带强度越强，团队成员可以获得更多的异质性资源，进而促进团队创造力。另外，有学者研究发现变革型领导可以促进团队社会网络（蔡亚华等，2013），悖论式领导作为一种新兴的领导方式，能够协调组织内外部矛盾和张力，并给予员工自主性和灵活性，有利于加强团队网络连带强度。因此，子研究二构建了一个双中介模型，探讨团队内部网络连带强度与团队外部网络连带强度在悖论式领导影响团队创造力过程中发挥的传导机制。

二 研究假设

（一）悖论式领导与团队创造力

Zhang 等（2015）将悖论式领导界定为领导者能通过辩证综合地审视组织内部矛盾来有效协调两种相悖的行为导向，以应对复杂多变情境下存在的对立困境的领导方式（Zhang et al.，2015）。同时，他通过系统地探索分析，提出了悖论式领导的五维度模型：自我中心和他人中心相统一、与员工保持松紧恰当的距离、既一视同仁对待下属又允许个性化、高标准和高灵活相结合、高控制和高自主相统一（Zhang et al.，2015）。梳理相关研究发现，具备"既/又"思维模式的悖论式领导能激发个体、团队等多层面创新行为（罗瑾琏等，2017；付正茂，2017）。

团队创造力指团队成员共同呈现的有关服务、产品、流程和程序等

---

① 参见彭伟、金丹丹、朱晴雯《团队社会网络研究选评与展望》，《中国人力资源开发》2017 年第 3 期。

新颖的且有实用价值的想法（Shin & Zhou，2007）。究其本质，团队创造力的提升需要协调新颖性和实用性的矛盾，兼顾两者间的平衡，即团队成员既要能深入探索和搜集创造性灵感，同时又要保证能将其付诸实行（王艳子等，2014）。已有研究表明，领导行为对于团队互动中出现的矛盾和冲突具有重要的协调作用（韩杨等，2016）。与传统领导行为相比，悖论式领导能辩证综合地看待并有效应对创新过程中存在的矛盾，可能更易提升团队创造力。

首先，在权力的分配授给过程中，悖论式领导能够协调自我中心与他人中心的关系，使其在保持自身核心影响力的同时，又能适当赋予团队成员常规性的权力，给予他们更多的自主权，从而激发成员的创造潜能以加速推动团队创造力水平的提升（唐贵瑶等，2016）。其次，在处理上下级关系过程中，领导者具备同时处理等级距离和人际关系的平衡与协调能力，不仅能够维护自身在团队中的领导权威和主体地位，还能推动与成员间的良性互动，使得他们感知到团队中高质量的领导成员交换关系，使得领导者赢得团队成员的支持与配合，进而主动投入创造活动的工作中（Ou et al.，2014），加快团队领导带领团队成员从事创新工作的效率，从而促进团队创造力。再次，在对待不同特质团队成员过程中，拥有悖论思维的领导者既能不偏不倚地对待团队成员，为其营造公平的工作情境，又能够根据成员的不同需求实施差异化管理，在一定程度上促进个性化能力的提升，有利于鼓励他们展现创新性行为（付正茂，2017）。此外，在贯彻执行团队任务过程中，悖论式领导能将高标准和高灵活合理分配，这就意味着领导在提出明确工作指导和具体行动标准的同时，也允许成员发挥灵活和能动的思维方式，通过平衡与协调确保创新性活动的实用性和有效性（罗瑾琏等，2017），促进团队内部创新进程的全面推进。最后，在决策的制定实施过程中，悖论式领导强调高控制和高自主的统一，这不但能够稳固其对重大问题的决策权，也能提高团队成员在决策制定过程中的参与程度，有效调动工作热情、增强创新活力，使得团队成员对工作与创新任务产生浓厚兴趣并乐意承担创新责任，提升团队创造力水平。总的来说，悖论式领导能够兼顾看似矛盾却又相互联系的行为方式，从而有效提升团队的创造力。由此，子研究二提出以下假设：

H1：悖论式领导对团队创造力具有显著的正向影响。

（二）团队内部网络连带强度的中介作用

团队内部网络连带强度反映的是团队内部成员之间正式或非正式关系的亲密程度（Wu & Cormican, 2017）。团队内部网络连带强度越强，代表团队成员间互动性、互惠度和情感依赖度越高（Wu & Cormican, 2017）。现有研究表明领导者在维系和推动团队成员间交往互动的过程中发挥着不可或缺的作用（Zhang & Peterson, 2011）。悖论式领导能推动团队整体氛围的塑造，从而有利于成员收获正向的情感体验（罗瑾琏等，2017），提升团队内部相互交流沟通的意愿。据此，子研究二推测悖论式领导对内部网络连带强度有重要影响。

首先，悖论式领导既能一视同仁地看待下属，又能满足不同下属个性化的需求。平等地对待下属促使团队成员感知到公正而不偏袒的团队氛围，从中收获尊重与认可；允许下属的个性化发展推动团队成员意识到领导对其的关注与鼓励（She & Li, 2017）。当领导者满足成员的公平和个性化的双重需求时，他们更愿意与内部成员建立较强的连带关系。其次，悖论式领导强调在和下属互动中维持适当的关系，与下属保持一定距离能稳固领导在团队中的威望，使成员对其抱有应有的尊重与敬畏；与下属建立亲密联系能加强其与成员的交流和沟通，有助于良好上下级关系的建立和推进（Zhang et al., 2016）。这种松紧恰当的距离推动领导与成员间的良性互动，使团队成员收获正向的情感体验，从而增强他们与内部成员建立连带关系的意愿。再次，悖论式领导能够在维系自身核心地位的同时，确保团队成员在工作中的主体地位，充分信任和尊重团队成员，积极与团队成员形成良好的上下级关系，这也有助于增强团队成员的认同感和依赖感，并且将团队领导者作为典型范例（Zhang等，2015），从而促使其自觉主动地与团队成员结成较强的关系连带。最后，悖论式领导在决策中能同时兼顾高控制和高自主，坚持重大事项的决策制定权能巩固领导的核心影响力，确保团队决策制定与实施的高效运行；授予下属工作自主权为成员参与团队事务的决策提供机会和支持，使他们主动参与到团队互动过程中（罗瑾琏等，2015）。在这种团队情境下，团队凝聚力得以提升，继而增强团队成员彼此的认同，更易与内部成员结成强连带关系。总的来说，悖论式领导能增强团队内部成员进行更多交流沟通的意愿，从而促使团队内部成员之间形成高强度的连带关系。由此，子研究二提出以下假设：

H2a：悖论式领导对团队内部网络连带强度具有正向影响。

在内部网络连带较强的团队中，团队成员联结相对紧密，具有较多的沟通交流和共享资源的渠道，为团队创造性活动的开展提供所需的支持。第一，根据自我决定理论，满足自主、能力和关系三种内在心理需要的工作环境能够触发成员的内部动机（赵燕梅等，2016）。团队成员间紧密的连带关系能够强化成员的沟通和互动行为，有利于营造充满关怀和尊重的情感氛围，能够满足成员的关系需求（袁庆宏等，2017），从而增强自身的内部动机并主动参与团队创新活动。第二，在内部网络连带较强的团队中，团队成员间的情感和互惠程度高（Wu & Cormican，2017），此时成员对团队的情感依附程度较高，有益于形成共同的团队认知。在这种情况下，基于自我归类机制，团队成员会把自身定义为内群体（赵红丹和江苇，2017），团队成员更有可能产生较高的组织认同感，其工作的信心和热忱会得到较大的提升，从而愿意付出较多的创造性努力。第三，资源保存理论指出，当个体拥有的资源越多，其不但不会遭受资源损失，反而能够获得更多的新资源，进而表现出更多积极主动的行为（Hobfoll，2011），在内部网络连带较强的团队中，团队成员通过频繁的沟通交流获得了相互的信任与支持，不仅增强了团队内部合作意识和协作能力，畅通了内部信息和资源共享的渠道（王艳子等，2014），而且可以促进成员间隐性知识的分享与传递（汤超颖和黄冬玲，2017；Pullés & Llorens-Montes，2017）。因此，具有紧密连带关系的团队在解决创新工作中的棘手问题时更有优势，有助于团队创造力水平的稳步提升。总的来说，团队内部网络连带强度高时，通过频繁的联系和密切的交往，团队内部成员能够感知到彼此之间的情感关怀和资源共享，这为创新行为的产生提供必要保障和支持，最终促使团队创造力的产生。由此，子研究二提出以下假设：

H2b：团队内部网络连带强度对团队创造力具有正向影响。

如上文所述，悖论式领导会对团队工作中固有的多种矛盾进行系统的理论分析，并将其加以协调和整合，从而为成员的情感和信息交换提供支持性环境，促使团队内部形成高强度的连带关系；内部网络连带强度高时，成员能感知到团队内部的情感关怀和资源共享，这为团队创造力的产生提供必要保障。因此，子研究二推测悖论式领导通过提高团队内部网络连带强度而促进团队创造力的提升。由此，子研究二提出以下假设：

H2c：团队内部网络连带强度在悖论式领导与团队创造力之间发挥中介作用。

（三）团队外部网络连带强度的中介作用

团队外部网络连带强度体现了团队成员与团队外部成员间的正式或非正式关系的亲密程度（Houghton et al.，2009）。已有研究表明，领导在管理过程中的关键职能是促使个体或团队间的良性互动格局的形成（蔡亚华等，2013）。悖论式领导能根据情境变化积极与其他工作团队进行事项对接，通过观察成员会仿效其行为，主动与团队外部成员互动沟通以建立紧密联系。据此，子研究二推测悖论式领导对外部网络连带强度有重要影响。

首先，悖论式领导在工作执行中能同时兼顾高标准和高灵活，高标准意味着在工作要求上具有严格的评判标准，促使成员清晰了解自身工作职责；高灵活意味着会给予成员适当的工作弹性，促使其留有自我调整的余地以应对环境的各种变化（Ingram et al.，2016）。因此，团队成员能在明确团队内部清晰目标的前提下，积极与团队以外的行动者进行各种事项对接，从而有利于构建团队间的网络连带。其次，悖论式领导既能公正地对待下属，又能为其提供个性化的发展规划。平等地看待下属能体现领导公平公正的意识，提升成员被尊重的感知；为下属设计个性化的发展路径能有效满足成员不同需求，最大程度激发成员的潜能（罗瑾琏等，2015）。在这种管理方式的影响下，成员能有足够的精力与其他行动者进行沟通和协调，更易与外部成员建立较强连带关系。再次，悖论式领导既维持决策控制，又允许自主性。悖论式领导可以协调好组织中相互竞争的需求，坚持重大事项的决定权，同时给予员工一定的自主性，让员工感受到开放性和支持性的组织环境（李锡元等，2018），在这种环境中，团队成员能够与组织外的成员进行积极主动的交流，有利于构建团队间的网络连带。最后，悖论式领导具备同时处理自我中心与他人中心关系的协调能力，以自我中心不但能体现领导者自身较强的自我效能感，还能提升团队整体的效能感水平；以他人为中心能有效顾及团队内成员的尊严和信心，认可其贡献和价值（金涛，2017）。这能赋予团队成员积极的工作情绪和心态，减少因人际关系带来的困扰，进而为其提供更多与团队外部成员交流沟通的时间和空间。总的来说，悖论式领导能通过有效协调两种相悖的行为导向，使成员有足够精力与团队外部成员间结成网络连带，从而促进团队外部网络连带强度的提高。由此，子研究二提出以下假设：

H3a：悖论式领导对团队外部网络连带强度具有正向影响。

在外部连带强度较强的团队中，成员凭借自身的外部网络优势能及时且高效地从中获取丰富的外部信息和资源，从而为团队创造力水平的提升奠定基础。第一，在强外部连带关系的团队中，团队成员与外部行动者交往密切、联系频繁，这会提高他们从中接触新信息和资讯的可能性，有利于团队拓宽外部资源渠道，确保从外部获得大量异质性资源（赵娟和张炜，2015）。这些资源对团队成员的创造活动大有裨益，促使其创造能力和水平得以提升，最终促进团队整体的创造力水平。第二，资源保存理论认为，对于持有较多资源的个体来说，他们遭受资源损耗和流失的可能性很低，并且更倾向于竭力获取更多有价值的资源（Hobfoll et al., 2018）。在外部连带紧密的团队中，团队成员能通过广泛的外部网络接触获得较多新颖性信息和资源，在这种情况下，他们会尽力获取更多资源，从而在团队工作中表现出高水平的投入（郭钟泽等，2016），为创新行为的产生创造了必要条件。第三，具有强外部连带关系的团队与外部团队间进行较多互动与合作活动，其成员与外部成员从中建立紧密的联结。换言之，良好的外部网络关系能推动团队跨界行为的有效开展（Marrone，2010）。有效的团队跨界行为能为信息流动和知识整合提供有力的支持，从而对成员创造性地提出解决方案具有显著促进作用（徐建中和曲小瑜，2014）。总的来说，团队外部网络连带强度越高，团队与外部团队间就越能进行较多共享信息和知识等互动行为，从而实现更多有价值资源的互换和整合，推进团队创造力的逐步提升。由此，子研究二提出以下假设：

H3b：团队外部网络连带强度对团队创造力具有正向影响。

如上文所述，悖论式领导具备同时处理二元矛盾的平衡与协调能力，增强成员工作动机的同时激发团队活力（Cheng & Wang，2017），减少因人际关系带来的困扰，提供更多与外部成员交流沟通的时间和空间，促使其与外部成员建立高强度的连带关系；高强度的外部联结使得成员与外部团队间进行深层次的互动行为成为可能，从而实现更多资源的互补和整合，最终促使团队创造力的逐步提升。因此，子研究二推测悖论式领导通过提高团队外部网络连带强度进而促进团队创造力的提升。由此，子研究二提出以下假设：

H3c：团队外部网络连带强度在悖论式领导与团队创造力之间发挥

中介作用。

综上所述，子研究二提出的系列研究假设如表5—1所示，据此构建了一个双重中介模型来阐述悖论式领导影响团队创造力的作用路径，如图5—1所示。

表5—1　　　　　　子研究二提出的系列假设汇总

序号	内容
H1	悖论式领导对团队创造力具有显著的正向影响
H2a	悖论式领导对团队内部网络连带强度具有正向影响
H2b	团队内部网络连带强度对团队创造力具有正向影响
H2c	团队内部网络连带强度在悖论式领导与团队创造力之间发挥中介作用
H3a	悖论式领导对团队外部网络连带强度具有正向影响
H3b	团队外部网络连带强度对团队创造力具有正向影响
H3c	团队外部网络连带强度在悖论式领导与团队创造力之间发挥中介作用

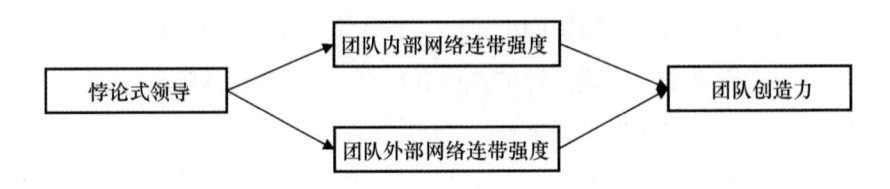

图5—1　悖论式领导影响团队创造力的作用机制模型

第三节　研究样本与变量测量

一　研究样本

子研究二采取问卷调查法，在宁波、常州两地的6家高新技术企业开展问卷调查工作。为避免同源偏差引发的不良效果，子研究二从团队领导和团队成员两个不同来源搜集数据。其中，团队领导负责对团队创造力部分进行评价，团队成员则对悖论式领导、团队内部网络连带强度及外部网络连带强度进行评价。为了保证调研质量和效率,在进行现场调研之前,课题组与这些企业的人力资源部门经理进行沟通以确定参与调研者的名单,以便回收后将团队领导及成员的问卷进行有效匹配。同时,为了减轻参与调研者的疑虑,开展调研前参与者会被告知本次调查的目的及提供数据的匿名性。

子研究二共向60个团队的240位参与者发放了问卷,其中团队领导问卷60份,团队成员问卷180份。通过回收和筛选,删除无效的配对问卷,最终得到有效配对问卷为41套,包括团队领导问卷41份,团队成员问卷137份,有效回收率为74.167%。

41位团队领导中男性占61.000%,女性占39.000%;平均年龄为36.683岁(SD=6.987),总体分布在26岁至49岁之间;受教育程度大专以上的占97.600%;平均工龄为14.463年(SD=7.830)。137位团队成员中男性占48.200%,女性占51.800%;平均年龄为31.230岁(SD=6.682),总体分布在21岁至54岁之间;受教育程度大专以上的占86.900%;平均工龄为8.450年(SD=7.183)。

二 变量测量

子研究二主要采取比较成熟的量表对悖论式领导、团队内部网络连带强度、团队外部网络连带强度、团队创造力进行量表,具体如表5—2所示。

表5—2 子研究二采用的量表

变量	量表	测量题项	Cronbach's α 系数
悖论式领导	Zhang等(2015)	领导会公平地对待每一位员工,但也会视具体情况而定	0.865
		领导会将所有员工置于平等的地位,但会考虑他们的个性特点	
		领导会与员工平等沟通,不带任何歧视,但会根据他们的个人特点或需要改变沟通风格	

续表

变量	量表	测量题项	Cronbach's α 系数
悖论式领导		领导会统一管理员工，但也会考虑他们的个性化需求	
		领导会给员工分配相等的工作量，但也会考虑个人的优势和能力来分配不同的任务	
		领导在表现出领导权威的同时，也会鼓励员工分享领导角色	
		领导会喜欢成为众人瞩目的焦点，但也会允许员工成为焦点	
		领导会要求获得尊重，但同时也会尊重他人	
		领导会具有较高的自我评价，但也会表现出对个人不完善和他人价值的认识	
		领导会对个人想法和信念充满信心，但也鼓励向其他员工学习	
		领导会控制重要的工作问题，但也允许员工处理细节	
		领导会为员工确立最终目标，但也允许员工控制具体的工作流程	
		领导会把控重大问题，但将较小的问题委派给员工	
		领导在掌控全局的同时，也会给予员工适当的自主权	
		领导会强调按照规章制度执行任务，但允许例外情况	
		领导会明确工作要求，但不拘小节	
		领导会对工作绩效的要求较高，但不吹毛求疵	
		领导会对工作要求很高，但也会容许员工犯错误	
		领导能够意识到上下级之间的区别，但其不会表现出优越性	
		领导会与员工保持一定的距离，但距离恰当	
		领导会与员工有立场差异，但也会维护员工的尊严	
		领导会在工作中与员工保持距离，但也会与员工友好相处	
内部网络连带强度	赵娟和张炜（2015）	我经常和团队成员经常举办聚餐、联谊等交流活动	0.777
		我经常和团队成员举办一些讨论会	
		我经常和团队成员在公司食堂、休息室、走廊等场合交谈	
		我经常和团队成员通过电话、电子邮件、聊天软件等交流	

续表

变量	量表	测量题项	Cronbach's α 系数
外部网络连带强度	赵娟和张炜（2015）	我经常与团队外部成员因友情、社交等原因进行互动	0.787
		我经常通过电话、邮件、聊天软件等与团队外部成员交流	
		我经常与其他部门或组织因工作原因进行互动	
		我经常与供应商、科研院所及相关企业进行交流	
团队创造力	Shin & Zhou（2007）	本团队的工作成果具有创新性	0.733
		本团队完成了很多原创、实用的工作成果	
		本团队的工作成果表明他们能够创造性地运用现有资源和信息	
		本团队提出了许多创造性的解决问题的方案	

资料来源：根据相关文献整理。

悖论式领导（PL）：子研究二借鉴 Zhang 等（2015）编制的测量量表，共 22 个测量题项，包括自我中心和他人中心相统一、与员工保持松紧恰当的距离、既一视同仁对待下属又允许个性化、高标准和高灵活相结合、高控制和高自主相统一等 5 个维度。示例题项如"他/她会强调按照规章制度执行任务，但允许例外情况""他/她会控制重要的工作问题，但也允许员工处理细节"。

团队内部网络连带强度（TS）：子研究二借鉴赵娟和张炜（2015）编制的单维度测量量表，共 4 个测量题项。示例题项如"我经常和团队成员举办聚餐、联谊等交流活动""我经常和团队成员举办一些讨论会"。

团队外部网络连带强度（OTS）：子研究二借鉴赵娟和张炜（2015）编制的单维度测量量表，共 4 个测量题项。示例题项如"我经常与团队外部成员因友情、社交等原因进行互动""我经常与其他部门或组织因工作原因进行互动"。

团队创造力（TC）：子研究二借鉴 Shin 和 Zhou（2007）编制的单

维度测量量表，共4个测量题项。示例题项如"本团队的工作成果具有创新性""本团队提出了很多创造性的解决问题的方案"。

控制变量：以往研究表明，领导性别、年龄、工龄和教育程度等人口特征变量已被多次证实会对团队内部网络连带强度、外部网络连带强度及团队创造力产生影响（Cheng & Wang，2017；Carter et al.，2015），因此，子研究二将上述客观因素作为控制变量。

除控制变量以外，其余变量所选用的量表均采用1分（非常不同意）至5分（非常同意）的Likert 5点计分方式。

第四节　实证分析与结果

子研究二采用SPSS 22.0、LISREL 8.5和Mplus 6.11进行统计分析。具体而言，子研究二采用SPSS 22.0进行信度分析和描述性统计分析，采用LISREL 8.5进行验证性因子分析，采用Mplus 6.11用来进行Bootstrap检验。

一　信度与效度检验

子研究二选用的变量测量均具有较高的内部一致性。如表5—2所示，悖论式领导、团队内部网络连带强度、团队外部网络连带强度及团队创造力的Cronbach's α系数分别为0.865、0.777、0.787、0.733，均在0.7以上，因此所用测量量表均具有较好的信度。

子研究二对研究变量进行验证性因子分析以检验悖论式领导、团队内部网络连带强度、团队外部网络连带强度和团队创造力的区分效度。表5—3表明，与其他六个模型相比，四因子模型的各个指标均占优势，其拟合效果最好（χ^2/df = 2.082 < 3，RMSEA = 0.089 < 0.09，CFI = 0.918 > 0.9，NNFI = 0.911 > 0.9，IFI = 0.918 > 0.9），表明具有较好的区分效度。

表5—3 验证性因子分析结果

模型	组合	df	χ^2	χ^2/df	RMSEA	CFI	NNFI	IFI
四因子模型	PL, TS, OTS, TC	521	1084.71	2.082	0.089	0.918	0.911	0.918
三因子模型A	PL+TS, OTS, TC	524	1272.26	2.428	0.102	0.898	0.890	0.898
三因子模型B	PL, TS+OTS, TC	524	1134.00	2.164	0.093	0.910	0.904	0.910
三因子模型C	PL, TS, TC+OTS	524	1170.77	2.234	0.095	0.904	0.898	0.905
二因子模型A	PL+TS+TC, OTS	526	1425.57	2.710	0.112	0.882	0.874	0.882
二因子模型B	PL, OTS+TS+TC	526	1210.52	2.301	0.098	0.898	0.891	0.898
单因子模型	PL+TS+OTS+TC	527	1533.22	2.642	0.118	0.868	0.860	0.869

注：PL为悖论式领导，TS为团队内部网络连带强度，OTS为团队外部网络连带强度，TC为团队创造力；+为将2个因子合并为1个因子。

二 数据聚合检验与分析技术

鉴于子研究二针对团队层面进行分析，而除了团队创造力这一变量是以团队为基准来测量的，其余的变量均属于个体水平，因此需要将个体层面变量聚合到团队层面。在此之前，为了判断个体数据是否能达到聚合标准，需要进行组内一致性的检验，子研究二采用 Rwg 指标作为检验指标。结果表明，悖论式领导、团队内部网络连带强度和团队外部网络连带强度的 Rwg 均值分别为 0.963、0.736、0.982，符合 James 等（1993）建议的大于 0.70 的标准，表明团队内部成员的一致性程度较高。因此，子研究二认为可以将悖论式领导、团队内部网络连带强度和团队外部网络连带强度等相关数据从个体层面上聚合到团队层面。

三 描述性统计分析

子研究二涉及的各变量的均值、标准差与相关系数如表5—4所示。表5—4显示，悖论式领导与团队内部网络连带强度（$r=0.445$，$p<0.01$）、团队外部网络连带强度（$r=0.370$，$p<0.05$）以及团队创造力（$r=0.612$，$p<0.01$）都呈现出显著的正相关关系；与此同时，团队创造力与团队内部网络连带强度（$r=0.599$，$p<0.01$）、团队外部网络连带强度（$r=0.549$，$p<0.01$）也显著正相关，这为上述研究假设的检验提供了初步支持。

四 假设检验

子研究二采用层级回归方法来检验悖论式领导对团队创造力的正向影响，以及内部网络连带强度和外部网络连带强度在其中发挥的双重中介作用，分析结果见表5—5。M1、M2、M7 和 M8 将团队创造力作为因变量，M3 和 M4 将内部网络连带强度作为因变量，M5 和 M6 将外部网络连带强度作为因变量。

表 5—4　描述性统计分析结果

变量	均值	标准差	1	2	3	4	5	6	7	8
1. 领导性别	0.610	0.494	1							
2. 领导年龄	36.683	6.987	-0.095	1						
3. 领导教育程度	3.659	0.575	0.047	-0.376*	1					
4. 领导工龄	14.463	7.830	-0.127	0.978**	-0.447**	1				
5. 悖论式领导	4.287	0.295	0.047	-0.201	-0.015	-0.197	1			
6. 内部网络连带强度	3.866	0.427	0.171	-0.131	0.066	-0.154	0.445**	1		
7. 外部网络连带强度	3.874	0.449	0.225	-0.010	-0.107	-0.032	0.370*	0.449**	1	
8. 团队创造力	4.189	0.487	-0.075	-0.041	-0.143	-0.043	0.612**	0.599**	0.549**	1

注：** $p<0.01$，* $p<0.05$。

M2 结果显示,在 M1 的基础上加入悖论式领导,R2 由 0.049 增加到 0.410（$\Delta R2 = 0.361$，$p < 0.001$），由此说明,悖论式领导对团队创造力有显著的正向影响（$\beta = 0.618$，$p < 0.001$），H1 得到验证。

M4 结果显示,在 M3 的基础上加入悖论式领导,R2 由 0.052 增加到 0.231（$\Delta R2 = 0.179$，$p < 0.01$），由此说明,悖论式领导对内部网络连带强度有显著的正向影响（$\beta = 0.434$，$p < 0.01$），H2a 得到验证。同理可得,M6 结果显示,在 M5 的基础上加入悖论式领导,R2 由 0.083 增加到 0.208（$\Delta R^2 = 0.125$，$p < 0.05$），由此说明,悖论式领导对外部网络连带强度有显著的正向影响（$\beta = 0.363$，$p < 0.05$），H3a 得到验证。

M7 结果显示,在 M1 的基础上加入内部网络连带强度和外部网络连带强度,R2 由 0.049 增加到 0.531（$\Delta R2 = 0.482$，$p < 0.001$），由此说明,内部网络连带强度、外部网络连带强度对团队创造力有显著的正向影响（$\beta = 0.474$，$p < 0.01$、$\beta = 0.372$，$p < 0.01$），H2b、H3b 得到验证。

M8 结果显示,将所有变量同时放入回归方程中,R2 由 M2 的 0.410 增加到 0.625（$\Delta R2 = 0.215$，$p < 0.01$），悖论式领导对团队创造力的直接效应减少,但是仍然显著（$\beta = 0.359$，$p < 0.01$），由此说明,内部网络连带强度和外部网络连带强度在悖论式领导和团队创造力的关系中起部分中介作用,H2c、H3c 得到验证。

虽然内部网络连带强度和外部网络连带强度在悖论式领导和团队创造力之间的中介作用已通过验证,但由于子研究二的样本量偏小（团队总数为 41 个），有鉴于此,子研究二依据相关文献的建议,采用 Bootstrap 法进行再次检验。检验结果如表 5—6 所示,内部网络连带强度在悖论式领导和团队创造力之间的中介效应为 0.228；外部网络连带强度在悖论式领导和团队创造力之间的中介效应为 0.166；两条路径的中介作用在 95% 的置信区间下都不包括 0。由此说明,H2c、H3c 再次得到验证。双重中介模型路径分析结果如图 5—2 所示。

表5—5 中介效应检验分析结果

变量	内部网络连带强度		外部网络连带强度		团队创造力			
	M3	M4	M5	M6	M1	M2	M7	M8
领导性别	0.143	0.134	0.204	0.196	-0.097	-0.111	-0.241	-0.215
领导年龄	0.376	0.387	0.618	0.628	0.433	0.449	0.025	0.130
领导教育程度	-0.030	0.025	-0.196	-0.150	-0.238	-0.159	-0.150	-0.124
领导工龄	-0.517	-0.419	-0.698	-0.617	-0.585	-0.446	-0.080	-0.119
悖论式领导		0.434**		0.363*		0.618***		0.359**
内部网络连带强度							0.474**	0.353**
外部网络连带强度							0.372*	0.290*
R^2	0.052	0.231	0.083	0.208	0.049	0.410	0.531	0.625
ΔR^2		0.179**		0.125*		0.361***	0.482***	0.215**
F值	0.498	2.101+	0.813	1.835	0.464	4.872**	6.404***	7.846***

注：*** 表示 $p<0.001$，** 表示 $p<0.01$，* 表示 $p<0.05$，+ 表示 $p<0.1$。

表 5—6　　　　　　　　　Bootstrap 检验分析结果

中介效应		点估计	95% 置信区间		p
			上限	下限	
内部网络连带强度的中介效应	a1 * b1	0.228	0.067	0.517	0.041
外部网络连带强度的中介效应	a2 * b2	0.166	0.037	0.355	0.043
总体中介效应	a1 * b1 + a2 * b2	0.394	0.169	0.714	0.003
中介效应差值	a1 * b1-a2 * b2	0.063	-0.205	0.360	0.664

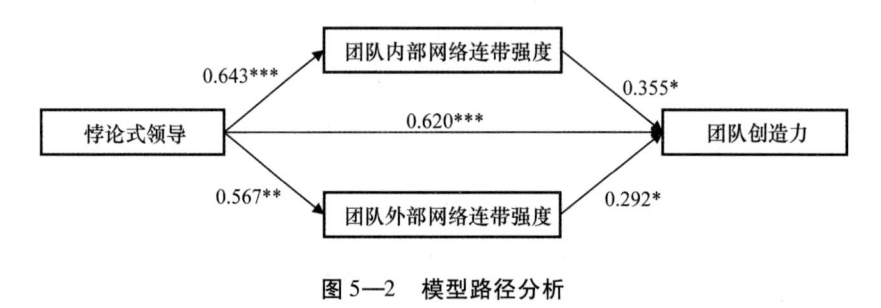

图 5—2　模型路径分析

注：*** 表示 $p < 0.001$，** 表示 $p < 0.01$，* 表示 $p < 0.05$。

虽然上文检验结果已经证实内部网络连带强度以及外部网络连带强度在悖论式领导影响团队创造力的过程中均发挥中介作用，却尚未考察两者的独特解释力。也就是说，内部网络连带强度和外部网络连带强度的中介作用孰强孰弱这一问题尚未明晰。有鉴于此，子研究二探索性地对悖论式领导影响团队创造力两条路径的中介效应进行比较分析，以明确两者解释效力的差异。

如表 5—6 所示，内部网络连带强度和外部网络连带强度的中介效应差值为 0.063，但 95% 的置信区间为 [-0.205, 0.360]，包含 0，这表明内部网络连带强度和外部网络连带强度的中介效应并不存在显著的差异。相关研究指出，在双重中介模型中，两个中介效应差值不显著代表两个中介变量在自变量和因变量间的中介作用相当（方杰等，2014）。因此，内部网络连带强度和外部网络连带强度在两者间的中介作用是相当的。悖论式领导有利于团队成员间内部联结的加强，而紧密的内部网络连带推动成员收获情感关怀和资源共享，促使团队创造力的提升；悖论式领导有助于成员与外部团队建立紧密的联系网络，而高强度的外部网络连带能实现更多有价值资源的互换和整合，同样促使团队创造力的提升。

第五节　结论与讨论

一　研究结论

悖论式领导作为一种新兴的领导方式，近年来受到了学者们的关注，其相关研究正处于起步阶段。虽然已有研究表明悖论式领导对员工的态度与行为具有积极的影响，但悖论式领导在团队层面上的影响效应研究却不多见，尤其是悖论式领导影响团队创造力的作用机制尚未明晰。

子研究二基于社会网络理论，并以团队内部网络连带强度和团队外部网络连带强度为中介变量，建构并验证了悖论式领导影响团队创造力的双重中介模型，旨在揭示悖论式领导行为对团队创造力的作用机制。基于对宁波和常州两地 6 家高新技术企业的 41 个团队的问卷调查数据，子研究二结果表明，悖论式领导与团队创造力之间存在显著的正相关关系；团队内部网络连带强度和团队外部网络连带强度在悖论式领导与团队创造力之间发挥中介作用。此外，经过对两种中介作用效果的比较后发现，两者对悖论式领导影响团队创造力机理的解释效力相当。该结论进一步丰富了社会网络理论在领导行为及其有效性研究中的应用，拓展了悖论式领导作用机制的研究成果，也为企业有效提升团队创造力提供了参考。

二　理论贡献

子研究二诠释了悖论式领导如何通过团队网络连带强度进而对团队

创造力产生影响的作用路径，具有一定的理论贡献。

首先，子研究二着眼于复杂情境下新兴的领导风格——悖论式领导，探讨悖论式领导对团队创造力的影响，拓展了悖论式领导有效性的研究层次。以往相关文献立足于个体层面对悖论式领导的有效性进行探讨，相关团队层面的研究未得到足够重视（Zhang et al., 2015）。子研究二证实了悖论式领导能辩证综合地看待并有效应对团队创新过程中存在的矛盾，对团队创造力具有积极影响，这一结论将其有效性研究从个体层面延伸至团队层面，回应了 Zhang 等（2015）所呼吁的未来研究应该从更多层面来考察悖论式领导的有效性研究的倡议，为未来开展悖论式领导在团队层面上的有效性研究奠定了基础。

其次，子研究二从社会网络理论视角来揭示悖论式领导影响团队创造力的作用机制，丰富了领导行为影响团队创造力作用机制的研究视角。在以往领导行为和团队创造力的研究中，多从社会认知理论和自我决定理论等传统心理学视角进行解释（Bratnicka，2015；张建卫等，2018），难以全面解释其中的影响机理。子研究二从社会网络理论出发，揭示悖论式领导对团队创造力的过程机制，加深了对悖论式领导作用于团队创造力这一过程的理解，突破了领导力—创造力研究视角的局限性，加深了对领导行为影响团队创造力内在机制的认识，也为后续研究提供新的解释路径，从而丰富了该领域的理论研究。

最后，子研究二不仅构建了团队内部网络连带强度与团队外部网络连带强度在悖论式领导影响团队创造力之间的双中介模型，还探索性地对团队内部网络连带强度和团队外部网络连带强度的中介效应进行比较，证实了两种路径具有同等解释效力。一方面，领导者强化团队成员间内部联结，而紧密的内部网络连带与资源和信息共享相关（龙静，2015），促使成员更努力提升团队创造力水平；另一方面，领导者有助于外部网络连带的形成，而外部网络能影响资源和信息的获取效果（龙静，2015），同样促使团队创造力的提升。这深化了人们对不同类型团队社会网络作用机制的认识，也为今后社会网络相关研究提供了整合视角。

三 实践启示

子研究二解析了悖论式领导影响团队创造力的社会网络机制，这对团队管理实践也具有指导意义。

第一，一方面，组织应该对管理者开展针对悖论式领导技能的培训课程，并且在招聘、甄选、考核管理者时，将是否具有"悖论整合"思维作为一个重要的评价指标；另一方面，领导者应意识到管理过程中的矛盾和冲突，培养自身协调和平衡能力，灵活运用悖论思维有效解决创新问题。为了更高效地化解创新过程中的对立困境，领导者必须从辩证的视角协调两种相悖的行为导向，从而应对团队创新过程中的新颖和实用矛盾，促使团队创造力稳步提升。

第二，领导者要深刻认识到团队社会网络对团队创造力的积极作用，团队成员之间良好的网络关系可以促进团队内部的信息交流，从而更好地寻求相关的信息来源，因此，领导者要提高团队内部网络的构建成本，重视团队内部文化建设。在日常的团队管理中，悖论式领导应注重营造和谐的工作氛围，通过开展团队建设活动等方式在工作之余为成员创造更多接触机会，鼓励彼此间的交流沟通，团队成员也可以通过团队内部网络获取复杂的隐性资源，深化对自己专长的掌握程度，并提升团队成员之间的信任，从而推动成员收获情感关怀和资源共享，进一步推进团队创造力的提升。

第三，在知识经济与开放式创新时代，团队外部网络是企业应对复杂变化与市场竞争的重要途径。因此，领导者也要提升对外部网络的关注度，加强团队外部网络的构建。悖论式领导应为成员创造更多与外部接触的机会，引导成员与外部团体进行互动，将外界知识信息传递至内部，实现团队的资源共享与价值共创，使其积极与其他团队进行事务对接，从而有利于加强与外界主体的互动以获取新的知识资源，并整合内外部知识来促进知识创造。由此，较强的外部联结为团队实现外部资源获取和最大化利用提供了保障和支持，促使团队创造力的逐步提升。

第六章　CEO悖论式领导行为对组织创造力的驱动机制

第一节　问题的提出

本章为子研究三的内容，聚焦于探讨CEO悖论式领导行为对组织创造力的驱动机制。随着外部环境日益复杂化，企业正由单一、稳定、竞争的态势逐渐向多极、动态、竞合的局面转变，迫切需要提升组织创造力，以增强企业竞争力。创造力已经成为支撑企业跨越式发展的核心要素，仅以新颖来诠释创造力，不可避免会对企业产生"华而不实"的负面影响（孙永磊等，2018）。此外，组织创造力也绝非单一个体或者团队创造力的简单汇总，需要彼此协同升华（杨洋等，2020）。因此，当企业面临越来越多的如新颖与实用等悖论困境时，采用传统的领导风格可能导致组织偏离目标方向，顾此失彼（孙柯意和张博坚，2019）。为应对上述问题，Zhang等（2015）提出的悖论式领导逐渐引起管理者和学者们的广泛关注。

悖论式领导秉持"既—又"的思维逻辑，协同、柔性地处理组织悖论问题，满足组织中的各种矛盾需求。随着竞争环境日益呈现动态化和复杂化，越来越多的企业面临着诸如"效率与柔性""集权与分权""回溯性与前瞻性"等两难问题，能够综合运用悖论整合思维来有效处理组织悖论问题的领导者无疑大有用武之地。悖论式领导打破了传统单情境领导风格的限制性，秉承"两者皆"的思维模式，运用悖论思维有效处理组织运营中遇到的张力问题。那么，CEO的悖论式领导行为是否会有助于协调各种矛盾进而对组织创造力产生影响呢？如果产生影响，那内在的作用机理又是什么？对上述问题的解答，无疑为组织创造力的提升提供一个新视角的解读。

CEO悖论式领导由于具有双元张力特质，为组织中的创造性活动提供了适宜土壤（Zhang et al.，2015）。现有研究主要探讨了悖论式领导在个体层面上的影响效应（李锡元等，2018；姜平等，2019；秦伟平等，2020；Franken等，2020），少数研究就悖论式领导在团队层面上的影响效应开展了探讨（罗瑾琏等，2017；花常花等，2021；Ren & Zhu，2021），而组织层面悖论式领导的有效性研究却比较鲜见（朱颖俊等，2019；谭乐等，2020）。近年来，有学者开始关注悖论式领导在组织创新中的运用，Knight和Harvey等（2015）将组织创新分为探索式创新和利用式创新，并发现这两者组织创新之间存在张力与冲突，具体包括知识张力、学习张力和动机张力等，认为领导者需要协调和整合悖论矛盾的两端，以此激发组织创造力。虽然学者们证实了领导者的悖论特质可以帮助领导者处理组织中的创新矛盾，但尚未有研究探讨CEO悖论式领导对组织创造力的驱动机制。

回顾组织创造力的相关研究发现，从外部环境获取相关知识对加快组织创造力进程至关重要（Hussain et al.，2017）。组织通过扩大知识搜索宽度或深度有利于新知识的获取、积累和创造，能够丰富企业的知识基础，进而提高企业创新能力（秦鹏飞等，2019）。然而，知识宽度搜索和知识深度搜索类似于企业中的探索与利用活动（Chiang & Hung，2010），在知识搜寻过程中两者之间存在张力矛盾，一旦两者失衡便会抑制组织创造力（March，1991）。组织双元理论为上述问题提供了解决方案，即协同知识搜索宽度与知识搜索深度使两者趋于平衡，有助于避免陷入低效的"创新陷阱"（梁阜和张志鑫，

2019）。悖论式领导作为一种有效协调矛盾的领导风格，在缓解知识搜索宽度与知识搜索深度之间的张力上具有较大优势（王朝晖，2018）。借鉴 Cao 等（2009）、梁阜和张志鑫（2019）的研究，子研究三将知识搜索宽度和知识搜索深度的二元平衡区分为知识搜索联合平衡与知识搜索匹配平衡，前者指搜索宽度与搜索深度在状态上的组合互补，后者指搜索深度与搜索宽度在执行强度水平上保持平衡。据此，子研究三拟将知识搜索平衡纳入研究模型，考察其在 CEO 悖论式领导与组织创造力之间的传递作用。

综上所述，子研究三拟以组织双元理论为理论基础，以知识搜索平衡为中介变量，构建并验证"CEO 悖论式领导—知识搜索平衡—组织创造力"的理论模型，进而揭示 CEO 悖论式领导影响组织创造力的内在作用机制，以期丰富悖论式领导在组织层次上的有效性研究，同时为企业提升组织创造力提供理论依据与实践参考[①]。

第二节 理论基础与研究假设

一 理论基础

（一）悖论式领导

悖论思想的理论根源可追溯到西方的古希腊时期和中国的春秋战国时期（朱颖俊等，2019）。在西方，悖论是由"Para（与……相反）"和"Doxa（意见）"两个词语组合而成，指自相矛盾的恒假命题（朱颖俊等，2019）。在中国，悖论思想起源于道家的"阴—阳"哲学，意指阴阳两极既对立又相互依赖、相互转化（Zhang et al., 2015）。直到 20 世纪 80 年代，学者们才逐渐开始对组织情境下的悖论问题展开讨论，发现悖

[①] 参见彭伟、包希慧《CEO 悖论式领导如何激发组织创造力？——知识搜索平衡的中介作用》，《常州大学学报》（社会科学版）2021 年第 3 期。

论思想为解释组织变革和多元性问题提供了新的理论框架（刘燕君，2019）。组织管理中的悖论思想指采取"两者都"的思维逻辑解决实际问题（Smith & Lewis，2011）。由领导情境和权变理论可知，领导者可以通过选择矛盾事物的一端获得短期效益（罗瑾琏等，2018）。然而，企业若要在市场竞争中获得持续的竞争优势，需要领导者同时接受和处理决策的矛盾两端。悖论式领导是对组织双元理论和复杂领导理论的延伸，能够灵活转变领导风格，进而有效整合组织中的"矛"与"盾"（苏勇和雷霆，2018）。值得注意的是，CEO高层领导者对企业的经营成败和长期可持续发展负有最直接的责任（王晨曦，2017），必须解决更多战略悖论（Zhang & Han，2019）。因而，CEO领导者更需要秉持悖论思维应对各种日益复杂化、动态化的矛盾性问题，并对其做出恰当的权衡和决策。

近年来，用悖论理论解释组织中不同层次认知问题的研究呈逐渐上升趋势（Smith & Lewis，2011）。Zhang等（2015）率先融合东方"阴—阳"哲学，认为悖论式领导是一种综合运用"Both and"而不是"Either or"的悖论思维，满足组织结构和员工需求的领导行为，主要包括"以自我为中心和以他人为中心""既维持亲密关系又保持距离""对待下属一视同仁且允许其保持个性化""强调严格遵循工作要求，又允许灵活性""保持自身决策控制地位又适当授权"5个维度。随后，Zhang和Han（2019）进一步以组织中的高层领导为研究对象，认为悖论式领导指领导者表现出看似相互竞争实则相互关联的领导行为，旨在同时或者随时间变化满足企业发展的竞争需求。综上所述，悖论式领导的核心内涵是采用"既A又B"的结构来执行"二者皆"逻辑（谭乐等，2020）。

（二）知识搜索平衡

知识搜索是组织科学、行为科学等诸多学科的核心概念，其内涵是组织通过搜索与获取外部知识来处理组织遇到的不确定性问题。在目前开放性创新的环境下，知识搜索被认为是组织创新的一个重要环节（West & Bogers，2013）。Huber（1991）认为，知识搜索行为是企业为了解决组织中遇到的复杂多样的问题而进行的外部知识的搜寻活动。通过梳理发现，学者们对于知识搜索的维度进行了不同的划分。Grimpe 和 Sofka（2009）基于搜索知识的不同类型，将知识搜索划分为科学知识搜索、技术知识搜索与市场知识搜索。March 等（1991）基于组织学习的方式，将知识搜索划分为利用式搜索和探索式搜索。Katila 和 Ahuja（2002）以及 Laursen 和 Salter（2006）则根据搜索行为的不同，将知识搜索分为搜索宽度和搜索深度。

通过文献梳理发现，学者们就知识搜索的有效性研究取得丰富的研究成果，研究证明知识搜索会显著影响组织创新（Katila & Ahuja, 2002；Laursen & Salter, 2006；Hwang & Lee, 2010）。然而随着研究的不断深入，有学者发现知识搜索宽度与知识搜索深度两者之间存在矛盾与冲突，搜索宽度与搜索深度之间要保持均衡，若是有一方过度就会导致知识搜索失衡，不利于组织对外部知识的转化，从而抑制组织创新（李生校，2013）。简言之，知识搜索宽度和知识搜索深度两者是相互矛盾的关系，因此组织在创新实践中要解决两者之间的资源分配问题（彭伟等，2019）。通过剖析组织知识搜索平衡的形成机理，学者们尝试将"组织双元性"思想引入知识搜索的分析框架。Cao 等（2009）认为组织双元平衡包含"联合平衡"与"匹配平衡"两个维度。如组织的正式层次制度可以促进资源在组织内部流动，而非正式关系则有利于组织获得外部资源，二者互为补充，保证组织经营活动的顺利开展（刘洋等，2011），体现了双元平衡的联合性。组织通过研发新技术与外界开展合作共同开发新产品，并维持组织自身运营与核心能力，体现了双元平衡的匹配性。子研究三在 Cao 等（2009）研究的基础上，将知识搜索平衡划分为联合平衡与匹配平衡，并构建了一个双中介模型，探讨知识搜索联合平衡与知识搜索匹配平衡在悖论式领导影响组织创造力过程中发挥的传导机制。

二 研究假设

(一) CEO 悖论式领导行为与组织创造力

组织创造力是指在一个复杂的社会系统下，一群个体共同创造有价值的、有用的新产品、新服务、新工作流程等成果（Woodman et al., 1993）。在面对外部日益复杂和动态的环境时，组织创造力所包含的新颖性和实用性矛盾也日益凸显出来（孙永磊和雷培莉，2018）。企业若仅注重产品或服务新奇与独特而忽视其有效与实用，组织创造力的优越性就无从体现（孙永磊等，2016）。悖论式领导秉承"两者皆"的思维逻辑，能够有效解决组织中存在的悖论问题，有助于应对上述提升组织创造力过程中面临的两难困境。以往研究证实了兼具悖论、整合思维的悖论式领导行为能有效提升员工创造力和团队创新（苏勇和雷霆，2018；罗瑾琏等，2017），子研究三进一步将研究视角拓展至组织层面，推测 CEO 悖论式领导行为对组织创造力具有显著的促进作用。

首先，CEO 在组织的短期决策及长期发展中发挥着至关重要的作用（Hambrick & Mason, 1984），CEO 悖论式领导通过关注短期效率及组织长期发展提升组织创造力，具体体现为短期内依靠新颖的创意吸引市场，注重提升产品或服务在长期发展中的实用性价值，注重有效协调组织创造力提升过程中的双重悖论属性。其次，CEO 悖论式领导摒弃"非黑即白"的思想观念，同时满足股东与利益相关主体的利益诉求，并在此基础上增强组织创造性实力。再次，CEO 悖论式领导既注重组织内部规范的稳定性，有助于提升产品和服务的实用性，避免创造性资源的浪费；又允许保持组织内部规范的灵活性，有助于形成轻松、自由的组织文化氛围，此种环境能够使员工将个人创造力融入组织创造性活动当中。最后，组织的创造性活动不仅受到企业自身环境的影响，也受到外部宏观环境的重要影响（盛明明，2016）。CEO 悖论式领导执行宏观环境的政策方针，也在一定程度上影响着政策方针的制定（Zhang &

Han，2019），为组织创新、创造提供适宜的环境。CEO 悖论式领导既主张遵守政府政策、市场规范，重视实用的产品与稳定的服务（Zhang & Han，2019），又以自身影响力推动政策方针的制定，继而研发出独具特色、新颖的成果。由此，子研究三提出如下假设：

H1：CEO 悖论式领导行为对组织创造力具有正向影响。

（二）知识搜索联合平衡的中介作用

在组织资源约束和自我强化机制的共同作用下，知识搜索宽度和知识搜索深度之间存在张力，这种张力驱使两种搜索行为走向失衡状态（Gupta & Smith，2006）。也就是说，搜索宽度和搜索深度之间是既相互竞争又相互补充的关系，使得企业在创新实践中不得不解决知识搜索宽度与知识搜索深度之间的资源分配问题。悖论式领导风格取向的 CEO 既对外部环境变化保持敏感，又能以"两者都"的态度对待组织方针战略，有效平衡组织中的知识搜索宽度与知识搜索深度行为，使两者实现互补、协同。

一方面，CEO 悖论式领导主张既要顺应外部环境变化又要保持灵活性，以使组织能够自主探索外部知识渠道来获取异质性知识（瞿孙平等，2018）。企业执行宏观政策的同时发挥自身影响力，有效削弱了搜索宽度的扩大给企业带来的不确定性，降低了分辨高质量信息的影响。同时，CEO 悖论式领导重视组织体系内部的灵活性，促使组织成员间进行信息交流，弥补了宽度搜索外部知识带来的弊端（芮正云等，2017）。另一方面，CEO 悖论式领导注重短期效率与长期发展的统一，使组织整体形成一致的价值观，从而形成集体主义文化观念（胡文安等，2017）。为防止组织对现有知识的深度利用而使企业陷入核心刚性陷阱，CEO 悖论式领导将悖论思维运用于组织之中，使得矛盾双方在更高层次上融合（罗瑾琏等，2018）。

综上所述，CEO 悖论式领导有助于知识搜索宽度和深度两种搜索策略的有效融合，能够使企业精准利用信息，避免陷入失败陷阱，从而促进知识搜索联合平衡。子研究三提出如下假设：

H2a：CEO悖论式领导对知识搜索联合平衡具有正向影响。

知识搜索联合平衡需要组织在搜索宽度和搜索深度上保持互补，强调两者的共同交互作用。根据组织双元理论，若依赖单一的知识搜索策略，在一定程度上会阻碍组织创造力的大幅度提升（Zahra & George，2002）。一方面，知识搜索宽度不利于组织对特定领域进行知识整合、聚焦和钻研，难以发现新颖的、有针对性的搜索方向；而知识搜索深度恰好对知识进行频繁和反复地利用，形成了序列化、结构化和模块化的知识资源使用规则和程序（梁阜和张志鑫，2019），从而有利于组织内部知识成果转化，发挥知识资源效用最大化，进而提升组织创造力。另一方面，不断加大知识搜索深度使得组织本身与外界信息的熟悉程度加深，加快高质量信息以及隐性知识的转移（芮正云等，2017），有利于企业预测技术发展趋势并加速企业技能研发的速度（阮爱君和金珺，2016），提升组织产品或服务的创新性。此外，若只关注知识搜索深度，企业对外部竞争产品和市场就无法形成敏锐的洞察力，难以激发和把握创新机会（苏道明等，2017）。宽度搜索破除以往闭门造车式的传统发展模式，以开放的姿态融合企业内外部知识资源，打破刚性藩篱，在组织中形成开放式创造模式，全面推进组织创造力的稳步提升。

综合来讲，加深知识搜索深度能挖掘并熟悉企业内部的核心资源，而扩展知识搜索宽度可以使企业获得更广泛、更全面的创新资源，两者的交互作用有利于缓解冗余资源与知识枯竭等困境，进而促进组织创造力的提升。据此，子研究三提出如下假设：

H2b：知识搜索联合平衡对组织创造力具有正向影响。

悖论式领导秉承"两者都"的辩证思维理念，能够针对矛盾对立双方提出创造性的解决方案，实现多元复杂因素的有效整合。在知识搜索宽度与知识搜索深度的联合平衡问题上，CEO悖论式领导能够同时兼顾两者共同在组织中发挥作用，既鼓励企业加深对核心能力的深度搜索,又提倡扩大知识搜索范围避免企业踏入刚性陷阱,从而实现知识搜索宽度与知识搜索深度的有效互补。当知识搜索处于联合平衡状态时,可以弥补组织获取单一、特定知识资源的缺点以及减少组织面临的不确定性,为企业在新兴领域提供创新机会,并最终实现强化组织创造力的效果。据此,子研究三提出如下假设:

H2c:知识搜索联合平衡在 CEO 悖论式领导对组织创造力的影响中发挥中介作用。

(三) 知识搜索匹配平衡的中介作用

知识搜索宽度有利于企业创新,而一旦超过临界点便会抑制创新;同理,过度倚重深度搜索也会产生负面影响(阮爱君和金珺,2016),即高水平的搜索宽度应该与同等水平的搜索深度相匹配。CEO 悖论式领导的张力管理方式恰好为搜索宽度与深度的匹配平衡提供了解决方案。一方面,CEO 悖论式领导注重组织内部稳定与外部信息流通。在知识搜索策略方面,CEO 悖论式领导既要求组织增强对核心创新知识或技术的理解运用,纵深挖掘已有成熟技术的价值,以提高知识搜索深度水平;又要求企业进一步增加与外界进行知识资源的交流与共享,突破组织创新瓶颈,拓宽外部资源搜索渠道(Lin & Mcdonough,2011)。据此,组织得以实现较高水平的知识搜索深度与知识搜索宽度策略的协调、匹配。另一方面,CEO 悖论式领导在企业运行过程中既会尊重股东诉求,又会满足各利益相关主体实现价值的要求(Zhang & Han,2019)。CEO 悖论式领导会以高标准严格要求组织中的各级人员,同时采用高灵活策略激励组织成员。高标准策略要求组织成员深度整合组织核心知识,使其发挥最大效用;高灵活策略则需要组织成员以开放的姿态广泛探寻外部资源,丰富组织知识要素数量,强化知识资源的重新组合与利用,以此在较高层次上达成两种搜索行为程度的匹配平衡,避免"此消彼长"的情况发生。由此,子研究三提出如下假设:

H3a：CEO悖论式领导对知识搜索匹配平衡具有正向影响。

知识搜索匹配平衡指组织在对两种搜索策略执行程度上保持相对一致（梁阜和张志鑫，2019），强调二者的协同作用。对于组织的创新活动来讲，企业若能够有效协调两者之间的"阴阳"平衡，则有利于企业自身创造性的提升（梁阜和张志鑫，2019），因而知识搜索宽度与知识搜索深度之间的匹配平衡有利于提高组织创造力。

知识搜索宽度与知识搜索深度之间的匹配平衡可以有效规避组织创新退化的风险，进而使组织创造力得到提升。一方面，企业知识搜索的范围越大，搜集到的不同类型的知识、资源等也愈会增加（秦鹏飞等，2019），整合的难度也就大。而知识深度搜寻恰恰可以将搜索的知识与核心创造力进行匹配，协调宽度搜索产生的异质性资源，将其充分运用到组织中去，增强组织整合、再创造的能力。另一方面，若企业过度关注知识搜索深度而弱化知识搜索宽度，易使组织事业受到限制，也难以适应当下盛行的"跨界"思维，从而会面临较大的"知识过时"风险（Gupta et al.，2006）。此时，适度地拓展外部知识能够有效促进组织成员创新想法的产生，利于企业开发新产品、新服务等创造性活动，组织创造力的发挥也随之得到大幅度改善。

综上所述，加深知识搜索深度能够帮助组织更有针对性地吸收资源，减少知识重构成本，同时，增加知识搜索宽度能够优化资源配置，有利于组织获取创新灵感。因此，组织保持同等水平的知识搜索宽度与知识搜索深度，能增加组织有效知识储备，促进组织创造力的提升。由此，子研究三提出如下假设：

H3b：知识搜索匹配平衡对组织创造力具有正向影响。

具有悖论思维的CEO不仅能够满足组织的张力性需求，而且可以提升组织战略的敏感性和柔性（Lewis et al.，2014）。CEO悖论式领导既鼓励组织实现高绩效目标，又主张适度处理组织中的矛盾、张力，使得组织成员能够有效协调知识搜索宽度与知识搜索深度，把握好"度"

的问题，实现知识搜索匹配平衡。知识搜索宽度与深度的协调、匹配，充分调动与整合组织内外部知识资源，激发组织成员创造活力，同时避免各类创新陷阱，进而从组织层面提升创造力水平。由此，子研究三提出如下假设：

H3c：知识搜索匹配平衡在CEO悖论式领导对组织创造力的影响中起中介作用。

综上所述，子研究三提出的系列研究假设汇总如表6—1所示，据此构建的理论模型如图6—1所示。

表6—1　　　　　　　子研究三提出的系列假设汇总

序号	内容
H1	CEO悖论式领导行为对组织创造力具有正向影响。
H2a	CEO悖论式领导对知识搜索联合平衡具有正向影响。
H2b	知识搜索联合平衡对组织创造力具有正向影响。
H2c	知识搜索联合平衡在CEO悖论式领导对组织创造力的影响中发挥中介作用。
H3a	CEO悖论式领导对知识搜索匹配平衡具有正向影响。
H3b	知识搜索匹配平衡对组织创造力具有正向影响。
H3c	知识搜索匹配平衡在CEO悖论式领导对组织创造力的影响中起中介作用。

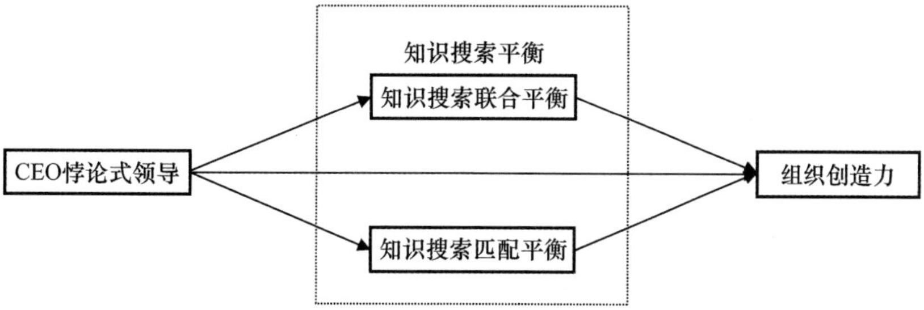

图6—1　CEO悖论式领导行为影响组织创造力的作用机制模型

第三节 研究样本与变量测量

一 研究样本

子研究三采取问卷调查法来收集数据,调查样本主要来自长三角等地区的企业。在当地政府部门以及行业协会等单位的大力支持下,且征得被调查企业负责人的同意后,采用现场和 E-mail 发放两种方式发放问卷。为了确保调查数据的有效性和真实性,本研究采用了 3 个必要措施:一是确认调查对象对企业高层领导者有所了解,充分了解企业性质、所属行业、企业竞争优势及企业创造力表现。二是问卷采用不记名方式,避免填答者隐瞒其真实想法。三是舍弃收集到的无效问卷。对于填答不完整或明显填答不规范的问卷予以剔除。

此次调查共发放 250 份问卷,最终得到有效样本 140 份,有效回收率为 56%。样本企业涵盖纺织服装、机械制造、化工、生物医药等多个行业领域,其中化工行业占 24.30%,机械制造行业占 20.00%,纺织服装行业占 19.29%,电子信息行业占 5%;企业年龄在 10 年之内的占比 42.14%,大于 10 年的占 57.86%;企业规模方面,50 人及以下的企业占 17.14%,51—200 人的企业占 17.86%,201—500 人的企业占 14.29%,501—1000 人的企业占 22.14%,1000 人以上的企业占 28.57%。

二 变量测量

子研究三主要采取比较成熟的量表对悖论式领导、知识搜索、组织创造力进行量表,具体如表 6—2 所示。

表6—2　　　　　　　　　　子研究三采用的量表

变量	量表	测量题项	Cronbach's α 系数
悖论式领导	Zhang & Han（2019）	公司CEO在考虑未来业务发展需要的同时，会确保当前业务的运作效率	0.895
		公司CEO会同时强调公司业务的短期盈利能力和长期可持续发展	
		公司CEO既会着手提高当前商业模式的有效性，也会引入具有发展前景的新模式	
		公司CEO既会确保现有业务的当前利润，但也坚持探索具有潜在长期收益的新业务	
		公司CEO既会不断开发当前成熟的业务，同时也探索未来具有增长潜力的业务	
		公司CEO既会遵守政府政策，也会影响政策制定的方向	
		公司CEO既会维护市场规则，但也推动创建新规则	
		公司CEO既会尊重行业规则，同时积极推动行业规则的变革和创新	
		公司CEO既会跟随市场力量，同时也创造市场力量	
		公司CEO既会顺从外部环境中的集体力量，也善于改变这些力量	
		公司CEO既强调内部组织的规范性，也强调组织体系的灵活性	
		公司CEO既注重内部组织管理的程序化，也敢于不断调整和优化	
		公司CEO既注重内部组织方法的正规化，但也允许方法之间的灵活转换	
		公司CEO既强调组织决策过程要谨慎，同时也强调快速适应外部的变化	
		公司CEO既强调要稳定组织结构，同时也会根据企业的发展调整或重建组织结构	
		公司CEO强调股东与利益相关者（上游、下游、竞争对手、员工、政府等）之间的资源竞争性，同时也强调不同利益相关者群体之间的和谐共存	

续表

变量	量表	测量题项	Cronbach's α 系数
悖论式领导	Zhang & Han（2019）	公司CEO将公司视为一个独立的单位，同时也将公司视为利益相关者群体的一部分	0.895
		公司CEO既会站在股东的角度来考虑，也会站在利益相关者群体的角度来考虑	
		公司CEO决策既体现股东利益与利益相关者利益的对立性，又会寻求二者的一致性	
		公司CEO既追求企业的独特价值，也十分关注公司对利益相关者群体的价值增值	
知识搜索宽度	苏道明等（2017）	公司对知识的搜索广泛使用了多个搜索与交流通道、媒介	0.710
		公司能搜索到研发、制造、营销等多个领域的知识	
		公司能搜索到技术、管理等多个方面的知识	
		公司在对知识的搜索中获取了较多的知识数量	
知识搜索深度	苏道明等（2017）	公司能强烈而密集的使用一些特定的搜索通道进行知识搜索	0.725
		公司能深度搜索并提取研发、制造、营销等特定领域知识	
		公司能深度搜索并提取技术或管理等特定方面的知识	
		公司能深度搜索并利用研发或制造或营销等特定领域知识	
		公司能深度搜索并利用技术或管理等特定方面的知识	
组织创造力	Lee等（2003）	公司已经产生许多新颖有用的想法（服务/产品）	0.715
		公司培养了有利于产生新颖和有用的想法（服务/产品）的环境	
		公司花费了许多时间来生产新颖和有用的想法（服务/产品）	
		公司认为生产新颖和有用的想法是重要的活动	
		公司积极生产新颖和有用的想法	

资料来源：根据相关文献整理。

悖论式领导：该变量的测量采用Zhang和Han（2019）所开发的高

管悖论式领导行为量表，共包含4个维度，20个题项。示例题项如"公司CEO在考虑未来业务发展需要的同时，会确保当前业务的运作效率""公司CEO既追求企业的独特价值，也十分关注公司对利益相关者群体的价值增值"等。

知识搜索：借鉴苏道明等（2017）采用的量表，用4个题项来测量知识搜索宽度，用5个题项来测量知识搜索深度。知识搜索宽度示例题项如"公司对知识搜索广泛使用了多个搜索与交流渠道""公司能搜索技术、管理等多个方面的知识"等。知识搜索深度示例题项如"公司能强烈而密集地使用特定的一些搜索渠道搜索知识""公司能深度搜索并提取技术或管理等特定领域的知识"等。知识搜索宽度和知识搜索深度量表的Cronbach's α值分别为0.776和0.844。借鉴Cao等（2009）的计算方式，知识搜索联合平衡＝知识搜索宽度×知识搜索深度；知识搜索匹配平衡＝5－｜知识搜索宽度—知识搜索深度｜。

组织创造力：参照Lee等（2003）研究的测量量表，共5个题项。示例题项如"公司已经产生很多新颖且有用的想法（服务/产品）""公司培养了有利于产生新颖和有用的想法（服务/产品）的环境""公司认为生产新颖和有用的想法是重要的活动"等。

控制变量：以往研究表明组织方面的企业年龄、企业规模、行业领域对知识搜索联合平衡、知识搜索匹配平衡以及组织创造力具有影响（梁阜和张志鑫，2019）。因此，子研究三采用上述客观因素作为控制变量。其中企业年龄以问卷调查年份与公司成立年份的差值表示，企业规模用员工人数来衡量（"1"＝50人及以下，"2"＝51—200人，"3"＝201—500人，"4"＝501—1000人，"5"＝1000人以上）。

除控制变量外，其余变量表均采用李克特5级量表，1—5分别表示"非常不同意"到"非常同意"。

第四节　实证分析与结果

一　验证性因子分析

由于 CEO 悖论式领导、知识搜索宽度、知识搜索深度、组织创造力四个变量是在同一时间评价的，子研究三采用 Lisrel 9.1 分析软件开展验证性因子分析，以检验悖论式领导、知识搜索宽度、知识搜索深度、组织创造力的区分效度。分析结果表明，与其他因子模型比较发现，四因子模型的拟合状况较好（$\chi^2/df = 1.443 < 3$，$RMSEA = 0.056 < 0.080$，$CFI = 0.976 > 0.900$，$NNFI = 0.972 > 0.900$，$IFI = 0.977 > 0.900$），这表明子研究三涉及的 4 个变量之间具有良好的区分效度。

二　描述性统计和相关分析

子研究三对各变量进行了描述性统计分析及变量间的相关性分析，结果如表 6—3 所示。表 6—3 显示，CEO 悖论式领导与知识搜索宽度（$r = 0.606$，$p < 0.001$）、知识搜索深度（$r = 0.623$，$p < 0.001$）以及组织创造力（$r = 0.709$，$p < 0.001$）呈显著正相关关系；与此同时，组织创造力与知识搜索宽度（$r = 0.566$，$p < 0.001$）和知识搜索深度（$r = 0.686$，$p < 0.001$）具有显著的正相关关系。这些结果为子研究三的研究假设提供了初步支持。

三　假设检验

子研究三采用层级回归分析方法检验 CEO 悖论式领导对组织创造力的正向影响，以及知识搜索联合平衡与知识搜索匹配平衡在其中发挥的双重中介作用，结果如表 6—4 所示。M1、M2、M7、M8 是以组织创造力为因变量，M3 和 M4 将知识搜索联合平衡作为因变量，M5 和 M6 将知识搜索匹配平衡作为因变量。

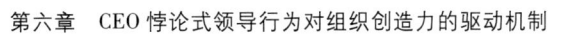

表6—3 描述性统计和相关性分析结果

变量	均值	标准差	1	2	3	4	5	6
1 企业年龄	15.1671	14.18	1					
2 企业规模	3.27	1.47	0.274**	1				
3 行业领域	3.89	2.64	0.139	−0.098	1			
4 CEO悖论式领导	4.19	0.45	−0.030	0.058	−0.375***	1		
5 知识搜索宽度	4.20	0.58	−0.019	0.080	−0.297***	0.606***	1	
6 知识搜索深度	4.11	0.53	0.057	0.105	−0.329***	0.623***	0.696***	1
7 组织创造力	4.15	0.57	0.028	0.047	−0.324***	0.709***	0.566***	0.686***

注：*** $p<0.001$，** $p<0.01$。

表6—4 中介效应检验分析结果

变量	知识搜索联合平衡		知识搜索匹配平衡		组织创造力			
	M3	M4	M5	M6	M1	M2	M7	M8
企业年龄	0.054	0.043	-0.026	-0.031	0.077	0.065	0.054	0.059
企业规模	0.037	0.027	-0.006	-0.011	-0.007	-0.019	-0.026	-0.024
行业领域	-0.318***	-0.091	-0.136	-0.026	-0.335***	-0.078	-0.129	-0.046
CEO悖论式领导		0.604***		0.292**		0.682***		0.441***
知识搜索联合平衡							0.541***	0.299***
知识搜索匹配平衡							0.250***	0.209***
R^2	0.104	0.417	0.020	0.093	0.110	0.510	0.512	0.619
ΔR^2		0.313***		0.073**		0.400***	0.402***	0.109***
F值	5.264	24.132***	0.932	3.476*	5.618	35.103***	28.117***	36.010***

注:*** 表示 $p<0.001$,** 表示 $p<0.01$,* 表示 $p<0.05$。

M2 结果显示在 M1 的基础上加入 CEO 悖论式领导，R^2 由 0.110 增加到 0.510（$\Delta R^2 = 0.400$，$p < 0.001$）。由此说明，CEO 悖论式领导对组织创造力具有显著的正向影响（$\beta = 0.682$，$p < 0.001$），假设 H1 得到验证。

M4 结果显示，在 M3 基础上加入 CEO 悖论式领导，R^2 由 0.104 增加到 0.417（$\Delta R^2 = 0.313$，$p < 0.001$）。由此说明，CEO 悖论式领导对知识搜索联合平衡具有显著的正向影响（$\beta = 0.604$，$p < 0.001$），假设 H2a 得到验证。同理可得，M6 是在 M5 的基础上加入 CEO 悖论式领导，R^2 由 0.020 增加到 0.093（$\Delta R^2 = 0.073$，$p < 0.001$）。由此说明，CEO 悖论式领导对知识搜索匹配平衡具有显著的正向影响（$\beta = 0.292$，$p < 0.01$），假设 H3a 得到验证。

M7 的结果显示，在 M1 的基础上加入知识搜索联合平衡与知识搜索匹配平衡，R^2 由 0.110 增加到 0.512（$\Delta R^2 = 0.402$，$p < 0.001$）。由此说明，知识搜索联合平衡、知识搜索匹配平衡与组织创造力具有显著的正向影响（$\beta = 0.541$，$p < 0.001$、$\beta = 0.250$，$p < 0.001$），假设 H2b、H3b 得到验证。

M8 结果显示，将所有变量同时放入回归方程，R^2 由 M2 的 0.510 增加到 0.619（$\Delta R^2 = 0.109$，$p < 0.001$），即 CEO 悖论式领导对组织创造力直接效应减弱，但仍然显著（$\beta = 0.441$，$p < 0.001$）。由此说明，知识搜索联合平衡、知识搜索匹配平衡在 CEO 悖论式领导与组织创造力的关系中起部分中介作用，假设 H2c、H3c 得到验证。

上述层级回归结果已经验证了知识搜索联合平衡、知识搜索匹配平衡在 CEO 悖论式领导和组织创造力之间的中介作用。但是由于样本量过小（总样本量为 140 个），通过查阅相关文献（Mackinnon et al.，2004），子研究三进一步采用 Bootstrap 方法再次验证此中介作用，结果如表 6—5 所示。由表 6—5 可知，知识搜索联合平衡在 CEO 悖论式领导和组织创造力间的中介效应值为 0.246；知识搜索匹配平衡在悖论式领导和组织创造力间的中介效应值为 0.079；两条路径的中介作用在 95% 的置信区间下都不包括 0。由此说明，H2c、H3c 再次得到验证。路径分析结果如图 6—2 所示。

表 6—5　　　　　　　　　　Bootstrap 检验分析结果

中介效应	点估计	95% 置信区间		p
		上限	下限	
知识搜索联合平衡的中介效应	a1 * b1	0.246	0.102	0.461	
知识搜索匹配平衡的中介效应	a2 * b2	0.079	0.028	0.148	
总体中介效应	a1 * b1 + a2 * b2	0.325	0.164	0.561	
中介效应差值	a1 * b1 - a2 * b2	0.167	0.014	0.361	

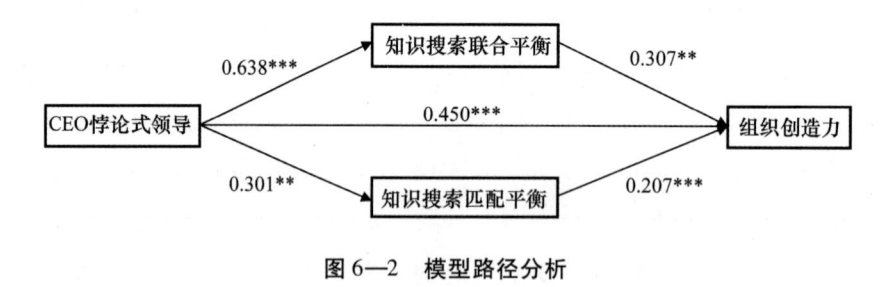

图 6—2　模型路径分析

注：*** 表示 $p<0.001$，** 表示 $p<0.01$。

尽管上述结果已经验证了知识搜索联合平衡以及知识搜索匹配平衡在 CEO 悖论式领导影响组织创造力的过程中均发挥中介作用，但并未考察其独特解释力。也就是说，知识搜索联合平衡与知识搜索匹配平衡的中介作用孰强孰弱尚未明了。据此，子研究三探索性地对 CEO 悖论式领导影响组织创造力两条路径的中介作用加以比较分析，以明晰两者解释效力的异同。如表 6—5 所示，知识搜索联合平衡和知识搜索匹配平衡的中介效应差值为 0.167，且 95% 的置信区间为 [0.014, 0.361]，不包含 0，这表明知识搜索联合平衡相比于知识搜索匹配平的中介效应强，知识搜索宽度与知识搜索深度之间的互补能够达到对立统一的效果，实现"1+1>2"的作用。

第五节 结论与讨论

一 研究结论

悖论式领导是采取"两者都"的思维模式协调和处理组织矛盾的一种新型领导风格，可以有效地应对组织中复杂的悖论与张力问题。虽然学者们已经肯定了悖论式领导在创新过程中的积极作用，但相关研究仍处于起步阶段，对组织创造力的实证研究寥寥无几，CEO或企业最高领导人在协调创新过程的矛盾中具有更为关键的作用，因此CEO悖论式领导对组织创造力的作用机制和路径尚需深入探讨。

子研究三基于组织双元理论，探索并实证检验了CEO悖论式领导对组织创造力的影响效应，并以知识搜索联合平衡和知识搜索匹配平衡为中介变量，建构并验证了CEO悖论式领导对组织创造力的双重中介模型，旨在揭示CEO悖论式领导行为对组织创造力的影响机制。基于140份有效调查问卷的数据分析，得到以下结论：CEO悖论式领导对组织创造力具有显著的正向影响；知识搜索联合平衡与知识搜索匹配平衡分别在CEO悖论式领导与组织创造力之间发挥部分中介作用。此外，将两种中介效应进行对比发现，知识搜索联合平衡的中介作用较知识搜索匹配平衡更强。该结论进一步拓展了悖论式领导影响效应的研究层次，丰富了知识搜索平衡在领导力有效性研究中的应用，也为企业增强组织创造力提供了实践参考。

二 理论贡献

子研究三探讨了CEO悖论式领导行为对组织创造力的驱动机制，具有一定的理论贡献。

首先，子研究三进一步证实了 CEO 悖论式领导在中国情境下的显著预测作用，拓展了 CEO 悖论式领导有效性的作用层次。以往研究主要关注中低层领导者如何通过作用下属工作态度、行为等进而影响员工创造力或团队创新，有关高层管理者领导行为对组织创造力的影响效应研究尚不多见。子研究三证实了 CEO 悖论式领导行为对组织创造力的提升具有促进作用，该结论不仅将悖论式领导的有效性拓展到组织层面，也为进一步理解高层管理者领导力与组织创造力之间关系提供了证据支撑。

其次，子研究三从知识搜索平衡视角揭示了 CEO 悖论式领导行为影响组织创造力的中介传导机制，丰富了领导行为对组织创造力影响的研究视角。以往关于组织创造力的研究多从特质理论、行为理论以及权变理论等视角展开，尚缺乏权威领导力对组织创造力影响机制的研究。子研究三尝试从知识搜索视角进行分析，发现 CEO 悖论式领导对组织创造力的作用还可以通过知识搜索平衡这一桥梁间接实现。该结论为领导行为对组织创造力的作用机制研究开辟了新视角，打开了 CEO 悖论式领导与组织创造力间关系的"黑箱"。

最后，子研究三探索性地将知识搜索联合平衡与知识搜索匹配平衡的中介效应进行比较，证实了知识搜索联合平衡的中介作用强于知识搜索匹配平衡。相较于实现知识搜索联合平衡模式而言，CEO 悖论式领导在合理匹配知识搜索宽度与知识搜索深度时会遇到更多困难，原因在于知识搜索宽度注重拓展组织异质性知识，而搜索深度旨在挖掘企业核心的空白或者不足（梁阜和张志鑫，2019），CEO 领导者在对两者进行匹配时，对于不同时期的组织创新战略会面临更为复杂的抉择与权衡。因此，知识搜索联合平衡的中介作用强于匹配平衡。该结论深化了对两种知识搜索平衡作用机制的认识，也为后续知识搜索相关研究提供了理论参考。

三 实践启示

子研究三揭示了 CEO 悖论式领导行为对组织创造力的驱动机制，这对高层管理者及组织管理实践也具有指导意义。

第一，子研究三通过实证研究表明 CEO 悖论式领导行为可以显著促进组织创造力，因此，企业可以针对 CEO 开展有效的悖论式领导行为培训，CEO 应该充分认识到组织中长期存在的、日益复杂化的矛盾与两难等困境，并积极培养自身整合思维与悖论思维，洞察到创新过程的复杂性，并以更加开放和包容的态度应对组织结构和员工需求的变化，灵活处理在提升组织创造力方面面临的两难问题，CEO 需要从辩证统一的视角协调决策中的相悖矛盾、对立的领导行为倾向，从而更好地解决组织中的新颖性与实用性冲突。

第二，当组织需要利用外部搜索弥补资源空缺或者降低企业风险时，应注意外部知识搜索行为的双元性，若不能很好地理解知识搜索双元性，则容易产生反作用。因此，企业要加强对知识搜索宽度与深度间张力的管理，防止出现冲突而阻碍创新进程。CEO 应该对知识搜索宽度和知识搜索深度进行有效权衡，厘清两者之间的优势与劣势，扩大知识搜索的宽度，可以为组织带来丰富的资源，同时也会造成成本过高的风险；加深知识搜索深度可以使组织充分利用既有资源，但却无法为组织带来更多创新资源，搜索宽度与深度平衡发展有利于组织创造力的提升。由此可见，两者对组织创造力的作用都不可忽视，组织需要同时给予利用；对于知识搜索宽度与知识搜索深度的匹配，领导者必须进行适度地协调，科学分配资源以维持两者之间的平衡。

第三，组织创造力对于组织的绩效与长期发展而言至关重要，CEO 应该注重培养员工开拓创新的精神，关注其产生的对组织创造有利的新颖想法，重视提升产品和服务创造力以及员工创造力。一方面，CEO 在日常工作中要为员工树立创新的工作示范、发挥榜样带头作用，并鼓舞员工建立创新目标、培养创新思维方式,同时为员工提供丰富的创新资源,有利于提高员工创造力;另一方面,CEO在与员工的日常交流中,要做到既一视同仁又给予员工个性化指导,尊重员工的人格,对待员工公平公正,并允许员工灵活地处理工作任务,从而提高员工的工作活力,进而形成组织创造力。

第七章　研究结论与未来展望

第一节　研究结论

当前，我国正处于新发展阶段，迫切需要通过"创新驱动"战略来实现经济高质量发展。提升组织创造力无疑是实施"创新驱动"战略的重要微观基础。然而，激发组织创造力却往往会面临着诸多悖论难题。据此，本书聚焦于悖论式领导这一新型领导风格，就"悖论式领导如何有效触发组织多层面创造力的提升"这一议题开展深入系统的研究，循序渐进地开展了三个子研究：首先，就悖论式领导对员工创造力的影响进行了实证研究，并探讨了团队外部网络在悖论式领导与员工创造力之间的中介效应，以及中庸思维在团队外部网络影响员工创造力过程中的调节作用，以明晰悖论式领导行为对员工创造力的影响机制。其次，基于社会网络理论，以团队内部网络连带强度和团队外部网络连带强度为中介变量，建构并验证了悖论式领导对团队创造力的双重中介模型，以期揭示悖论式领导行为对团队创造力的作用机制。最后，基于组织双元理论，探索并实证检验了 CEO 悖论式领导行为对组织创造力的影响效应，并以知识搜索联合平衡和知识搜索匹配平衡为中介变量，建构并验证了 CEO 悖论式领导行为对组织创造力的双重中介模型，旨在剖析 CEO 悖论式领导行为对组织创造力的驱动机制。通过上述三个子研究，形成了以下主要研究结论。

一 悖论式领导对员工创造力的跨层次作用机制

本书子研究一选取了长三角地区的 8 家高新技术企业开展实地调查，基于 51 个团队 175 份"直接上司—下属员工"的配对问卷，就上司悖论式领导对员工创造力的跨层次作用机制开展了深入的实证分析。跨层次研究结果表明，悖论式领导与员工创造力之间存在显著的正相关关系；团队外部网络对悖论式领导与员工创造力的关系起中介作用；员工中庸思维对团队外部网络与员工创造力之间的关系起跨层次调节作用，即与中庸思维水平较低的员工相比，员工的中庸思维水平越高，团队外部网络对员工创造力正向作用越强；中庸思维对悖论式领导通过团队外部网络影响员工创造力的间接效应具有跨层次的调节作用，即与中庸思维水平较低的员工相比，悖论式领导通过团队外部网络进而影响高中庸思维员工的创造力的间接效应更强。

二 悖论式领导影响团队创造力的社会网络机制

本书子研究二以社会网络理论为理论基础，探索性地就上司悖论式领导对团队创造力的影响机制开展深入的研究，通过对宁波和常州两地创新能力较强的 6 家高新技术企业开展调研，收回 41 个团队的有效问卷调查数据。实证分析结果发现，悖论式领导对团队创造力有显著的正向影响；团队内部网络连带强度和团队外部网络连带强度在悖论式领导和团队创造力之间起中介作用。此外，经过对两种中介作用效果的比较后发现，两者对悖论式领导影响团队创造力机理的解释效力相当。该结果为解读悖论式领导影响团队创造力的机理提供了一个新的视角。

三 CEO 悖论式领导行为对组织创造力的驱动机理

本书子研究三以组织双元理论为理论基础，以知识搜索平衡为中介变量，构建并验证"CEO 悖论式领导—知识搜索平衡—组织创造力"

的理论模型，旨在剖析CEO悖论式领导行为影响组织创造力的内在作用机制。基于长三角地区的140家企业调查问卷的实证分析，研究结果表明：CEO悖论式领导对组织创造力具有显著的正向影响；知识搜索联合平衡与知识搜索匹配平衡分别在CEO悖论式领导与组织创造力之间发挥部分中介作用。此外，将两种中介效应进行对比发现，知识搜索联合平衡的中介作用较知识搜索匹配平衡更强。

第二节　理论贡献

本书围绕"悖论式领导如何有效触发组织多层面创造力的提升"这一核心议题开展了循序渐进的三个子研究。子研究一主要探讨了团队外部网络在悖论式领导与员工创造力之间的中介作用、中庸思维在团队外部网络影响员工创造力过程中的调节作用，并进一步探究中庸思维对悖论式领导通过团队外部网络进而影响员工创造力的调节效应，明晰了悖论式领导对员工创造力的跨层次作用机制；子研究二以团队内部网络连带强度和团队外部网络连带强度为中介变量，建构并验证了悖论式领导对团队创造力的双重中介模型，揭示了悖论式领导行为影响团队创造力的社会网络机制；子研究三基于组织双元理论，并以知识搜索联合平衡和知识搜索匹配平衡为中介变量，建构了CEO悖论式领导对组织创造力的双重中介模型，剖析了CEO悖论式领导行为对组织创造力的驱动机制。

通过上述三个子研究，本书对组织创造力研究领域以及悖论式领导研究领域都具有一定的理论贡献。

一　对组织创造力研究领域的贡献

近年来，组织创造力是国内外学者关注的焦点议题之一，现有文献围绕员工层面创造力、团队层面创造力、组织层面创造力的影响因素开展了诸多的理论分析和实证研究,也取得了丰富的研究成果（Chughtai,2016；Javed et al.,2018；Azzam & Abou-Moghli,2018；Asif et al.,2019；Aggarwal &Woolley,2019；Vila-Vázquez et al.,2020；Mulligan et al.,2021；Ali et al.,2020；Florin et al.,2020；Shafi et al.,2020；Kook & Kim,2021；孙永磊等,2016；孙永磊和雷培莉,2018；黄艳等,2018；刘雪梅和刘铮,2019；卢艳秋等,2020；刘美玉等,2021）。本书对组织创造力研究领域的贡献主要体现在以下三个方面。

第一,明晰了悖论式领导对员工创造力的跨层次作用机制,为我们解读员工创造力的形成机制提供了一个新的视角。从上司领导风格出发来解读员工创造力的形成是当前员工创造力研究领域的一个重要方向,国内外学者主要围绕变革型领导、家长式领导、包容型领导、精神型领导、谦卑型领导、服务型领导、伦理型领导等上司领导风格对员工创造力的影响开展了深入的理论与实证研究,为我们解读员工创造力的形成机制提供了多个视角（Jaiswal & Dhar,2015；Jyoti & Dev,2015；Gu et al.,2018；Castro-Gonzalez et al.,2019；Liang & Fan,2020；Sani et al.,2020；Riana et al.,2020；Liu et al.,2021；杨浩和杨百寅,2015；张鹏程等,2011；王兆证和周路路,2015；秦伟平等,2016；彭伟等,2017；古银华等,2017；王辉和常阳,2019；朱永跃等,2020；吴士健等,2021）。实际上,员工创造力的激发既要考虑新颖性,同时又需要考量实用性。为此,本书探索性地就悖论式领导对员工创造力的影响机制开展了研究,发现团队外部网络对悖论式领导与员工创造力的关系起中介作用,员工中庸思维既对团队外部网络与员工创造力之间的关系起跨层次调节作用,也对悖论式领导通过团队外部网络影响员工创造力的间接效应具有跨层次的调节作用。该研究发现为我们解读员工创造力的形成机制提供了新的视角。

第二,揭示了悖论式领导影响团队创造力的社会网络机制,为我们厘清上司领导风格影响团队创造力的内在机理和作用路径拓展了理论视野。上司领导风格对团队创造力的影响机制是国内外学者关注的一个核心问题，现有文献主要从社会认知理论和自我决定理论等传统心理学视角就上司领导风格对团队创造力的作用机制进行解读。实际上，由于个体心理因素作用的发挥具有不稳定性，难以全面解释其中的影响机理。为此，本书探索性地从社会网络理论视角出发，就悖论式领导影响团队创造力的内在机制开展了深入的研究，研究结果表明，团队内部网络连带强度和团队外部网络连带强度在悖论式领导和团队创造力之间起中介作用，两者对悖论式领导影响团队创造力机理的解释效力相当。该研究发现为我们解读上司领导风格影响团队创造力的内在机理提供新的理论视野。

第三，剖析了 CEO 悖论式领导行为对组织创造力的驱动机制，丰富了组织层面创造力形成机制的研究成果。与员工层面和团队层面创造力的形成机制研究相比，组织层面创造力的形成机制研究相对比较匮乏。本书探索性地从组织双元理论视角出发，探讨了 CEO 悖论式领导行为对组织创造力的驱动机制，研究发现，CEO 悖论式领导对组织创造力具有显著的正向影响，知识搜索联合平衡与知识搜索匹配平衡分别在 CEO 悖论式领导与组织创造力之间发挥部分中介作用，知识搜索联合平衡的中介作用较知识搜索匹配平衡更强。该研究发现从悖论式领导的视角出发，丰富了组织层面创造力形成机制的研究成果。

二 对悖论式领导研究领域的贡献

近年来，作为一种新型领导风格，悖论式领导在应对组织悖论问题的有效性日益突显，国内外学者对悖论式领导也开展了大量的理论与实证研究，取得了较好的研究进展。然而，整体来看，悖论式领导研究仍处于起步阶段。本书从悖论式领导的视角出发，探讨了组织多层面创造力的提升路径，对悖论式领导研究领域具有一定的理论贡献。

第一，证实了悖论式领导对员工创造力的正向影响效应，明晰了两者之间的内在机制，深化了我们对悖论式领导与员工创造力之间关系的认识。多数研究表明悖论式领导有助于激发员工创造力，但少数研究却未发现两者之间的正向关系。本书基于长三角地区 8 家高新技术企业 51 个团队 175 份"直接上司—下属员工"的配对问卷调查数据，证实了悖论式领导有助于激发员工创造力，并进一步发现，团队外部网络对悖论式领导与员工创造力的关系起中介作用；员工中庸思维对团队外部网络与员工创造力之间的关系、悖论式领导通过团队外部网络影响员工创造力的间接效应均具有跨层次的调节作用。该研究发现深化了我们对悖论式领导影响员工创造力的内在机理的认识。

第二，验证了悖论式领导对团队创造力的正向影响效应，丰富了悖论式领导在团队层面的有效性研究，深化了我们对悖论式领导在团队层面作用机制的认识。虽然国内外学者就悖论式领导对员工态度、行为及绩效等方面的影响开展了大量的研究，悖论式领导在个体层面上的有效性研究比较多，然而悖论式领导在团队层面上的有效性研究却相对比较匮乏。本书基于 6 家高新技术企业 41 个团队的有效问卷调查数据，研究发现，悖论式领导对团队创造力有显著的正向影响，团队内部网络连带强度和团队外部网络连带强度在悖论式领导和团队创造力之间起中介作用，并且两者对悖论式领导影响团队创造力机理的解释效力相当。该研究发现丰富了悖论式领导在团队层面的有效性研究，为我们深化认识悖论式领导在团队层面上的作用机制提供了参考。

第三，检验了 CEO 悖论式领导对组织创造力的正向影响效应，弥补了悖论式领导在组织层面有效性研究匮乏的不足。现有文献主要探讨悖论式领导在个体层面上的有效性，极少性文献探讨了悖论式领导与组织创新能力的关系，但悖论式领导在组织层面有效性的研究总体而言非常鲜见。本书基于长三角地区 140 家企业的调查问卷数据，研究发现，CEO 悖论式领导对组织创造力具有显著的正向影响，知识搜索联合平衡与知识搜索匹配平衡分别在 CEO 悖论式领导与组织创造力之间发挥部分中介作用，并且知识搜索联合平衡的中介作用较知识搜索匹配平衡更强。该研究发现为我们深入理解悖论式领导在组织层面上的有效性提供了依据，弥补了悖论式领导在组织层面有效性研究匮乏的不足。

第三节 实践启示

本书聚焦于悖论式领导这一新型领导风格，深入系统地探讨了悖论式领导对员工创造力、团队创造力、组织创造力的影响机制等问题，旨在回答"悖论式领导如何有效触发组织创造力的提升"这一核心问题。研究结论不仅对组织创造力、悖论式领导等研究领域具有一定的理论贡献，对中国企业的管理实践也具有重要的借鉴启示作用，具体体现在以下两个方面。

一 对我国企业提升组织创造力的启示

在高度不确定的外部环境下，我国企业迫切需要构建一个综合的体系来激发员工创造力、完善团队创造力，进而实现组织创造力的提升。本书研究结论对我国企业如何有效提升组织创造力具有以下三个方面的重要启示。

第一，积极构建社会网络，为提升组织创造力提供引擎。本书子研究一结果表明团队外部社会网络在悖论式领导与员工创造力之间关系中发挥中介作用，子研究二结果表明团队内部网络连带强度和团队外部网络连带强度在悖论式领导影响团队创造力的过程中均发挥中介作用。这表明，团队内外部社会网络的构建对员工创造力以及团队创造力均具有十分重要的作用。因此，在日常的团队管理中，管理者应注重营造和谐的工作氛围，通过开展团队建设活动等方式在工作之余为成员创造更多接触机会，鼓励彼此间的交流沟通，团队成员也可以通过团队内部网络获取复杂的隐性资源,深化对自己专长的掌握程度,并提升团队成员之间的信任,从而推动成员收获情感关怀和资源共享,激发团队创造力。另一方面,在知识经济与开放式创新时代,外部网络的构建显得日益重要。管理者应积极引导员工与组织外部进行互动,通过与外界主体的沟通交流来获取新的知识资源,进而对员工创造力以及团队创造力产生积极的影响。

第二,强化员工分类施策,为提升组织创造力提供动能。本书子研究一还发现员工中庸思维在团队外部网络与员工创造力之间的关系、团队外部网络在悖论式领导影响员工创造力的中介效应中发挥跨层次调节作用。据此,管理者需要针对不同类型的员工实施不同的管理方式,对低中庸思维水平的员工而言,管理者可以通过培养其全面思考、与人和谐相处的中庸观念以便推动员工适应组织环境,激发其积极行为;对高中庸思维水平的员工而言,则敦促他们继续保持和发扬这种灵活应对的思维方式。此外,企业在招聘与考核员工的过程中,可以将中庸思维纳入考察范围,企业在招聘时可以选择具有高中庸思维同时又有其他技能的综合人才,使得企业的员工能够更加全面多角度的思考问题,有助于更好地激发员工创造力。

第三,推进知识搜索平衡,为提升组织创造力提供保障。本书子研究三结果还发现,知识搜索联合平衡与知识搜索匹配平衡在 CEO 悖论式领导行为影响组织创造力的过程中都发挥部分中介作用。据此,组织要加强对知识搜索宽度与深度间张力的管理,推进组织知识搜索平衡,防止出现冲突而阻碍创新进程。具体来说,管理者应该对知识搜索宽度和知识搜索深度进行有效权衡,厘清搜索宽度、深度的优势与劣势:搜索宽度能扩充企业资源储备,获取更多创新灵感与机会,但过度的搜索宽度会造成知识冗余;搜索深度能加深企业对特定领域的了解,有助于企业选择合适的发展方向,但过度的搜索深度使企业陷入核心刚性陷阱,搜索宽度与深度的平衡发展有利于组织创造力的提升。由此可见,两者对组织创造力的作用都不可忽视，组织需要同时给予利用；对于知识搜索宽度与知识搜索深度的匹配，管理者必须进行适度地协调，科学分配资源以维持两者之间的平衡。

二 对我国企业管理者悖论式领导行为实践的启示

在VUCA的新时代下，管理者经常需要应对许多看似矛盾或相悖的需求，传统的领导力已经不能适应组织发展的需要，为了应对复杂动态的企业环境，管理者需要适时调整自身的领导风格。悖论式领导是一种秉承"两者都"的悖论思维，有助于满足了多种相悖的需求，能较好地适应组织发展的需要（Zhang et al., 2015）。本书的三个子研究也证实了悖论式领导对员工创造力、团队创造力与组织创造力均有显著的正向影响效应，对中国企业管理者的领导实践具有一定的指导意义。

一方面，企业可以对管理者进行悖论式领导技能的培训，并且在招聘、甄选、考核管理者时，将是否具有"悖论整合"思维作为一个重要的评价指标。管理者应注重培养自身"二者都"的"悖论"思维逻辑，以更加开放和包容的态度应对组织情境的变化和员工的需求，协调好组织中的矛盾与张力问题。在掌握重大决策权的同时适当授权，赋予员工一定的自主性，提高员工的发散性思维，以释放个人的创造潜能。另一方面，管理者应该充分认识到组织中长期存在的、日益复杂化的矛盾与两难等困境，培养自身协调和平衡能力，灵活运用悖论思维有效解决创新问题。为了更高效地化解创新过程中的对立困境，管理者应该积极培养自身整合思维与悖论思维，洞察到创新过程的复杂性，并以更加开放和包容的态度应对组织结构和员工需求的变化，灵活处理在提升组织创造力方面面临的两难问题，管理者需要从辩证统一的视角协调决策中的相悖矛盾、对立的领导行为倾向。

第四节　研究局限与未来展望

一　研究局限性

虽然本书取得了一些有价值的结论，但由于研究能力以及研究条件的限制，本书还存在一些局限性，有待于未来研究中进一步完善。

首先，本书的三个子研究在样本选择中还存在一些不足，具体表现在以下两个方面。一是三个子研究的数据来源仅选取了长三角地区的部分企业，其样本结构比较单一。二是三个子研究的样本量分别为175份"上司—员工"的配对样本、41个团队样本与140个企业样本，虽然满足了实证分析的基本要求，但还不是真正意义上的"大样本"研究，特别是子研究二与子研究三的样本量偏少，可能会对研究结论的外部效度产生一些不利影响。基于上述不足，未来研究可以扩大调研区域范围，在长三角、粤港澳、京津冀等多个区域来开展大样本的问卷调查，以获取更大样本的数据，进一步提高研究结论的外部效度。

其次，本书的三个子研究在变量测量与数据收集中还存在一些不足，有待未来研究加以完善，具体体现在以下两个方面。一是子研究一在测量团队外部社会网络时运用的是主观评价法，缺少对团队外部社会网络的结构嵌入性特征的考察。二是三个子研究收集的数据均为横截面数据，横截面数据只能反映变量之间的相关关系，难以澄清变量间的因果关系，并且忽略了其中的动态演化效应。基于上述不足，未来研究可以运用更加客观的社会网络调查方法，运用UCINET软件来刻画团队社会网络的结构特征，以期获得更有洞见的研究结论。此外，在调查过程中，可以运用多阶段的纵向调查方法，获取多时点的调查数据，以便更加准确地探讨变量之间的因果关系。

最后，本书的某些子研究在具体的研究问题设定上还存在一些不足，有待未来研究进一步深入探讨，具体体现在以下两个方面。一是子研究二在探究悖论式领导影响团队创造力的内在机制时，仅考虑了团队内部网络连带强度和团队外部网络连带强度在悖论式领导影响团队创造力过程中发挥的的中介作用，相对忽视影响悖论式领导与团队创造力之间关系中的情境因素。二是子研究三在探讨 CEO 悖论式领导行为对组织创造力的作用机制时，仅仅从组织双元理论视角出发探讨了知识搜索联合平衡与知识搜索匹配平衡在 CEO 悖论式领导行为影响组织创造力过程中发挥的中介效应，尚未考察 CEO 悖论式领导行为与组织创造力之间关系中可能存在的调节变量。基于上述不足，未来研究可以深入探讨悖论式领导影响团队创造力的情境因素，以期厘清悖论式领导影响团队创造力的边界条件；此外，还可以就 CEO 悖论式领导行为影响组织创造力的情境因素开展研究，进而明确 CEO 悖论式领导行为对组织创造力发挥效应的边界。

二 未来研究展望

如何提升组织创造力是新时代下"创新驱动"战略实施过程中迫切需要解决的重要现实问题。在提升组织创造力的过程中，会面临着诸多悖论难题的挑战。本书围绕"悖论式领导如何有效触发组织创造力的提升"这一核心议题开展了深入系统的研究，也得出了一些有意义的研究结论，但仍然有许多有价值的研究问题值得深入探讨。

第一，就悖论式领导影响员工创造力的涓滴效应开展深入的研究。组织高层管理者的悖论式领导行为是否会通过影响中层管理者的悖论式领导行为进而对员工创造力产生影响呢？如果会，那么高层管理者的悖论式领导行为影响中层管理者的悖论式领导行为的情境因素和边界条件又是什么呢？深入探讨这些问题无疑会进一步厘清悖论式领导对员工创造力的作用机制，深化我们对悖论式领导与员工创造力之间关系的认识。

第二，从社会交换理论等视角来探究悖论式领导对团队创造力的影响机制。本书探索性地从社会网络理论视角出发，揭示了悖论式领导影响团队创造力的内在机制。上司的悖论式领导是否会对领导成员交换产生影响进而影响团队创造力呢？如果会，其影响过程的边界条件又是什么呢？深入探讨这些问题有助于从更加宽广的理论视野来解读悖论式领导影响团队创造力的内在机制。

第三，从悖论式领导的视角出发，深入系统地探讨组织多个层面创造力之间的互动机制。本书循序渐进地依次探讨了悖论式领导对个体层面创造力、团队层面创造力以及组织层面创造力的作用机制，尚未考察不同层面创造力之间的互动关系。实际上，员工创造力对团队创造力、团队创造力对组织创造力均具有重要的促进作用，这三个层面的创造力之间存在互动关系。未来研究可以运用案例研究或准实验法来深入探讨悖论式领导触发作用下不同层面创造力的互动机制。

附录一　悖论式领导对员工创造力的影响研究调查问卷

（员工版问卷）

尊敬的女士/先生：

您好！

我们是常州大学人力资源管理研究中心从事组织行为与人力资源管理研究的研究团队。目前，本研究团队正在开展一项有关"上司领导风格对下属创造力的影响"的学术研究，需要深入一些典型企业开展大规模的问卷调查工作。我们郑重地承诺："我们所收集到的数据仅供学术研究使用，不会泄露您所在公司的任何商业信息，更不会泄露您个人的隐私。"

我们的研究将收集近百个团队的数据。在我们的研究过程中，我们并不会刻意去关注某个团队领导者或团队成员，只是从大规模的问卷数据中去分析背后的管理规律。因此，不会涉及各位问卷填答者的任何隐私以及公司信息。请您放心填答问卷。

感谢您的支持！祝您工作顺利，万事如意！

常州大学人力资源管理研究中心

一 基本资料（请在方框中打√或标红）

1. 您的性别：☐男　　　　　☐女
2. 您的年龄：＿＿＿岁
3. 您的姓名首字母：＿＿＿（如"张三"的姓名首字母为"ZS"）
4. 您的学历：☐初中及以下　　　☐高中或中专
   ☐大专　　☐本科　　　　☐研究生及以上
5. 您已经参加工作＿＿＿年，您在目前的团队（部门）工作了＿＿＿年。
6. 您所在团队（部门）的规模（员工人数）是＿＿＿＿人。
7. 您所在团队（部门）从事的主要工作类型：

☐技术研发　　☐生产制造　　☐营销企划

☐人事行政　　☐财务　　　　☐其他

二 请根据您对您所在团队（部门）领导者的真实感受，在最能代表您意见或感觉的数字上打"√"。

	非常不同意	一般不同意	不确定	一般同意	非常同意
领导会公平地对待每一位员工，但也会视具体情况而定	1	2	3	4	5
领导会将所有员工置于平等的地位，但会考虑他们的个性特点	1	2	3	4	5
领导会与员工平等沟通，不带任何歧视，但会根据他们的个人特点或需要改变沟通风格	1	2	3	4	5
领导会统一管理员工，但也会考虑他们的个性化需求	1	2	3	4	5
领导会给员工分配相等的工作量，但也会考虑个人的优势和能力来分配不同的任务	1	2	3	4	5
领导在表现出领导权威的同时，也会鼓励员工分享领导角色	1	2	3	4	5

附录一　悖论式领导对员工创造力的影响研究调查问卷

续表

	非常不同意	一般不同意	不确定	一般同意	非常同意
领导会喜欢成为众人瞩目的焦点,但也会允许员工成为焦点	1	2	3	4	5
领导会要求获得尊重,但同时也会尊重他人	1	2	3	4	5
领导会具有较高的自我评价,但也会表现出对个人不完善和他人价值的认识	1	2	3	4	5
领导会对个人想法和信念充满信心,但也鼓励向其他员工学习	1	2	3	4	5
领导会控制重要的工作问题,但也允许员工处理细节	1	2	3	4	5
领导会为员工确立最终目标,但也允许员工控制具体的工作流程	1	2	3	4	5
领导会把控重大问题,但将较小的问题委派给员工	1	2	3	4	5
领导在掌控全局的同时,也会给予员工适当的自主权	1	2	3	4	5
领导会强调按照规章制度执行任务,但允许例外情况	1	2	3	4	5
领导会明确工作要求,但不拘小节	1	2	3	4	5
领导会对工作绩效的要求较高,但不吹毛求疵	1	2	3	4	5
领导会对工作要求很高,但也会容许员工犯错误	1	2	3	4	5
领导能够意识到上下级之间的区别,但其不会表现出优越性	1	2	3	4	5
领导会与员工保持一定的距离,但距离恰当	1	2	3	4	5
领导会与员工有立场差异,但也会维护员工的尊严	1	2	3	4	5
领导会在工作中与员工保持距离,但也会与员工友好相处	1	2	3	4	5

三　请根据您的实际情况，在最能代表您意见或感觉的数字上打"√"。

	非常不同意	一般不同意	不确定	一般同意	非常同意
意见讨论时，我会兼顾相互争执的意见	1	2	3	4	5
我习惯从多方面的角度来思考同一件事情	1	2	3	4	5
在意见表决时，我会听取所有的意见	1	2	3	4	5
在决定时，我会考量各种可能的状况	1	2	3	4	5
我会试着在意见争执的场合中，找出让大家都能够接受的意见	1	2	3	4	5
我会试着在自己与他人的意见中，找到一个平衡点	1	2	3	4	5
我会在考虑他人的意见后，调整我原来的想法	1	2	3	4	5
我期待在讨论过程中，可以获得具有共识的结论	1	2	3	4	5
我会试着将自己的意见融入他人的想法中	1	2	3	4	5
我通常会以委婉的方式表达具有冲突的意见	1	2	3	4	5
意见决定时，我会试着以和谐的方式让少数人接受多数人的意见	1	2	3	4	5
我在决定意见时，通常会考量整体气氛的和谐性	1	2	3	4	5
在做决定时，我通常会为了顾及整体的和谐性，而调整自己的表达方式	1	2	3	4	5

四　请根据您的实际情况，在最能代表您意见或感觉的数字上打"√"。

	非常不同意	一般不同意	不确定	一般同意	非常同意
我与客户、供应商及其它组织或部门沟通时，双方能够清楚地了解彼此的专业术语或行话	1	2	3	4	5
我与团队外部相关人员对项目所涉及专业领域的符号、用语、词义都很清楚	1	2	3	4	5
我能很好理解团队外部相关人员说的专业术语	1	2	3	4	5
对于团队外部相关人员描述的项目问题，我能很快明白	1	2	3	4	5
我经常与团队外部成员因友情、社交等原因进行互动	1	2	3	4	5
我经常通过电话、邮件、聊天软件等与团队外部成员交流	1	2	3	4	5
我经常与其他部门或组织因工作原因进行互动	1	2	3	4	5
我经常与供应商、科研院所及相关企业进行交流	1	2	3	4	5

（主管版问卷）

尊敬的女士/先生：

您好！

我们是常州大学人力资源管理研究中心从事组织行为与人力资源管理研究的研究团队。目前，本研究团队正在开展一项有关"上司领导风格对下属创造力的影响"的学术研究，需要深入一些典型企业开展大规模的问卷调查工作。我们郑重地承诺："我们所收集到的数据仅供学术研究使用，不会泄露您所在公司的任何商业信息，更不会泄露您个人的隐私。"

我们的研究将收集近百个团队的数据。在我们的研究过程中，我们并不会刻意去关注某个团队领导者或团队成员，只是从大规模的问卷数据中去分析背后的管理规律。因此，不会涉及各位问卷填答者的任何隐私以及公司信息。请您放心填答问卷。

感谢您的支持！祝您工作顺利，万事如意！

常州大学人力资源管理研究中心

一 基本资料（请在方框中打√或标红）

1. 您的性别：□男　　　　□女

2. 您的年龄：＿＿＿岁

3. 您的学历：□初中及以下　　□高中或中专
   □大专　　　□本科　　　　□研究生及以上

4. 您已经参加工作＿＿＿年，您在目前的企业工作了＿＿＿年。

5. 您在目前团队（部门）担任领导者的年限：
   □1年及以下　　□1至2年　　□2至5年
   □5至10年　　　□10年及以上

6. 您所在团队（部门）的规模（员工人数）是＿＿＿人。

二 请您对您所在团队各位团队成员的创造力进行评价，在最能代表您意见或感觉的数字上打"√"。从"1"到"5"，表示"越来越同意"。

备注：只需要评价参与本次调查的4位团队成员，在评价团队成员创造力之前，先填上各位成员姓名的首字母（如"张三"的姓名首字母是"ZS"）

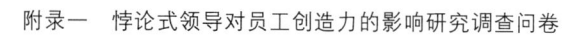

附录一　悖论式领导对员工创造力的影响研究调查问卷

成员1的姓名首字母：	非常不同意	一般不同意	不确定	一般同意	非常同意
他（她）总是率先尝试新想法和新方法	1	2	3	4	5
他（她）总是探索解决问题的新方法	1	2	3	4	5
他（她）善于产生相关领域突破性的想法	1	2	3	4	5
他（她）认为自己是很有创造力的	1	2	3	4	5

成员2的姓名首字母：	非常不同意	一般不同意	不确定	一般同意	非常同意
他（她）总是率先尝试新想法和新方法	1	2	3	4	5
他（她）总是探索解决问题的新方法	1	2	3	4	5
他（她）善于产生相关领域突破性的想法	1	2	3	4	5
他（她）认为自己是很有创造力的	1	2	3	4	5

成员3的姓名首字母：	非常不同意	一般不同意	不确定	一般同意	非常同意
他（她）总是率先尝试新想法和新方法	1	2	3	4	5
他（她）总是探索解决问题的新方法	1	2	3	4	5
他（她）善于产生相关领域突破性的想法	1	2	3	4	5
他（她）认为自己是很有创造力的	1	2	3	4	5

成员4的姓名首字母：	非常不同意	一般不同意	不确定	一般同意	非常同意
他（她）总是率先尝试新想法和新方法	1	2	3	4	5
他（她）总是探索解决问题的新方法	1	2	3	4	5
他（她）善于产生相关领域突破性的想法	1	2	3	4	5
他（她）认为自己是很有创造力的	1	2	3	4	5

附录二　悖论式领导对团队创造力的影响研究调查问卷

（员工版问卷）

尊敬的女士/先生：

您好！

我们是常州大学人力资源管理研究中心从事组织行为与人力资源管理研究的研究团队。目前，本研究团队正在开展一项有关"上司领导风格对团队创造力的影响"的学术研究，需要深入一些典型企业开展大规模的问卷调查工作。我们郑重地承诺："我们所收集到的数据仅供学术研究使用，不会泄露您所在公司的任何商业信息，更不会泄露您个人的隐私。"

我们的研究将收集近百个团队的数据。在我们的研究过程中，我们并不会刻意去关注某个团队领导者或团队成员，只是从大规模的问卷数据中去分析背后的管理规律。因此，不会涉及各位问卷填答者的任何隐私以及公司信息。请您放心填答问卷。

感谢您的支持！祝您工作顺利，万事如意！

常州大学人力资源管理研究中心

一　基本资料（请在方框中打√或标红）

1. 您的性别：□男　　　□女
2. 您的年龄：＿＿岁
3. 您的姓名首字母：＿＿＿＿＿（如"张三"的姓名首字母为"ZS"）
4. 您的学历：□初中及以下　　　□高中或中专
   □大专　　　□本科　　　□研究生及以上
5. 您已经参加工作＿＿年，您在目前的团队（部门）工作了＿＿年。
6. 您所在团队（部门）的规模（员工人数）是＿＿人。
7. 您所在团队（部门）从事的主要工作类型：
   □技术研发　　　□生产制造　　　□营销企划
   □人事行政　　　□财务　　　　　□其他

二　请根据您对您所在团队（部门）领导者的真实感受，在最能代表您意见或感觉的数字上打"√"。

	非常不同意	一般不同意	不确定	一般同意	非常同意
他/她会公平地对待每一位员工，但也会视具体情况而定	1	2	3	4	5
他/她会将所有员工置于平等的地位，但会考虑他们的个性特点	1	2	3	4	5
他/她会与员工平等沟通，不带任何歧视，但会根据他们的个人特点或需要改变沟通风格	1	2	3	4	5
他/她会统一管理员工，但也会考虑他们的个性化需求	1	2	3	4	5
他/她会给员工分配相等的工作量，但也会考虑个人的优势和能力来分配不同的任务	1	2	3	4	5

续表

	非常不同意	一般不同意	不确定	一般同意	非常同意
他/她在表现出领导权威的同时，也会鼓励员工分享领导角色	1	2	3	4	5
他/她会喜欢成为众人瞩目的焦点，但也会允许员工成为焦点	1	2	3	4	5
他/她会要求获得尊重，同时也会尊重他人	1	2	3	4	5
他/她会具有较高的自我评价，但也会表现出对个人不完善和他人价值的认识	1	2	3	4	5
他/她会对个人想法和信念充满信心，但也鼓励向其他员工学习	1	2	3	4	5
他/她会控制重要的工作问题，但也允许员工处理细节	1	2	3	4	5
他/她会为员工确立最终目标，但也允许员工控制具体的工作流程	1	2	3	4	5
他/她会把控重大问题，但将较小的问题委派给员工	1	2	3	4	5
他/她在掌控全局的同时，也会给予员工适当的自主权	1	2	3	4	5
他/她会强调按照规章制度执行任务，但允许例外情况	1	2	3	4	5
他/她会明确工作要求，但不拘小节	1	2	3	4	5
他/她会对工作绩效的要求较高，但不吹毛求疵	1	2	3	4	5
他/她会对工作要求很高，但也会容许员工犯错误	1	2	3	4	5
他/她能够意识到上下级之间的区别，但其不会表现出优越性	1	2	3	4	5
他/她会与员工保持一定的距离，但距离恰当	1	2	3	4	5
他/她会与员工有立场差异，但也会维护员工的尊严	1	2	3	4	5
他/她会在工作中与员工保持距离，但也会与员工友好相处	1	2	3	4	5

三 请根据您所在团队（部门）的实际情况，在最能代表您意见或感觉的数字上打"√"。

	非常不同意	一般不同意	不确定	一般同意	非常同意
我经常和团队成员经常举办聚餐、联谊等交流活动	1	2	3	4	5
我经常和团队成员举办一些讨论会	1	2	3	4	5
我经常和团队成员在公司食堂、休息室、走廊等场合交谈	1	2	3	4	5
我经常和团队成员通过电话、电子邮件、聊天软件等交流	1	2	3	4	5

四 请根据您的实际情况，在最能代表您意见或感觉的数字上打"√"。

	非常不同意	一般不同意	不确定	一般同意	非常同意
我经常与团队外部成员因友情、社交等原因进行互动	1	2	3	4	5
我经常通过电话、邮件、聊天软件等与团队外部成员交流	1	2	3	4	5
我经常与其他部门或组织因工作原因进行互动	1	2	3	4	5
我经常与供应商、科研院所及相关企业进行交流	1	2	3	4	5

（主管版问卷）

尊敬的女士/先生：

您好！

我们是常州大学人力资源管理研究中心从事组织行为与人力资源管理研究的研究团队。目前，本研究团队正在开展一项有关"上司领导风格对下属行为及创造力的影响"的学术研究，需要深入一些典型企业开展大规模的问卷调查工作。我们郑重地承诺："我们所收集到的数据仅供学术研究使用，不会泄露您所在公司的任何商业信息，更不会泄露您个人的隐私。"

我们的研究将收集 100 个团队（包括 100 个团队领导者以及 400 位团队成员）的数据。在我们的研究过程中，我们并不会刻意去关注某个团队领导者或团队成员，只是从大规模的问卷数据中去分析背后的管理规律。因此，不会涉及各位问卷填答者的任何隐私以及公司信息。请您放心填答问卷。

感谢您的支持！祝您工作顺利，万事如意！

常州大学人力资源管理研究中心

一 基本资料（请在方框中打√或标红）

1. 您的性别：☐男　　　☐女

2. 您的年龄：＿＿＿岁

3. 您的学历：☐初中及以下　　☐高中或中专　　☐大专
   ☐本科　　　　　　☐研究生及以上

4. 您已经参加工作＿＿＿年，您在目前的企业工作了＿＿＿年。

5. 您在目前团队（部门）担任领导者的年限：

□1 年及以下　　　□1 至 2 年　　　□2 至 5 年

□5 至 10 年　　　□10 年及以上

6. 您所在团队（部门）的规模（员工人数）是_____人。

二　请您对您所在团队的团队成员整体创造力进行评价，在最能代表您意见或感觉的数字上打"√"）

	非常不同意	一般不同意	不确定	一般同意	非常同意
本团队的工作成果具有创新性	1	2	3	4	5
本团队完成了很多原创、实用的工作成果	1	2	3	4	5
本团队的工作成果表明他们能够创造性地运用现有资源和信息	1	2	3	4	5
本团队提出了许多创造性的解决问题的方案	1	2	3	4	5

附录三　CEO 悖论式领导行为对组织创造力的影响研究调查问卷

尊敬的女士/先生：

您好！

我们是常州大学人力资源管理研究中心从事组织行为与人力资源管理研究的研究团队，目前正在开展一项有关"CEO 悖论式领导行为对组织创造力的影响"的学术研究，需要开展大规模的问卷调查工作。

我们郑重地承诺："我们所收集到的数据仅供学术研究使用，不会泄露您所在公司的任何商业信息，更不会泄露您个人的隐私。"

感谢您的支持！祝您工作顺利，万事如意！

常州大学人力资源管理研究中心

一　基本资料（请在方框中打√）

1. 您的性别：□男　□女；您的年龄为：＿＿＿岁；您已经工作了＿＿＿年

2. 您的职位级别：□普通员工　　　　□基层管理者
□中层管理者　　　　□高层管理者

3. 您目前所在单位性质：□国有企业　　　□外资企业

附录三　CEO 悖论式领导行为对组织创造力的影响研究调查问卷

□民营企业　　　　　　　　　　　□其他

4. 贵公司成立于____年（填年份），目前员工人数____人。

5. 贵公司所属行业：

□纺织服装　　　□机械制造　　　□化工

□生物医药　　　□电子信息　　　□新材料新能源

□服务业　　　　□其他

6. 贵公司目前的资产规模总额（人民币）：

□200 万以下　　□201 万—500 万　　□501 万—1000 万

□1001 万—3000 万　□3001 万—1 亿　　□1 亿以上

7. 贵公司近年来的年均销售收入规模（人民币）：

□500 万以下　　□501 万—1000 万　　□1001 万—3000 万

□3001 万—5000 万　□5001 万—1 亿　　□1 亿以上

二　请根据您所在公司的实际情况，在最能代表您意见或感觉的数字上打"√"。（"1"指"非常不同意"，"5"指"非常同意"）

	非常不同意	一般不同意	不确定	一般同意	非常同意
贵公司对知识的搜索广泛使用了多个搜索与交流通道、媒介	1	2	3	4	5
贵公司能搜索到研发、制造、营销等多个领域的知识	1	2	3	4	5
贵公司能搜索到技术、管理等多个方面的知识	1	2	3	4	5
贵公司在对知识的搜索中获取了较多的知识数量	1	2	3	4	5

三 请根据您所在公司的实际情况,在最能代表您意见或感觉的数字上打"√"。("1"指"非常不同意","5"指"非常同意")

	非常不同意	一般不同意	不确定	一般同意	非常同意
贵公司已经产生许多新颖有用的想法(服务/产品)	1	2	3	4	5
贵公司培养了有利于产生新颖和有用的想法(服务/产品)的环境	1	2	3	4	5
贵公司花费了许多时间来生产新颖和有用的想法(服务/产品)	1	2	3	4	5
贵公司认为生产新颖和有用的想法是重要的活动	1	2	3	4	5
贵公司积极生产新颖和有用的想法	1	2	3	4	5

四 请根据您所在公司的实际情况,在最能代表您意见或感觉的数字上打"√"。("1"指"非常不同意","5"指"非常同意")

	非常不同意	一般不同意	不确定	一般同意	非常同意
贵公司能强烈而密集的使用一些特定的搜索通道进行知识搜索	1	2	3	4	5
贵公司能深度搜索并提取研发、制造、营销等特定领域知识	1	2	3	4	5
贵公司能深度搜索并提取技术或管理等特定方面的知识	1	2	3	4	5
贵公司能深度搜索并利用研发或制造或营销等特定领域知识	1	2	3	4	5
贵公司能深度搜索并利用技术或管理等特定方面的知识	1	2	3	4	5

附录三 CEO悖论式领导行为对组织创造力的影响研究调查问卷

五 请根据您所在公司 CEO 的实际情况,在最能代表您意见或感觉的数字上打"√"。("1"指"非常不同意","5"指"非常同意")

	非常不同意	一般不同意	不确定	一般同意	非常同意
贵公司 CEO 在考虑未来业务发展需要的同时,会确保当前业务的运作效率	1	2	3	4	5
贵公司 CEO 会同时强调公司业务的短期盈利能力和长期可持续发展	1	2	3	4	5
贵公司 CEO 既会着手提高当前商业模式的有效性,也会引入具有发展前景的新模式	1	2	3	4	5
贵公司 CEO 既会确保现有业务的当前利润,但也坚持探索具有潜在长期收益的新业务	1	2	3	4	5
贵公司 CEO 既会不断开发当前成熟的业务,同时也探索未来具有增长潜力的业务	1	2	3	4	5
贵公司 CEO 既会遵守政府政策,也会影响政策制定的方向	1	2	3	4	5
贵公司 CEO 既会维护市场规则,但也推动创建新规则	1	2	3	4	5
贵公司 CEO 既会尊重行业规则,同时积极推动行业规则的变革和创新	1	2	3	4	5
贵公司 CEO 既会跟随市场力量,同时也创造市场力量	1	2	3	4	5
贵公司 CEO 既会顺从外部环境中的集体力量,也善于改变这些力量	1	2	3	4	5
贵公司 CEO 既强调内部组织的规范性,也强调组织体系的灵活性	1	2	3	4	5
贵公司 CEO 既注重内部组织管理的程序化,也敢于不断调整和优化	1	2	3	4	5
贵公司 CEO 既注重内部组织方法的正规化,但也允许方法之间的灵活转换	1	2	3	4	5

续表

	非常不同意	一般不同意	不确定	一般同意	非常同意
贵公司CEO既强调组织决策过程要谨慎，同时也强调快速适应外部的变化	1	2	3	4	5
贵公司CEO既强调要稳定组织结构，同时也会根据企业的发展调整或重建组织结构	1	2	3	4	5
贵公司CEO强调股东与利益相关者（上游、下游、竞争对手、员工、政府等）之间的资源竞争性，同时也强调不同利益相关者群体之间的和谐共存	1	2	3	4	5
贵公司CEO将公司视为一个独立的单位，同时也将公司视为利益相关者群体的一部分	1	2	3	4	5
贵公司CEO既会站在股东的角度来考虑，也会站在利益相关者群体的角度来考虑	1	2	3	4	5
贵公司CEO决策既体现股东利益与利益相关者利益的对立性，又会寻求二者的一致性	1	2	3	4	5
贵公司CEO既追求企业的独特价值，也十分关注公司对利益相关者群体的价值增值	1	2	3	4	5

参考文献

蔡亚华、贾良定、万国光：《变革型领导与员工创造力：压力的中介作用》，《科研管理》2015年第8期。

蔡亚华、贾良定、尤树洋等：《差异化变革型领导对知识分享与团队创造力的影响：社会网络机制的解释》，《心理学报》2013年第5期。

曹曼、赵曙明：《高绩效工作系统对员工创造力的影响机制研究》，《财贸研究》2018年第5期。

曹萍、张剑：《悖论式领导、二元智力资本与组织双元创新》，《商业研究》2021年第3期。

常涛、刘智强、景保峰：《家长式领导与团队创造力：基于三元理论的新发现》，《研究与发展管理》2016年第1期。

常涛、刘智强、王艳子：《绩效薪酬对员工创造力的影响研究：面子压力的中介作用》，《科学学与科学技术管理》2014年第9期。

陈海啸、关浩光：《悖论式领导如何促进员工工作—家庭平衡？》，《外国经济与管理》2021年第1期。

陈慧、梁巧转、丰超：《包容型领导如何提升团队创造力？——被调节的链式中介模型》，《科学学与科学技术管理》2021年第4期。

陈璐、柏帅皎、王月梅：《CEO变革型领导与高管团队创造力：一个被调节的中介模型》，《南开管理评论》2016年第2期。

陈明淑、向琴：《资质过高感与员工创造力：反馈寻求行为与组织创造力支持感的作用》,《中国人力资源开发》2019年第9期。

陈明淑、周子旋.:《工作不安全感对员工创造力的积极影响：基于压力学习效应的视角》,《中国人力资源开发》2020年第5期。

陈文春、张义明:《知识型团队成员异质性对团队创造力的影响机制》,《中国科技论坛》2017年第9期。

陈星汶、崔勋、于桂兰:《团队认知多样性如何影响团队创造力：一个有调节的中介模型》,《科技管理研究》2015年第19期。

褚昊、黄宁宁:《悖论式领导对员工工作绩效的影响：二元工作激情和角色认同的作用》,《财经理论与实践》2020年第6期。

邓志华、肖小虹、陈江涛:《创始人精神型领导与新创企业组织创造力：泛家文化的调节作用研究》,《现代财经（天津财经大学学报）》2020年第8期。

丁栋虹、张翔:《创造力自我效能对员工创造力的影响机制》,《经济与管理研究》2016年第9期。

丁琳、席酉民:《变革型领导对员工创造力的作用机理研究》,《管理科学》2008年第6期。

杜成斌:《中庸之解析》,《河北经贸大学学报》（综合版）2016年第3期。

杜旌、冉曼曼、曹平:《中庸价值取向对员工变革行为的情景依存作用》,《心理学报》2014年第1期。

杜娟、赵曙明、林新月:《悖论型领导风格情境下团队断层与团队创造力的作用机制研究》,《管理学报》2020年第7期。

方慧、何斌、张倩:《领导对创造力及创新绩效的影响机制研究综述》,《华东经济管理》2017年第12期。

方杰、温忠麟、张敏强等:《基于结构方程模型的多重中介效应分析》,《心理科学》2014年第3期。

付正茂:《悖论式领导对双元创新能力的影响：知识共享的中介作用》,

《兰州财经大学学报》2017年第1期。

傅世侠、罗玲玲：《建构科技团体创造力评估模型》，北京大学出版社2005年版。

耿紫珍、刘新梅、沈力：《合作目标促进科研团队创造力的机理研究》，《科研管理》2012年第8期。

耿紫珍、刘新梅、杨晨辉：《战略导向、外部知识获取对组织创造力的影响》，《南开管理评论》2012年第4期。

耿紫珍、刘新梅、张晓飞：《批评激发创造力？负反馈对团队创造力的影响》，《科研管理》2015年第8期。

耿紫珍、马乾、丁琳：《从谏或噤声？家长式领导对团队创造力的影响》，《科研管理》2021年第5期。

耿紫珍、赵佳佳、丁琳：《中庸的智慧：上级发展性反馈影响员工创造力的机理研究》，《南开管理评论》2020年第1期。

龚文、薛姣：《赋能型领导对员工创造力的影响：个人学习与成就动机的作用》，《技术经济》2020年第2期。

古银华、卿涛、杨付等：《包容型领导对下属创造力的双刃剑效应》，《管理科学》2017年第1期。

顾琴轩、胡冬青、许彦妮：《市场导向对组织创造力的非线性作用机理——组织二元结构文化与创业导向的影响研究》，《中国管理科学》2021年第4期。

顾远东、周文莉、彭纪生：《消极情绪与员工创造力：组织认同、职业认同的调节效应研究》，《管理科学学报》2019年第6期。

管建世、罗瑾琏、钟竞：《动态环境下双元领导对团队创造力影响研究——基于团队目标取向视角》，《科学学与科学技术管理》2016年第8期。

郭秋云、李南、菅利荣等：《失败学习、忘却情景与组织创造力》，《科技进步与对策》2017年第12期。

郭钟泽、谢宝国、程延园：《如何提升知识型员工的工作投入？——基于资源保存理论与社会交换理论的双重视角》，《经济管理》2016年第2期。

韩宏稳、杨世信：《共享型领导对团队创造力的影响及内在机制研究》，《现代管理科学》2016年第1期。

韩杨、罗瑾琏、钟竞：《双元领导对团队创新绩效影响研究——基于惯例视角》，《管理科学》2016年第1期。

贺广明、刘懿宸、栾贞增：《"高则抑之、下则扬之"——悖论式领导研究述评及展望》，《领导科学》2020年第8期。

洪雁、王端旭：《领导行为与任务特征如何激发知识型员工创造力：创意自我效能感的中介作用》，《软科学》2011年第9期。

侯昭华、宋合义：《工作复杂情境下悖论式领导对员工工作重塑的影响研究》，《预测》2021年第1期。

胡文安、罗瑾琏、钟竞等：《双元型人力资源系统如何激发员工创造力？——一项基于高新技术企业的纵向动态追踪研究》，《研究与发展管理》2017年第5期。

胡文安、罗瑾琏、钟竞：《双元创新搜索视角下组织创新绩效的提升路径研究：领导行为的触发作用》，《科学学与科学技术管理》2017年第4期。

胡新平、廖冰、徐家运：《员工中庸思维、组织和谐与员工绩效的关系研究》，《西南大学学报》（社会科学版）2012年第5期。

花常花、罗瑾琏、闫丽萍：《知识权力视角下悖论式领导对研发团队创新的作用及影响机制研究》，《科技进步与对策》2021年。

黄同飞、彭灿：《非正式网络对研发团队创造力的影响研究——以共享心智模型为中介变量》，《科学学与科学技术管理》2015年第7期。

黄艳、黄勇、彭纪生：《领导成员交换与员工创造力：情感机制的中介作用》，《商业经济与管理》2018年第6期。

黄勇、崔敏、颜卉：《见贤思齐：领导创造力对员工创造力的跨层次影响机制》，《科学学与科学技术管理》2021年第4期。

江静、杨百寅：《善于质疑辨析就会有高创造力吗：中国情境下的领导—成员交换的弱化作用》，《南开管理评论》2014年第2期。

姜平、张丽华、秦歌：《关系视角下悖论领导行为的有效性研究》，《当代财经》2019年第8期。

蒋琬、顾琴轩：《仁慈型领导如何激发员工创造力？——社会认同与社会交换整合视角》，《北京理工大学学报》（社会科学版）2015年第1期。

金涛：《团队悖论式领导与创造力关系研究》，博士学位论文，南京大学，2017年。

李东方、罗瑾琏、黄良志：《领导反馈对员工创造力的影响研究——基于心理资本的中介效应》，《华东经济管理》2013年第11期。

李家俊、李晏墅、秦伟平等：《团队结构约束对员工创造力的影响：基于情绪理论视角》，《江苏社会科学》2017年第1期。

李晋、秦伟平、周路路：《传统导向作用下辱虐型领导对员工创造力的影响研究》，《软科学》2015年第10期。

李全、佘卓霖、杨百寅：《工作狂领导对团队创造力的影响机制研究》，《科学学与科学技术管理》2021年第2期。

李锡元、闫冬、王琳：《悖论式领导对员工建言行为的影响：心理安全感和调节焦点的作用》，《企业经济》2018年第3期。

李召敏、赵曙明：《"老好人"能当好团队领导吗？——团队领导宜人性与团队创造力的关系》，《外国经济与管理》2018年第12期。

李生校：《外部创新搜寻战略对新创企业创新绩效的影响研究》，《管理学报》2013年第8期。

梁阜、张志鑫：《外部知识搜索及其双元性的创新效应研究》，《情报杂志》2019年第1期。

廖冰、董文强：《知识型员工中庸思维、组织和谐与个体创新行为关系研究》，《科技进步与对策》2015年第7期。

林崇德：《培养和造就高素质的创造性人才》，《北京师范大学学报》（社会科学版）1999年第1期。

林芹、易凌峰：《创业型领导对团队创造力的跨层次影响研究》，《外国经济与管理》2020年第9期。

刘冰、蔺璇：《团队异质性对团队效能的影响研究——以领导行为作为调节变量》，《经济管理》2010年第11期。

刘刚、吕文静、雷云：《现代企业管理中阴阳学说新述》，《北京工商大学学报》（社会科学版）2014年第6期。

刘美玉、胡叶琳、黄速建：《上级发展性反馈能否削弱阻碍性压力源对员工创造力的影响？》，《经济与管理研究》2021年第4期。

刘圣明、陈力凡、王思迈：《满招损、谦受益：团队沟通视角下谦卑型领导行为对团队创造力的影响》，《心理学报》2018年第10期。

刘伟国、房俨然、施俊琦等：《领导创造力期望对团队创造力的影响》，《心理学报》2018年第6期。

刘文兴、廖建桥、张鹏程：《辱虐管理对员工创造力的影响机制》，《工业工程与管理》2012年第5期。

刘新梅、白杨、张蕊莉：《组织创造力研究现状与展望》，《西安交通大学学报》（社会科学版）2010年第3期。

刘新梅、白杨：《组织学习影响组织创造力的知识获取路径研究》，《管理科学》2013年第2期。

刘新梅、崔天恒、沈力：《工作压力与员工创造力：人格特征的调节作用》，《西安交通大学学报》（社会科学版）2016年第4期。

刘新梅、刘博、屈晓倩等：《信息型团队断裂对员工创造力的跨层研究——基于创造性自我效能和时间压力的中介调节机制》，《预测》2019年第1期。

刘新梅、王文隆：《战略人力资源管理实践与组织创造力关系研究——组织学习能力的中介作用》，《科技进步与对策》2013年第21期。

刘新梅、姚进、陈超：《谦卑型领导对员工创造力的跨层次影响研究》，《软科学》2019年第5期。

刘璇、张向前：《团队创造力研究理论评析》，《科技进步与对策》2016年第2期。

刘雪梅、刘铮：《共享型领导对团队创造力的影响机制研究》，《软科学》2019年第4期。

刘燕君、徐世勇、张慧等：《人力资源管理张力的应对：基于悖论视角》，《中国人力资源开发》2018年第11期。

刘燕君：《领导力研究新取向：基于悖论视角》，《现代管理科学》2019第7期。

刘洋、魏江、应瑛：《组织二元性：管理研究的一种新范式》，《浙江大学学报》（人文社会科学版）2011年第6期。

龙静：《创业团队内、外社会网络对创新的交互效应》，《科学学与科学技术管理》2015年第5期。

卢艳秋、庞立君、王向阳：《失败视角下变革型领导对员工创造力的影响》，《科研管理》2020年第10期。

罗瑾琏、管建世、钟竞等：《迷雾中的抉择：创新背景下企业管理者悖论应对策略与路径研究》，《管理世界》2018年第11期。

罗瑾琏、胡文安、钟竞：《悖论式领导、团队活力对团队创新的影响机制研究》，《管理评论》2017年第7期。

罗瑾琏、花常花、钟竞：《悖论式领导对知识团队创新的影响及作用机制研究》，《科技进步与对策》2015年第11期。

罗瑾琏、门成昊、钟竞：《动态环境下领导行为对团队创造力的影响研究》，《科学学与科学技术管理》2014年第5期。

罗瑾琏、徐振亭、钟竞：《团队目标取向对创造力的多层次影响研究》，

《华东经济管理》2016年第3期。

罗瑾琏、赵佳、薛倩雯等:《团队领导的社会网络对团队创造力的影响——基于SL公司的案例研究》,《研究与发展管理》2015年第2期。

罗瑾琏、赵佳、张洋:《知识团队真实型领导对团队创造力的影响及作用机理研究》,《科技进步与对策》2013年第8期。

吕洁、张钢:《知识异质性对知识型团队创造力的影响机制:基于互动认知的视角》,《心理学报》2015年第4期。

马蓓、胡蓓、侯宇:《资质过高感对员工创造力的U型影响——能力面子压力的中介作用》,《南开管理评论》2018年第5期。

马君、闫嘉妮:《时间领导力、团队时间共识与团队创造力——基于员工同步偏好的调节作用》,《研究与发展管理》2021年第3期。

马君、赵红丹:《任务意义与奖励对创造力的影响——创造力角色认同的中介作用与心理框架的调节作用》,《南开管理评论》2015年第6期。

马君、樊子立、闫嘉妮:《个性化工作协议如何影响创造力?——基于自我归类理论的被调节中介模型》,《商业经济与管理》2020年第5期。

马喜芳、颜世富、钟根元:《新常态下激励协同对组织创造力影响机制研究》,《管理工程学报》2019年第1期。

马喜芳、颜世富:《创业导向对组织创造力的作用机制研究——基于组织情境视角》,《研究与发展管理》2016年第1期。

马喜芳、钟根元、颜世富:《组织激励与领导风格协同对组织创造力影响机制研究》,《管理评论》2018年第8期。

牛晨晨、梁阜、杨静:《悖论式领导对环保组织公民行为的影响研究》,《南京工业大学学报》(社会科学版)2021年第2期。

欧阳桃花、崔争艳、张迪等:《多层级双元能力的组合促进高科技企业战略转型研究——以联想移动为案例》,《管理评论》2016年第1期。

潘静洲、娄雅婷、周文霞：《龙生龙、凤生凤？领导创新性工作表现对下属创造力的影响》，《心理学报》2013年第10期。

庞大龙、徐立国、席酉民：《悖论管理的思想溯源、特征启示与未来前景》，《管理学报》2017年第2期。

彭灿：《企业创造力及其开发与管理》，《研究与发展管理》2003年第3期。

彭伟、陈佳贤、包希慧：《权变视角下知识搜索平衡与企业创新绩效关系研究》，《科技进步与对策》2019年第19期。

彭伟、金丹丹、朱晴雯：《团队社会网络研究述评与展望》，《中国人力资源开发》2017年第3期。

彭伟、金丹丹：《包容型领导对团队创造力影响机理研究：一个链式中介模型》，《科技进步与对策》2018年第19期。

彭伟、李慧：《悖论式领导对员工主动行为的影响机制——团队内部网络连带强度与上下级关系的作用》，《外国经济与管理》2018年第7期。

彭伟、李慧、周欣悦：《悖论式领导对员工创造力的跨层次作用机制研究》，《科研管理》2020年第12期。

彭伟、马越、陈奎庆：《辱虐型领导对团队创造力的影响机制研究：一个有调节的中介模型》，《管理评论》2020年第11期。

彭伟、马越：《悖论式领导对团队创造力的影响机制——社会网络理论视角》，《科技进步与对策》2018年第22期。

彭伟、朱晴雯、乐婷：《包容型领导影响员工创造力的双路径——基于社会学习与社会交换的整合视角》，《财经论丛》2017年第10期。

彭正龙、陈秀桂、赵红丹：《研发团队伦理型领导对团队创造力的影响》，《科技进步与对策》2015年第7期。

钱穆：《中华文化十二讲》，中国台北：东大书局1985年版。

秦鹏飞、申光龙、胡望斌等：《知识吸收与集成能力双重调节下知识搜索对创新能力的影响效应研究》,《管理学报》2019 年第 2 期。

秦伟平、姜岩、吴圆圆等:《悖论式领导对员工建言行为的影响机制研究》,《南京财经大学学报》2020 年第 3 期。

秦伟平、李晋、周路路等:《团队真实型领导对创造力的影响:LMX 的跨层作用》,《管理工程学报》2016 年第 3 期。

秦伟平、赵曙明、周路路等:《企业人力资源管理实践对跨功能团队创造力的跨层影响》,《管理学报》2015 年第 1 期。

瞿孙平、石宏伟、俞林:《创新视角下知识搜索的研究回顾与展望》,《情报杂志》2018 年第 8 期。

阮爱君、金珺:《外部知识搜索策略对企业创新绩效的影响机制研究》,《财经论丛》2016 年第 4 期。

芮正云、罗瑾琏、甘静娴:《新创企业创新困境突破:外部搜寻双元性及其与企业知识基础的匹配》,《南开管理评论》2017 年第 5 期。

尚玉钒、李磊:《领导行为示范、工作复杂性、工作调节焦点与创造力》,《科学学与科学技术管理》2015 年第 6 期。

沈伊默、马晨露、白新文等:《辱虐管理与员工创造力:心理契约破坏和中庸思维的不同作用》,《心理学报》2019 年第 2 期。

石冠峰、毛舒婷、王坤:《幽默型领导对员工创造力的作用机制研究:基于社会交换理论的视角》,《中国人力资源开发》2017 年第 11 期。

石冠峰、牛宇霖、刘朝辉:《多层次导向的变革型领导与多层面创造力:知识分享与观点采择的跨层中介作用》,《管理评论》2020 年第 10 期。

石冠峰、王爱华、唐杰:《成人玩兴与员工创造力作用机制研究——时间管理倾向的调节效应》,《科技进步与对策》2016 年第 23 期。

石冠峰、姚波兰:《充满乐趣的工作场所有利于员工创造力吗?反馈寻求行为与人—组织匹配的作用》,《中国人力资源开发》2019 年第 2 期。

宋文豪、于洪彦、蒋琬：《伦理型领导对员工创造力的影响机制研究——社会学习和知识共享视角》，《软科学》2014年第12期。

苏道明、吴宗法、刘臣：《外部知识搜索及其二元效应对创新绩效的影响》，《科学学与科学技术管理》2017年第8期。

苏勇、雷霆：《悖论式领导对员工创造力的影响：基于工作激情的中介作用》，《技术经济》2018年第9期。

苏中兴：《管理"悖论"与阴阳平衡》，《清华管理评论》2017年第11期。

孙金花、庄万霞、胡健：《隐性知识异质性对知识型团队创造力的影响——以知识重构为有调节的中介变量》，《科技管理研究》2020年第14期。

孙柯意、张博坚：《悖论式领导对变革支持行为的影响机制——基于员工特质正念的调节作用》，《技术经济与管理研究》2019年第8期。

孙永磊、雷培莉：《领导风格、组织氛围与组织创造力》，《华东经济管理》2018年第3期。

孙永磊、宋晶、陈劲：《差异化变革型领导、心理授权与组织创造力》，《科学学与科学技术管理》2016年第4期。

孙永磊、宋晶、陈劲：《组织创造力形成的影响因素探索及实证研究》，《科学学与科学技术管理》2018年第8期。

盛明明：《基于个体—情境—文化交互视角下的组织创造力研究述评》，《中国人力资源开发》2016年第22期。

谭乐、蒿坡、杨晓等：《悖论式领导：研究述评与展望》，《外国经济与管理》2020年第4期。

汤超颖、黄冬玲：《知识网络与创造力的国内外研究综述》，《科学学与科学技术管理》2017年第3期。

汤超颖、朱月利、商继美：《变革型领导、团队文化与科研团队创造力的关系》，《科学学研究》2011年第2期。

唐贵瑶、李鹏程、陈扬：《授权型领导对企业创新的影响及作用机制研究》，《管理工程学报》2016年第1期。

涂艳红、袁凌、王欢芳：《知识团队冲突与创造力关系：领导政治技能调节下的跨层次模型》，《科技进步与对策》2019年第18期。

王博艺：《创新导向的人力资源管理实践对组织创造力的影响研究——基于组织创新文化和结构权变视角》，《现代管理科学》2014年第9期。

王朝晖：《悖论式领导如何让员工两全其美？——心理安全感和工作繁荣感的多重中介作用》，《外国经济与管理》2018年第3期。

王晨曦、范雪灵、周禹：《CEO变革导向领导行为与组织的探索性技术创新——创新氛围和组织学习的链式中介作用》，《经济管理》2017年第7期。

王端旭、洪雁：《领导支持行为促进员工创造力的机理研究》，《南开管理评论》2010年第4期。

王端旭、洪雁：《组织氛围影响员工创造力的中介机制研究》，《浙江大学学报》（人文社会科学版）2011年第2期。

王端旭、薛会娟：《交互记忆系统对团队创造力的影响及其作用机制——以利用性学习和探索性学习为中介》，《科研管理》2013年第6期。

王洪青、肖久灵：《职场排斥对创造力的影响：基于工作需求—资源模型的日记研究》，《财经论丛》2021年第5期。

王辉：《组织中的领导行为》，北京：北京大学出版社，2008年。

王辉、常阳：《包容性领导与员工创造力：一个被调节的中介模型》，《湘潭大学学报》（哲学社会科学版）2019年第3期。

王辉、苏新雯：《企业内部创业团队知识异质性对创造力的影响机制：信息交流视角》，《科技进步与对策》2020年第24期。

王姣、彭玲娇、姚翔：《创造力成分理论及其应用研究》，《职业》2010

年第 8 期。

王磊：《中国家族企业成长中差序式领导对员工及团队创造力的影响：一个跨层次跟踪研究》，《心理科学进展》2015 年第 10 期。

王莉红、顾琴轩、俞明传：《创造力由个体向团队涌现的边界机制：目标共享与多元化视角》，《科技管理研究》2016 年第 20 期。

王莉红、魏农建、许彦妮：《竞争导向与组织创造力的曲线关系——有机结构与适应性文化的权变视角》，《科学学与科学技术管理》2016 年第 8 期。

王亮、牛雄鹰、石冠峰：《互联网背景下共享型领导对团队创造力的促进作用研究：边界行为视角》，《科技进步与对策》2017 年第 1 期。

王明旋、马艳茹、张勇等：《性别及年龄多样化与团队创造力：基于自我表现理论的双路径研究》，《中国人力资源开发》2019 年第 12 期。

王艳子、罗瑾琏、常涛：《社会网络真的对团队创造力有利吗——基于团队知识共享的视角》，《华东经济管理》2014 年第 2 期。

王艳子、白丽莎、李倩：《团队领导跨界行为对团队创造力的影响机理：知识管理视角》，《科技进步与对策》2017 年第 3 期。

王艳子、罗瑾琏、常涛：《社会网络真的对团队创造力有利吗——基于团队知识共享的视角》，《华东经济管理》2014 年第 2 期。

王艳子、罗瑾琏、李倩：《"面子"文化情境下团队领导外部社会网络对团队创造力的影响》，《中国科技论坛》2016 年第 3 期。

王艳子、罗瑾琏、王莉等：《社会网络对团队创造力的影响机理研究》，《预测》2012 年第 4 期。

王永跃、张玲：《心理弹性如何影响员工创造力：心理安全感与创造力自我效能感的作用》，《心理科学》2018 年第 1 期。

王永跃、张玲、张书元：《德行领导、关系与创造力：权力距离的调节作用》，《应用心理学》2018 年第 1 期。

王兆证、周路路：《愿景型领导对员工创造力的影响机制研究》，《华东经济管理》2015 年第 11 期。

卫利华、刘智强、廖书迪等：《集体心理所有权、地位晋升标准与团队创造力》，《心理学报》2019 年第 6 期。

卫武、王怡宇、赵鹤等：《多元时间观情境下团队时间领导对团队创造力的影响》，《管理评论》2021 年第 4 期。

魏江茹、李雪、宋君：《华为创新发展过程中企业家悖论式领导研究》，《管理案例研究与评论》2020 年第 5 期。

魏巍、彭纪生：《绩效导向、稳定导向人力资源实践对员工创造力的影响》，《财贸研究》2018 年第 7 期。

吴佳辉、林以正：《中庸思维量表的编制》，《本土心理学研究》2005 年第 24 期。

吴士健、高文超、权英：《差序式领导、创造力自我效能感对员工创造力的影响：中庸思维的调节作用》，《科技进步与对策》2021 年第 17 期。

吴士健、孙专专、刘新民：《知识治理、组织学习影响组织创造力的多重中介效应研究》，《中国软科学》2017 年第 6 期。

吴士健、孙专专、权英：《中庸思维对知识隐藏与员工创造力的影响机制研究》，《管理学报》2020 年第 4 期。

吴湘繁、关浩光、马洁：《员工为什么热衷于构建职场关系网络——基于特质激发理论的实证研究》，《外国经济与管理》2015 年第 6 期。

肖丁丁、朱桂龙：《团队锦标赛视角下心智模型质量对团队创造力的影响研究》，《暨南学报》（哲学社会科学版）2018 年第 3 期。

谢俊、储小平：《多层次导向的变革型领导对个体及团队创造力的影响：授权的中介作用》，《管理工程学报》2016 年第 1 期。

谢俊、汪林、储小平等：《组织公正视角下的员工创造力形成机制及心理授权的中介作用》，《管理学报》2013 年第 2 期。

徐兵、石冠峰：《变革型领导对团队创造力的影响机制研究：团队反思与团队边界管理的中介作用》,《科技管理研究》2014年第18期。

徐东升、周文莉、顾远东:《领导力与组织创造力研究进展》,《科技管理研究》2017年第10期。

徐建中、曲小瑜:《团队跨界行为、知识交易与团队创造力关系研究——基于装备制造企业的实证分析》,《科学学与科学技术管理》2014年第7期。

徐劲松、陈松:《领导心理资本对员工创造力的跨层次影响:员工心理资本的中介作用和团队信任的调节作用》,《预测》2017年第6期。

徐伟青、檀小兵、奉小斌等:《国外团队社会网络研究回顾与展望:基于知识转移视角》,《外国经济与管理》2011年第11期。

许晓娜、赵德志:《战略柔性、政治技能与组织创造力——环境不确定性的调节作用》,《东北大学学报》(社会科学版)2020年第5期。

薛伟贤、孙姝羽:《组织信息化环境下知识流动对组织创造力的影响》,《科技进步与对策》2019年第17期。

薛宪方、褚珊珊、宁晓梅:《创业团队目标导向、内隐协调与创造力的关系研究》,《应用心理学》2017年第4期。

杨浩、杨百寅:《变革型领导对员工创造力的影响——基于认知投入的视角》,《技术经济》2015年第12期。

杨红、彭灿、杜刚等:《双元领导风格、团队差序氛围与研发团队创造力》,《科学学研究》2021年第7期。

杨红、彭灿、李瑞雪等:《变革型领导、知识共享与研发团队创造力:团队成员异质性的倒U型调节作用》,《运筹与管理》2021年第1期。

杨柳:《悖论型领导对员工工作投入的影响:有调节的中介模型》,《心理科学》2019年第3期。

杨洋、田谷旸、邹明阳等:《基于制度演化的组织创造力模式——长白山万达旅游度假区CMVP管理之道解析》,《管理学报》2020年第

1期。

姚艳虹、范盈盈：《个体—组织匹配对创新行为的影响——中庸思维与差序氛围的调节效应》，《华东经济管理》2014年第11期。

姚艳虹、季凡祺：《悖论思维对创造力的"过犹不及"效应研究》，《中国人力资源开发》2021年第4期。

余义勇、杨忠、李嘉：《领导跨界行为对团队创造力的影响机制研究》，《科学学研究》2020年第3期。

袁庆宏、陈琳、谢宗晓等：《知识员工的社会网络联结强度与创新行为：关系需求满足与风险规避视角》，《预测》2017年第2期。

岳雷、马卫民：《魅力型领导、集体效能感与团队创造力关系实证研究》，《东岳论丛》2016年第6期。

臧维、杨京雨、徐磊等：《跨界行为对团队创造力的影响：一个被调节的双中介模型》，《预测》2020年第2期。

臧维、赵联东、徐磊等：《团队跨界行为、知识整合能力与团队创造力》，《管理学报》2019年第7期。

张光曦、古昕宇：《中庸思维与员工创造力》，《科研管理》2015年第1期。

张鸿萍、赵惠：《交互记忆系统对团队创造力的影响路径研究》，《山东大学学报》（哲学社会科学版）2017年第1期。

张建卫、任永灿、赵辉等：《变革型领导对多层面创造力的双刃剑效应》，《外国经济与管理》2018年第5期。

张军伟、龙立荣：《服务型领导对员工人际公民行为的影响：宽恕氛围与中庸思维的作用》，《管理工程学报》2016年第1期。

张宁俊、张露、王国瑞：《关系强度对团队创造力的作用机理研究》，《管理科学》2019年第1期。

张鹏程、刘文兴、廖建桥：《魅力型领导对员工创造力的影响机制：仅有心理安全足够吗？》，《管理世界》2011年第10期。

张小林、吴艳、周盛琳：《工作不安全感对员工创造力的影响——有中介的调节效应分析》，《浙江学刊》2014年第1期。

张怡凡、陈默、唐宁玉：《威权领导与员工创造力：心理依赖的视角》，《中国人力资源开发》2019年第4期。

赵红丹、江苇：《真实型领导、内部人身份认知与组织异议——一个被调节的中介模型》，《软科学》2017年第12期。

赵红丹、郭利敏：《组织中的双面娇娃：双元领导的概念结构与作用机制》，《中国人力资源开发》2017年第4期。

赵红丹、江苇：《职场中公民行为压力与员工创造力的曲线关系——自我效能感的情境机制》，《财经论丛》2018年第2期。

赵红丹、刘微微：《教练型领导、双元学习与团队创造力：团队学习目标导向的调节作用》，《外国经济与管理》2018年第10期。

赵红丹、吴桢、高源：《关系差异化与团队创造力——团队心理安全的视角》，《首都经济贸易大学学报》2018年第3期。

赵金国、孙玮、朱晓红等：《CEO授权型领导对高层管理团队创造力的影响研究》，《管理学报》2019年第8期。

赵娟、张炜：《团队社会网络对团队创造力的影响：团队学习的中介效应》，《科学学与科学技术管理》2015年第9期。

赵武、李馥萌、高樱等：《个体—组织匹配、内隐协调对跨功能团队创造力的影响：内部人身份感知的调节效应》，《科学学与科学技术管理》2016年第12期。

赵旭、刘新梅：《知识治理对组织创造力的影响研究》，《软科学》2015年第7期。

赵燕梅、张正堂、刘宁等：《自我决定理论的新发展述评》，《管理学报》2016年第7期。

周浩、龙立荣：《工作不安全感、创造力自我效能对员工创造力的影响》，《心理学报》2011年第8期。

周晖、夏格、邓舒：《差错管理气氛对员工创新行为的影响——基于中庸思维作为调节变量的分析》，《商业研究》2017年第4期。

周明建、潘海波、任际范：《团队冲突和团队创造力的关系研究：团队效能的中介效应》，《管理评论》2014年第12期。

周详、张泽宇、王海婷等：《高校科研团队创造力量表的构建》，《心理与行为研究》2013年第6期。

朱金强、徐世勇、周金毅等：《跨界行为对创造力影响的跨层次双刃剑效应》，《心理学报》2020年第11期。

朱雪春、陈万明、唐朝永：《研发团队创造力影响因素实证分析》，《系统工程》2015年第4期。

朱颖俊、张渭、廖建桥等：《鱼与熊掌可以兼得：悖论式领导的概念、测量与影响机制》，《中国人力资源开发》2019年第8期。

朱永跃、欧阳晨慧、过旻钰：《教练型领导对员工创造力的影响：来自制造企业的实证分析》，《科技进步与对策》2020年第16期。

朱永跃、欧阳晨慧：《领导授权与员工创造力：建言行为和权力距离的影响》，《工业工程与管理》2019年第2期。

Afsar, B. , and Badir, Y. F. , and Bin, S. B. , Transformational leadership and innovative work behavior, *Academy of Management Annual Meeting Proceedings*, 2014.

Agarwal, P. , and Farndale, E. , High-performance work systems and creativity implementation: the role of psychological capital and psychological safety, *Human Resource Management Journal*, 2017, 27 (3): 440–458.

Aggarwal, I. , and Woolley, A. W. , Team creativity, cognition, and cognitive style diversity, *Management Science*, 2019, 65 (4): 1586–1599.

Ahmad, I. , and Zafar, M. A. , and Shehzad, K. , Authentic leadership style and academia's creativity in higher education institutions: Intrinsic motivation and mood as mediators, *Transylvanian Review of Administrative Sci-*

ences, 2015, (46): 5-19.

Aldabbas, H., and Pinnington A., and Lahrech, A., The influence of perceived organizational support on employee creativity: The mediating role of work engagement, *Current Psychology*, 2021, https://doi.org/10.1007/s12144-021-01992-1.

Ali, A., and Wang, H., and Soomro, M. A., Shared leadership and team creativity: Construction industry perspective, *Journal of Construction Engineering and Management*, 2020, =146 (10): 04020122.

Ali, I., and Ali, M., and Leal-Rodriguez, A. L., and Albort-Morant, G., The role of knowledge spillovers and cultural intelligence in enhancing expatriate employees' individual and team creativity, *Journal of Business Research*, 2019, 101: 561-573.

Allen, S. L., and Smith, J. E., and Silva, N. D., Leadership style in relation to organizational change and organizational creativity: Perceptions from nonprofit organizational members, *Nonprofit Management and Leadership*, 2013, 24 (1): 23-42.

Amabile, T. M., and Conti, R., and Coon, H., et al. Assessing the work environment for creativity, *Academy of Management Journal*, 1996, 39 (5): 1154-1184.

Amabile, T. M., The social psychology of creativity: A componential conceptualization, *Journal of Personality and Social Psychology*, 1983, 45 (2), 357-376.

Anderson, N., and Potocnik, K., and Zhou, J., Innovation and creativity in organizations: A state-of-the-science review, prospective commentary, and guiding framework, *Journal of Management*, 2014, 40 (5): 1297-1333.

Asif, M., and Miao, Q., and Hwang, J., and Hao, H., Ethical leadership, affective commitment, work engagement, and creativity: Testing a multiple mediation approach, *Sustainability*, 2019, 11 (16): 1 – 16.

Azzam, A., and Abou-Moghli., Analyzing the significance of transformational leadership on organizational creativity of employees: A case of insurance companies in Jordan, *International Journal of Business Administration*, 2018, 018, 9 (4): 64 – 72.

Barczak, G., and Lassk, F., and Mulki, J. Antecedents of team creativity: An examination of team emotional intelligence, team trust and collaborative culture, *Creativity and Innovation Management*, 2010, 19 (4): 332 – 345.

Bari, M. W., and Abrar M, and Shaheen, S., and Bashir, M., and Fanchen M. Knowledge hiding behaviors and team creativity: The contingent role of perceived mastery motivational climate, *SAGE Open*, 2019, 9 (3): 1 – 15

Bavelas, A., Communication patterns in task-oriented groups, Journal of the Acoustical Society of America, 1950, 22 (6): 725 – 730.

Bechtoldt, M. N., and De Dreu, C. K. W., and Nijstad, B. A., Motivated information processing, social tuning, and group creativity, *Journal of Personality & Social Psychology*, 2010, 99 (4): 622 – 637.

Bogilovic, S., and Cerne, M., and Skerlavaj, M., Hiding behind a mask? Cultural intelligence, knowledge hiding, and individual and team creativity, *European Journal of Work & Organizational Psychology*, 2017.

Booger, D. P., and Ruysseveldt, J. V., and Dam, K. V., Creative under pressure: The role of time pressure, creative requirements and creative orientation in creative behavior, *Gedrag en Organisatie*, 2015, 28 (2): 134 – 153.

Brass, D. J., and Galaskiewicz, J., and Greve, H. R., and Tsai, W.,

Taking stock of networks and organizations: A multilevel perspective, Academy of Management Journal, 2004, 47 (6): 795 – 817.

Bratnicka, K., Relationship between leadership styles and organizational creativity, *Management & Business Administration Central Europe*, 2015, 23 (1): 70 – 79.

Burt, R. S., and Kilduff, M., and Tasselli, S., Social network analysis: Foundations and frontiers on advantage, *Annual Review of Psychology*, 2013, 64: 527 – 547.

Byun, G., and Dai, Y., and Lee, S., and Kang, S. W., When does empowering leadership enhance employee creativity? A three-way interaction test, *Social Behavior & Personality: An International Journal*, 2016, 44 (9): 1555 – 1564.

Cai, W., and Lysova, E. I., and Khapova, S. N., and Bossink, B. A. G., Does entrepreneurial leadership foster creativity among employees and teams? The mediating role of creative efficacy beliefs, *Journal of Business & Psychology*, 2019, 34: 203 – 217.

Cao, Q., and Gedajlovic, E., and Zhang, H., Unpacking organizational ambidexterity: Dimensions, contingencies, and synergistic effects, *Organization Science*, 2009, 20 (4): 781 – 796.

Carboni, I., and Ehrlich, K., The effect of relational and team characteristics onindividual performance: A social network perspective, *Human Resource Management*, 2013, 52 (4): 511 – 535.

Carter, D. R., and Dechurch, L. A., and Braun, M. T., Social network approaches to leadership: An integrative conceptual review, *Journal of Applied Psychology*, 2015, 100 (3): 597 – 622.

Castro, D. R., and Ans Ee, L. F., and Kluger, A. N., and Lloyd, K., and Turjeman-Levi. Y., Mere-listening effect on creativity and the mediating role of psychological safety, *Psychology of Aesthetics Creativity & the Arts*, 2018, 12 (4): 489 - 502.

Castro, F., and Gomes, J., and Sousa, F., Do intelligent leaders make a difference? The effect of a leader's emotional intelligence on followers' creativity, *Creativity & Innovation Management*, 2012, 21 (2): 171 - 182.

Castro-Gonzalez, S., and Bande, B., and Fernandez-Ferrin, P., Responsible leadership and salespeople's creativity: The mediating effects of CSR perceptions, *Sustainability*, 2019, 11 (7): 1 - 17.

Cerne, M., and Jaklic, M., Skerlavaj M. Authentic leadership, creativity, and innovation: A multilevel perspective, *Leadership*, 2013, 9 (1): 63 - 85.

Chang, J. W., and Huang, D. W., and Choi, J. N., Is task autonomy beneficial for creativity? Prior task experience and self-Control as boundary conditions, *Social Behavior and Personality: An International Journal*, 2012, 40 (5): 705 - 724.

Chaubey, A., and Sahoo, C. K., and Khatri, N., Relationship of transformational leadership with employee creativity and organizational innovationn: A study of mediating and moderating influences, *Journal of Strategy and Management*, 2019, 12 (1): 61 - 82.

Chaudhary, R., and Panda, C., Authentic leadership and creativity: The intervening role of psychological meaningfulness, safety and work engagement, *International Journal of Productivity & Performance Management*, 2018, 67 (9): 2071 - 2088.

Chen, G., and Farh, J. L., and Campbell-Bush, E. M., Teams as innovative systems: Multilevel motivational antecedents of innovation in R&D teams, *Journal of Applied Psychology*, 2013, 98 (6): 1018 - 1027.

Chen, L., and Wadei, K. A., and Bai, S. J., and Liu, J., Participative leadership and employee creativity: a sequential mediation model of psychological safety and creative process engagement, *Leadership and Organization Development Journal*, 2020, 41 (6): 741 – 759.

Chen, M. H., Understanding the benefits and detriments of conflict on team creativity Process, *Creativity & Innovation Management*, 2006, 15 (1): 105 – 116.

Chen, M. J., Transcending paradox: The chinese "Middleway" perspective, *Asia pacific Journal of Management*, 2002, 20 (1): 179 – 199.

Chen, S., and Zhang, Y., and Liang, L., and Shen, T., Does paradoxical leadership facilitate leaders' task performance? A perspective of self-regulation theory, *International Journal of Environmental Research and Public Health*, 2021, 18 (7).

Cheng, Y. H. G., and Wang, T. J., The Relation of Influence between leadership style and team creativity of integrated design companies, *Design Journal*, 2017, 20 (1): 2803 – 2812.

Cheung, M., and Wong, C. S., Transformational leadership, leader support, and employee creativity, *Leadership & Organization Development Journal*, 2011, 32 (7 – 8): 656 – 672.

Chiang, Y. H., and Hsu, C. C., and Shih, H. A., Experienced high performance work system, extroversion personality, and creativity performanc, *Asia Pacific Journal of Management*, 2015, 32 (2): 531 – 549.

Chiang, Y. H., and Hung, K. P., Exploring open search strategies and perceived innovation performance from the perspective of inter-organizational knowledge flows, *R&d Management*, 2010, 40 (3): 292 – 299.

Choi, I., and Nisbett, R. E., Cultural psychology of surprise: holistic theories and recognition of contradiction, *Journal of Personality & Social Psychology*, 2000, 79 (6): 890 – 905.

Chughtai, A. A., Can ethical leaders enhance their followers' creativity?, *Leadership*, 2016, 12 (2): 230 - 249.

Chung, Y., and Jackson S E. The internal and external networks of knowledge-intensive teams: The role of task routineness, *Journal of Management*, 2013, 39 (2): 442 - 468.

Clercq, D. D., and Rahman, Z. M., and Belausteguigoitia, I., Task conflict and employee creativity: The critical roles of learning orientation and goal congruence, *Human Resource Management*, 2017, 56 (1): 93 - 109.

Cunha, M. P. E., and Fortes, A., and Gomes, E., Ambidextrous leadership, paradox and contingency: Evidence from Angola, *International Journal of Human Resource Management*, 2016, 27 (7): 1 - 26.

Dacey, J. S., and Lennon, K. H., Understanding creativity: The interplay of biological, psychological, and social factors, San Francisco, *CA*: *Jossey-Bass Publishers*, 1998.

De Cuyper, N., and De Wittte, H., The management paradox: Self-rated employability and organizational commitment and performance, *Personnel Review*, 2011, 40 (2): 152 - 172.

Dhar, R. L., Ethical leadership and its impact on service innovative behavior: The role of LMX and job autonomy, *Tourism Management*, 2016, 57: 139 - 148.

Ding, G. Q., and Liu, H. F., and Huang, Q., and Gu, J. B., Enterprise social networking usage as a moderator of the relationship between work stressors and employee creativity: A multilevel study, *Information & Managemant*, 2019, 56 (8): 1 - 12.

Dong, Y. T., and Bartol, K. M., and Zhang, Z. X., and Li, C. W., Enhancing employee creativity via individual skill development and team knowledge sharing: Influences of dual-focused transformational leadership,

Journal of Organizational Behavior, 2017, 38 (3): 439 – 458.

DeDreu, C. K. W. D., Team innovation and team effectiveness: The importance of minority dissent and reflexivity, *European Journal of Work and OrganizationalPsychol ogy*, 2002, 11 (3): 285 – 298.

Duan, W. J., and Tang, X. Q., and Li, Y. M., and Cheng, X. F., and Zhang, H., Perceived organizational support and employee creativity: The mediation role of Calling, *Creativity Research Journal*, 2020, 32 (4): 403 – 411.

Erez, M., and Nouri, R., Creativity: The influence of cultural, social, and work contexts, *Management & Organization Review*, 2010, 6 (3): 351 – 370.

Fan, M., and Cai, W., and Jiang, L., Can team resilience boost team creativity among undergraduate students? A sequential mediation model of team creative efficacy and team trust, *Frontiers in Psychology*, 2021, 12: 1 – 14.

Fang, R., and Landis, B., and Zhang, Z., and Anderson, M. H., and Shaw, J. D., and Kilduff, M., Integrating personality and social networks: A meta-analysis of personality, network position, and work. outcomes in organizations, *Organization Science*, 2015, 26 (4): 1243 – 1260.

Farh, J. L., and Lee, C., Task conflict and team creativity: A question of how much and when, *Social Science Electronic Publishing*, 2010, 95 (6): 1173 – 1180.

Farmer, S. M., and Tierney, P., and Kung-Mcintyre, K., Employee creativity in Taiwan : An application of role identity theory, *Academy of Management Journal*, 2003, 46 (5): 618 – 630.

Feng, J., and Zhang, Y., and Liu, X., and Zhang, L., and Han,

X., Just the right amount of ethics inspires creativity: A cross-level investigation of ethical leadership, intrinsic motivation, and employee creativity, *Journal of Business Ethics*, 2018, 153: 645 –658.

Fiedler, F. E., The contingency model and the dynamics of the leadership process-science direct, *Advances in Experimental Social Psychology*, 1978, 11: 59 –112.

Florin, S. D., and Zbuchea, A., and Pinzaru, F., Transformational leadership and innovative work behaviour: the mediating role of psychological empowerment, *Kybernetes*, 2020, DOI: 10.1108/K –07 –2019 –0491.

Franken, E., and Plimmer, G., and Malinen, S., Paradoxical leadership in public sector organisations: Its role in fostering employee resilience, *Australian Journal of Public Administration*, 2020, 79 (1).

Gonalves, L., and Brando, F., The relation between leader's humility and team creativity: The mediating effect of psychological safety and psychological capital, *International Journal of Organizational Analysis*, 2017, 25 (4): 687 –702.

Gong, Y., and Kim, T, Y., and Lee, D. R., and Zhu, J., A Multi-level Model of Team Goal Orientation, Information Exchange, and Creativity, *Academy of Management Journal*, 2013, 56 (3): 827 –851.

Grant, A. M., and Berry, J. W., The necessity of others is the mother of invention: Intrinsic and prosocial motivations, perspective taking and creativity, *Academy of Management Journal*, 2011, 53 (6): 375 –383.

Grimpe, C., and Sofka, W., Search patterns and absorptive capacity: Low-and high-technology sectors in European countries, *Research Policy*, 2009, 38 (3): 495 –506.

Grund, T. U., Network structure and team performance: The case of english premier league soccer teams, *Social Networks*, 2012, 34 (4): 682 –690.

Gu, J., and Zhi, C., and Qian, H., and Liu, H. F., and Huang, S. L., A multilevel analysis of the relationship between shared leadership and creativity in inter-organizational teams, *The Journal of Creative Behavior*, 2018, 52 (2): 109 –126.

Gu, J., and Wang, G., and Liu, H., and Song, D., and He, C. Q., Linking authoritarian leadership to employee creativity: The influences of leader-member exchange, team identification and power distance, *Chinese Management Studies*, 2018, 12 (2): 384 –406.

Guilford, J. P., The structure-of-intellect model. In B. B. Wolman (Ed.), Handbook of intelligence: Theories, measurements, and applications, *New York: Wiley*, 1985.

Guo, W., and Gan, C., and Wang, D., When does educational level diversity foster team creativity? Exploring the moderating roles of task and personnel variability, *Frontiers in Psychology*, 2021, 12: 585849..

Gupta, A. K., and Smith, K. G., and Shalley, C. E., The interplay between exploration and exploitation, *Academy of Management Journal*, 2006, 49 (4): 693 –706.

Hambrick, D. C., and Mason, P. A., Upper echelons: The organization as a reflection of its top managers, *Academy of Management Review*, 1984, 9 (2): 193 –206.

Han, G. H., and Bai, Y., Leaders can facilitate creativity: The moderating roles of leader dialectical thinking and LMX on employee creative self-efficacy and creativity, *Journal of Managerial Psychology*, 2020, 35 (5): 405 –417.

Han, G. H., and Harms, P. D., and Bai, Y., Nightmare bosses: The impact of abusive supervision on employees' sleep, emotions, and creativity, *Journal of Business Ethics*, 2017, 145 (1): 1–11.

Han, S. J., and Lee, Y., and Beyerlein, M., Developing team creativity: The influence of psychological safety and relation-oriented shared leadership, *Performance Improvement Quarterly*, 2019, 32 (2): 159–182.

Hannah, S. T., and Balthazard, P. A., and Waldman, D. A., and Jennings, P., and Thatcher, R., The psychological and neurologicalbases of leader self-complexity and effects on adaptive decision-making, *Journal of Applied Psychology*, 2013, 98 (3): 393–411.

Hansen, M., The search-transfer problem: the role of weak ties insharing knowledge across organizational subunits, *ManagementScience*, 1994, 44 (1): 82–111.

Harrington, D. M., The ecology of human creativity: a psychological perspective, *Journal of Multivariate Analysis*, 1990, 115 (1): 143–169.

He, C., and Teng, R., and Zhou, L., and Wang, V. L., and Yuan, J., Abusive supervision, leader-member exchange, and creativity: A multilevel examination, *Frontiers in Psychology*, 2021, .12: 647169.

Henttonen, K., Exploring social networks on the team level: A review of the empirical literature, *Journal of Engineering and Technology Management*, 2010, 27 (12): 74–109.

Hobfoll, S. E, and Halbesleben, J., and Neveu, J. P., Conservation of resources in the organizational context: The reality of resources and their consequences, *Annual Review of Organizational Psychology and Organizational Behavior*, 2018, 5 (1): 103–128.

Hobfoll, S. E., Conservation of resource caravans and engaged settings, *Journal of Occupational and Organizational Psychology*, 2011, 84 (1): 116–122.

Hoever, I. J., and Zhou, J., and Van Knippenberg, D., Different strokes for different teams: The contingent effects of positive and negative feedback on the creativity of informationally homogeneous and diverse teams, *Academy of Management Journal*, 2018, 61 (6): 2159 – 2181.

Hofmann, D. A., and Gavin, M. B., Centering decisions in hierarchical linear models: Implications for research in organizations [J]. *Journal of Management*, 1998, 24 (5): 623 – 641.

Hon, A., and Chan, W., Team creative performance: The roles of empowering leadership, creative-related motivation, and task interdependence, *Cornell Hospitality Quarterly*, 2013, 54 (2): 199 – 210.

Hon, H. A., Shaping environments conductive to creativity: The role of intrinsic motivation [J]. *Cornell Hospitality Quarterly*, 2012, 53 (1): 53 – 64.

Houghton, S. M., and Smith, A. D., and Hood, J. N., The influence of social capital on strategic choice: An examination of the effects of external and internal network relationships on strategic complexity, *Journal of Business Research*, 2009, 62 (12): 1255 – 1261.

Hsu, M., and Chen, F. H., The cross-level mediating effect of psychological capital on the organizational innovation climate-employee innovative behavior relationship, *Journal of Creative Behavior*, 2017, 51 (2): 127 – 139.

Huang, C., and He, C., and Zhai, X., The approach of hierarchical linear model to exploring individual and team creativity: A perspective of cultural intelligence and team trust, *Mathematical Problems in Engineering*, 2020 (10): 1 – 10.

Huang, L., and Krasikova, D. V., and Liu, D. I., I can do it, so can you: The role of leader creative self-efficacy in facilitating follower creativity, *Organizational Behavior and Human Decision Processes*, 2016, 132: 49 – 62.

Huber, G., Organizational learning: The contributing processes and the literatures, *Organization Science*, 1991, 2 (1): 88 – 115.

Hussain, S. T., and Abbas, J., and Lei, S., and Jamal, H. M., and Akram, T., and Nisar, T., Transactional leadership and organizational creativity: Examining the mediating role of knowledge sharing behavior, *Cogent Business & Management*, 2017, 4 (1): 1 – 11.

Ingram, A. E., and Lewis, M. W., and Barton, S., Paradoxes and innovation in family firms: The role of paradoxical thinking, *Entrepreneurship Theory and Practice*, 2016, 40 (1): 161 – 176.

Jafri, M. H., Moderating role of job autonomy and supervisor support in trait emotional intelligence and employee creativity relationship, *Vision-the Journal of Business Perpective*, 2018, 22 (3): 253 – 263.

Jaiswal, N. K., and Dhar, R. L., Transformational leadership, innovation climate, creative self-efficacy and employee creativity: A multilevel study, *International Journal of Hospitality Management*, 2015, 51: 30 – 41.

Jaiswal, N. K., and Dhar, R. L., The influence of servant leadership, trust in leader and thriving on employee creativity, *Leadership & Organization Development Journal*, 2017, 38 (1): 2 – 21.

James, L. R., and Demaree, R. G., and Wolf, G., Rwg: An assessment of within-group inter-rater agreement, *Journal of Applied Psychology*, 1993, 78 (2): 306 – 309.

Javed, B., and Rawwas, M. Y. A., and Khandai, S., Ethical leadership, trust in leader and creativity: The mediated mechanism and an interacting effect, *Journal of Management & Organization*, 2018, 24 (3): 1 – 18.

Jeong, I., and Shin, S. J. High-performance work practices and organizational creativity during organizational change: A collective learning perspective, *Journal of Management*, 2019, 45 (3): 909 – 925.

Jia, L. D., and Shaw, J. D., and Tsui, A. S., and Park, T. Y., A social-structural perspective on employee-organization relationships and team creativity, *Academy of Management Journal*, 2014, 57 (3): 869-891.

Jia, J. F., and Yan, J. Q., and Cai, Y. H., Paradoxical leadership incongruence and Chinese individuals' followership behaviors: Moderation effects of hierarchical culture and perceived strength of human resource management system, *Asian Business & Management*, 2018, 17 (5): 313-338.

Jian, P., and Zhen, W., and Xiao, C., Does self-serving leadership hinder team creativity? A moderated dual-path model, *Journal of Business Ethics*, 2019, 159 (2): 419-433.

Jiang, W., and Gu, Q., A moderated mediation examination of proactive personality on employee creativity: A person-environment fit perspective, *Journal of Organizational Change Management*, 2015, 28 (3): 393-410.

Jo, N. Y., and Lee, K. C., The effect of organizational trust, task complexity and intrinsic motivation on employee creativity: Emphasis on moderating effect of stress, *Human Centric Technology and Service in Smart Space*, 2012, 182: 199-206.

Jyoti, J., and Dev, M., The impact of transformational leadership on employee creativity: The role of learning orientation, *Journal of Asia Business Studies*, 2015, 9 (1): 78-98.

Kalyar, M. N., and Usta, A., and Shafique, I., When ethical leadership and LMX are more effective in prompting creativity: The moderating role of psychological capital, *Baltic Journal of Management*, 2020, 15 (1): 61-80.

Kang, H. H., and Seonae, W., and Kim, J. S. The influence of authentic leadership on team creativity : Mediation effect of positive psychological capital, *Journal of the Korea Convergence Society*, 2020, 11 (8): 341-350.

Kang, S. H., Marketing organization's regulatory focus and NPD creativity:

The moderating role of creativity enhancement tools, *Journal of Distribution Science*, 2016, 14 (7): 71 –81.

Katila, R., and Ahuja, G., Something old, Something new: A longitudinal study of search behavior and new product introduction, *Academy of Management Journal*, 2002, 45 (6): 1183 –1194.

Kauppila, O. P., and Tempelaar, M. P. The social-cognitive underpin-nings of employees ambidextrous behaviour and the supportiverole of group managers' leadership, *Journal of ManagementStudies*, 2016, 53 (6): 1019 –1044.

Kilduff, M., and Tsai, W., Social networks and organizations, *London*: *Sage Publications*, 2003.

Kim, B. J., and Park, S., and Kim, T. H., The effect of transformational leadership on team creativity: Sequential mediating effect of employee's psychological safety and creativity, *Asian Journal of Technology Innovation*, 2019, 27 (1): 1 –18.

Kim, J., The impact of paradoxical leadership on proactive service performance mediated through trust in leader: Focused on the hotel industry, *Journal of Tourism Management Research*, 2020, 24 (5): 211 –238.

Kim, S. L., and Kim, M., and Yun, S., What do we need for creativity? The interaction of perfectionism and overall justice on creativity, *Personnel Review*, 2017, 46 (1): 154 –167.

Klein, K. J., and Mayer, D. M., How do they get there? An examination of the antecedents of central ity in team networks, *Academy of Management Journal*, 2004, 47 (6): 952 –963.

Knight, E., and Harvey, W., Managing exploration and exploitation paradoxes in creative organizations, *Management Decision*, 2015, 53 (4): 809 –827.

Kook, H., and Kim, H. E., Linking cognitive team diversity to team creativity: A moderated mediation model, *Journal of Organization and Management*, 2021, 45 (2): 37 –59.

Koseoglu, G., and Liu, Y., and Shalley, C. E., Working with creative leaders: Exploring the relationship between supervisors' and subordinates' creativity, *Leadership Quarterly*, 2017, 28 (6): 798 –811.

Kumar, S., and Appu, A. V., Work autonomy and workplace creativity: Moderating role of task complexity, *Global Business Review*, 2015, 16 (5): 772 –784.

Kwon, K. S., and Oh, S. J., The effect of coaching leadership on team creativity: Focused on the multiple mediation effects of eeedback acceptance and creative self-efficacy, *Coaching*, 2020 (2): 291 –314.

Lang, J. C., and Lee, C. H., Workplace humor and organizational creativity, *International Journal of Human Resource Management*. 2010, 21 (1): 46 –60.

Laursen, K., and Salter, A., Open for innovation: The role of openness in explaining innovation performance among U. K. manufacturing firms, *Strategic ManagementJournal*, 2006, 27 (2): 131 –150.

Lavine, M., Paradoxical leadership and the competing values framework, *The Journal of Applied Behavioral Science*, 2014, 50 (2): 189 –205.

Le, C. T., and Thanh, B. T., Mediating mechanisms linking developmental feedback with employee creativity, *Journal of Workplace Learning*, 2019, 32 (2): 108 –121.

Le, C. T., and Thanh, B. T., Leader knowledge sharing behavior and follower creativity: the role of follower acquired knowledge and prosocial motivation, *Journal of Workplace Learning*, 2020, 32 (6): 457 –471.

Lechner, C., and Frankenberger, K., and Floyd, S. W. Task contingencies in the curvilinear relationships between intergroup networks and initiative performance, *Academy of Management Journal*, 2010, 53 (4): 865 – 889.

Lee, E. K., and Avgar, A. C., and Park, W. W., and Choi, D., The dual effects of task conflict on team creativity: Focusing on the role of team-focused transformational leadership, *International Journal of Conflict Management*, 2019 (1): 132 – 154..

Lee, E. S., and Park, T. Y., and Paik, Y., Does shared group identification lead to group creativity? Group regulatory focus as a moderator, *Journal of Applied Social Psychology*, 2019, 49 (2): 117 – 129.

Lee, H., and Choi, B., Knowledge management enablers, processes and organizational performance: An integrative view and empirical examination, *Journal of Management Information Systems*, 2003, 20 (1): 179 – 228.

Lee, J., and Kim, S., and Lee, J., and Moon, S., Enhancing employee creativity for a sustainable competitive advantage through perceived human resource management practices and trust in management, *Sustainability*, 2019, 11 (8): 1 – 16.

Leonard, D. A., When sparks fly: Igniting creativity in groups, *Workforce*, 1999, 78 (10): 87 – 89.

Lewis, M. W., Andriopoulos, C., and Smith, W. K., Paradoxical leadership to enable strategic agility, *California Management Review*, 2014, 56 (3): 58 – 77.

Lewis, M. W., Exploring paradox: Toward a more comprehensive guide, *Academy of Management Review*, 2000, 25: 760 – 776.

Li, C., and Zhao, H., and Begley, T. M., Transformational leadership dimensions and employee creativity in China: A cross-level analysis, *Journal of Business Research*, 2015, 68 (6): 1149 – 1156.

Li, C. R., and Lin, C. J., and Tien, Y. H., and Chen, C. M., A multilevel model of team cultural diversity and creativity: The role of climate for inclusion, *Journal of Creative Behavior*, 2017, 51 (2): 163 – 179.

Li, C., and Yang, Y., and Lin, C., and Xu, Y., Within-person relationship between creative self-efficacy and individual creativity: The mediator of creative process engagement and the moderator of regulatory focus, *The Journal of Creative Behavior*, 2021, 55 (1): 63 – 78.

Li, F., and Chen, T., and Chen, Y. N., and Bai, Y., and Crant, J. M., Proactive yet reflective? Materializing proactive personality into creativity through job reflective learning and activated positive affective states, *Personnel Psychology*, 2019, 73 (3): 459 – 489.

Li, H., and Chen, T., and Cao, G., How high-commitment work systems enhance employee creativity: A mediated moderation model, *Social Behavior and Personality: An international journal*, 2017, 45 (9): 1437 – 1450.

Li, J., and Zhao, M., and Xia, G., and Liu, C., The relationship between team hometown diversity and team creativity: From the chinese perspective, *Sustainability*, 2018, 10 (10).

Li, L., and Li, G. K., and Shang, Y. F., and Xi, Y. M., When does perceived leader regulatory-focused modeling lead to subordinate creativity? The moderating role of job complexity, *International Journal of Human Resource Management*, 2015, 26 (22): 2872 – 2887.

Li, M., and Liu, Y., and Liu, L., and Wang, Z., Proactive personality and innovative work behavior: The mediating effects of affective states and creative self-efficacy in teachers, *Current Psychology*, 2017, 36: 697 – 706.

Li, Q., and She, Z., and Yang, B., Promoting innovative performance in multidisciplinary teams: The roles of paradoxical leadership and team perspective taking, *Frontiers in Psychology*, 2018, 9: 1083 – 1093.

Li, R., and Wang, H., and Huang, M., From empowerment to multilevel creativity: The role of employee self-perceived status and feedback-seeking climate, *Journal of Leadership & Organizational Studies*, 2018, 25 (4): 430 – 442.

Li, T., and Yue, C., Working with creative leaders: An examination of the relationship between leader and team creativity, *Social Behavior and Personality: An International Journal*, 2019, 47 (6): 1 – 12.

Li, Y., and Fu, F., and Sun, J. M., and Yang, B. Y., Leader-member exchange differentiation and team creativity: An investigation of nonlinearity, *Human Relations*, 2016, 69 (5).

Liang, X. Z., and Fan, J. C., Self-sacrificial leadership and employee creativity: The mediating role of psychological safety, *Social Behavior and Personality: An international journal*, 2020, 48 (12): 1 – 9.

Lin, D., and Xi, Y., and Hua, Z., Transformational leadership and employee creativity: The mediating role of supervisor-subordinate relationship, *Ence Research Management*, 2010, 31 (1): 177 – 184.

Lin, H. E., and Mcdonough, F., Investigating the role of leadership and organizational culture in fostering innovation ambidexterity, *IEEE Transactions on Engineering Management*, 2011, 58 (3): 497 – 509.

Lin, W., and Ma, J., and Zhang, Q., and Jiang, F., How is benevolent leadership linked to employee creativity? The mediating role of leader – member exchange and the moderating role of power distance orientation, *Journal of Business Ethics*, 2018, 152 (4): 1099 – 1115.

Liu, H. Y., and Wang, I. T., Creative teaching behaviors of health care school teachers in Taiwan: mediating and moderating effects, *BMC Medical Education*, 2019, 19.

Liu, H. B., and Gao, S. Y., and Xing, H., and Xu, L., and Wang, Y. J., and Yu, Q., Shared leadership and innovative behavior in scientific research teams: A dual psychological perspective, *Chinese Management Studies*, 2021.

Liu, K. B., and Ge, Y. Q., How psychological safety influences employee creativity in China: Work engagement as a mediator, *Social Behavior and Personality: An International Journal*, 2020, 48 (8): 1 – 7.

Liu, W., Effects of positive mood and low complexity on employee creativity and performance, *Social Behavior and Personality*, 2016, 44 (5): 865 – 880.

Liu, X., and Zhu, Z., and Liu, Z., and Fu, C., The influence of leader empowerment behaviour on employee creativity, *Management Decision*, 2020, 58 (12): 2681 – 2703.

Lu, L., and Li, F., and Leung, K., and Savani, K., and Morris, M. W., When can culturally diverse teams be more creative? The role of leaders' benevolent paternalism, *Journal of Organizational Behavior*, 2018, 39 (4): 402 – 415.

Lu, L., and Ghorbani, M., The effect of normative expectations on employees' intrinsic interest in creativity: Is there also a mediating mechanism?, *Frontiers of Business Research in China*, 2016, 10 (1): 19 – 49.

Luan, K., and Ling, C., and Xie, X., The nonlinear effects of educational diversity on team creativity, *Asia Pacific Journal of Human Resources*, 2016, 54 (4): 465 – 480.

Luscher, L. S., and Lewis, M. W., Organizationalchange and managerial sensemaking: Working through paradox, *Academy of Management Journal*, 2008, 51 (2), 221 – 240.

Ma, X., and Jiang, W., and Wang, L., and Xiong, J., A curvilinear relationship between transformational leadership and employee creativity,

Management Decision, 2020, 58 (7): 1355 – 1373.

Ma, X., and Jiang, W., Transformational leadership, transactional leadership, and employee creativity in entrepreneurial firms, *The Journal of Applied Behavioral Science*, 2018, 54 (3): 302 – 324.

Ma, Z., and Long, L., and Yong, Z., and Zhang, J. W., and Lam, C. K., Why do high-performance human resource practices matter for team creativity? The mediating role of collective efficacy and knowledge sharing, *Asia Pacific Journal of Management*, 2017, 34 (3): 565 – 586.

Mackinnon, D. P., and Lockwood, C. M., and Williams, J., Confidence limits for the indirect effect: Distribution of the product and resampling methods, *Multivariate Behavioral Research*, 2004, 39 (1): 99 – 128.

Madrid, H. P., and Patterson, M. G., Creativity at work as a joint function between openness to experience, need for cognition and organizational fairness, *Learning and Individual Differences*, 2016, 51: 409 – 416.

Malik, N., and Dhar, R. L., and Handa, S. C., Authentic leadership and its impact on creativity of nursing staff: A cross sectional questionnaire survey of Indian nurses and their supervisors, *International Journal of Nursing Studies*, 2016, 63: 28 – 36.

March, J. G., Exploration and exploitation in organizational learning, *Organization Science*, 1991, 2 (1): 71 – 87.

Marrone, J. A., Team boundary spanning: A multilevel review of past research and proposals for the future, *Journal of Management*, 2010, 36 (4): 911 – 940.

Martono, S., and Wulansari, N. A., and Khoiruddin, M., The role of empowering leadership in creating employee creativity: moderation-mediation mechanism, *IOP Conference Series Earth and Environmental Science*, 2020, 485.

Masood, M., and Afsar, B., Transformational leadership and innovative work behavior among nursing staff, *Nursing Inquiry*, 2017, 24 (4).

Mathieu, J. E., and Tannenbaum, S. I., and Donsbach, J. S., and Alliger, G. M., A review andintegration of team composition models moving toward a dynamic and temporal framework, Journal of Management, 2014, 40 (1): 130–160.

Men, C. H., and Fong, P., and Luo, J. L., and Zhong, J., and Huo, W. W., When and how knowledge sharing benefits team creativity: The importance of cognitive team diversity, *Journal of Management & Organization*, 2019, 25 (6): 807–824.

Meng, H., and Cheng, Z. C., and Guo, T. C., Positive team atmosphere mediates the Impact of authentic leadership on subordinate creativity, *Social Behavior and Personality: An International Journal*, 2016, 44.

Miao, R., and Cao, Y., High-performance work system, work well-being, and employee creativity: Cross-level moderating role of transformational leadership, *International Journal of Environmental Research and Public Health*, 2019, 16 (9).

Mittal, S., and Dhar, R. L., Transformational leadership and employee creativity: Mediating role of creative self-efficacy and moderating role of knowledge sharing, *Management Decision*, 2015, 53 (5): 894–910.

Mo, S., and Ling, C. D., and Xie, X. Y., The curvilinear relationship between ethical leadership and team creativity: The moderating role of team faultlines, *Journal of Business Ethics*, 2019, 154: 229–242.

Montani, F., and Dagenais-Desmarais, V., and Giorgi, G., and Gregoire, S., A conservation of resources perspective on negative affect and innovative work behaviour: The role of affect activation and mindfulness, *Journal of Business & Psychology*, 2018, 33 (1): 123–139.

Morteza, S., and Majid, R. R., Organizational silence, organizational commitment and creativity: The case of directors of Islamic Azad University of Khorasan Razavi, *European Review of Applied Psychology*, 2020, 70 (5).

Mulligan, R., and Ramos, J., and Martín, P., and Zornoza, A., Inspiriting innovation: The effects of leader-member exchange (LMX) on innovative behavior as mediated by mindfulness and work engagement, *Sustainability*, 2021, 13 (10): 1 – 18.

Nan, H., and Zhi, C., and Gu, J., and Huang, S. L., and Liu, H. F., Conflict and creativity in inter-organizational teams: The moderating role of shared leadership, *International Journal of Conflict Management*, 2017, 28 (1): 74 – 102.

Ng, T., and Feldman, D. C., Evaluating six common stereotypes about older workers with meta-analytical data, *Personnel Psychology*, 2012, 65 (4): 821 – 858.

Ngan, and Hoang, V. U., and Tung, T., and Hanh, T. H., Linking intrinsic motivation to employee creativity: The role of empowering leadership, *The Journal of Asian Finance, Economics and Business*, 2021.

Nils, H., and Sabine, S., and Unger, D., Transformational leadership and employee creativity: The mediating role of promotion focus and creative process engagement, *Journal of Business & Psychology*, 2015, 30 (2): 235 – 247.

Oedzes, J. J., and Rink, F. A., and Walter, F., and Vander, Vegt, G. S., Informal hierarchy and team creativity: The moderating role of empowering leadership, *Applied Psychology*, 2019, 68 (1): 3 – 25.

Ogbeibu, S., and Emelifeonwu, J., and Senadjki, A., and Gaskin, J., and Kaivo-oja, J., Technological turbulence and greening of team creativity, product innovation, and human resource management: Implications for sustainability, *Journal of Cleaner Production*, 2020, 244 (1).

Oh, H., and Labianca, G., and Chung, M. H., A multilevel model of group social capita, *Academy of Management Review*, 2006, 31 (3): 569–582.

Oldham, G. R., and Cummings, A., Employee creativity: Personal and contextual factors at work, *Academy of management journal*, 1996, 39 (3): 607–634.

Ou, A. Y., and Tsui, A. S., and Kinicki, A. J., Humble chief executive officers' connections to top management team integration and middle managers' responses, *Administrative Science Quarterly*, 2014, 59 (1): 34–72.

Pan, J., and Liu, S., and Ma, B., and Qu, Z., How does proactive personality promote creativity? A multilevel examination of the interplay between formal and informal leadership, *Journal of Occupational and Organizational Psychology*, 2018, 91 (4): 852–874.

Park, I. J., and Jin, N. C., and Kai, W., Affect stability and employee creativity: the roles of work-related positive affect and knowledge sharing, *European Journal of Work and Organizational Psychology*, 2021: 1–10.

Park, W. W., and Lew, J. Y., and Lee, E. K., Team knowledge diversity and team creativity: The moderating role of status inequality, *Social Behavior & Personality An International Journal*, 2018, 46 (10): 1611–1622.

Parise, S. K., Emergent network structure and initial group performance: The moderating role of pre-existing relationships, *Journal of Organizational Behavior*, 2010, 31 (6): 877–897.

Parnes, S. J., and Noller, R. B., and Biondi, A. M., Guide to creative action, *ScribnerNewYork*, 1977.

Peng, K., and Nisbett, R. E., Culture, dialectics, and reasoning about contradiction, *American Psychologist*, 1999, 54 (9): 741-754.

Peng, W., and Joseph, C. R., and Kan, S., and Zheng, X. L., and Wenjing, C. A., Workgroup climate perspective on the relationships among transformational leadership, workgroup diversity, and employee Creativity, *Group & Organization Management*, 2013, 38 (3): 334-360.

Pirola-Merlo, A., and Mann, L., The relationship between individual creativity and team creativity: Aggregating across people and time, *Journal of Organizational Behavior*, 2004, 25 (2): 235-257.

ProvanK, G., and Fish, A., and Sydow, J., Interorganizational networks at the network level: A review of the empirical literature on whole networks, *Journal of Management*, 2007, 33 (3): 479-516.

Pullés, D. C., and Lorens Montes, F. J., and Gutierrez-Gutierrrez, L., Network ties and transactive memory systems: Leadership as an enabler, *Leadership & Organization Development Journal*, 2017, 38 (1): 56-73.

Qu, R., and Janssen, O., and Shi, K., Transformational leadership and follower creativity: The mediating role of follower relational identification and the moderating role of leader creativity expectations, *Leadership Quarterly*, 2015, 26 (2): 286-299.

Reber, A. S., Penguin dictionary of psychology, *Harmondsworth*: Penguin, 1985.

Rego, A., and Sousa, F., and Marques, C., and Miguel, P., Hope and positive affect mediating the authentic leadership and creativity relationship, *Journal of Business Research*, 2014, 67 (2): 200-210.

Ren, D., and Zhu, B., How does paradoxical leadership affect innovation in teams: An integrated multilevel dual process model, *Human Systems Management*, 2021, 39 (1): 11-26.

Ren, S. G., and Song, Y. C., and Wang, L. W., An empirical analysis on the multi-factors model of innovation performance: Based on internal and external networks perspective, *China Industrial Economics*, 2010, 30 (4): 100 –109.

Riana, I. G., and Ni, L., and Aristana, I. N., and Rihayana, I. G., and Abbas, E. W., High-performance work system in moderating entrepreneurial leadership, employee creativity and knowledge sharing, *Polish Journal of Management Studies*, 2020, 21 (1): 328 –341.

Roberson, Q. M., and Williamson, I. O., Justice in self-managing teams: The role of social networks in the emergence of procedural justice climates, *Academy of Management Journal*, 2012, 55 (3): 685 –701.

Rong, P. F., and Zhang, L., and Xie, J. Q., Does team conflict affect top management team creativity? Team climate as a moderator, *Social Behavior and Personality: An International Journal*, 2019, 47 (12): 1 –11.

Rosing, K., and Frese, M., and Bausch, A., Explaining the heterogeneity of the leadership-innovation relationship: Ambidextrous leadership, *Leadership Quarterly*, 2011, 22 (5): 956 –974.

Sani, A., and Eko, A., and Maharani, V., Factors affecting innovative work behavior: Mediating role of knowledge sharing and job crafting, *Journal of Asian Finance Economics and Business*, 2020, 7 (11): 999 –1007.

Schad, J., and Lewis, M. W., and Raisch, S., Paradox research in management science, *Academy of Management Annals*, 2016, 10 (1): 1 –60.

Schulte, M., and Cohen, N. A., and Klein, K. J., The coevolution of network ties andperceptions of team psychological safety, *Organization Science*, 2012, 23 (2): 564 –581.

Scott, S. G., and Bruce, R. A., Determinants of innovative behavior: A path model of individual innovation in the workplace, *Academy of Management Journal*, 1994, 37 (3): 580 – 607.

Semedo, A. S., and Coelho, A., and Ribeiro, N., Authentic leadership and creativity: the mediating role of happiness, *International Journal of Organizational Analysis*, 2017, 25 (3): 395 – 412.

Shafi, M., and Zoya., and Lei, Z., and Song, X. T., and Sarker, M. N. I., The effects of transformational leadership on employee creativity: Moderating role of intrinsic motivation, *Asia Pacific Managment Review*, 2020, 25 (3): 166 – 176.

Shao, Y., and Nijstad, B. A., and Täuber, S., Paradoxical leader behavior and creativity: The role of employee cognitive complexity, *Academy of Management Proceedings*, 2017.

Shao, Y., and Nijstad, B. A., and Täuber, S., Creativity under workload pressure and integrative complexity: The double-edged sword of paradoxical leadership, *Organizational Behavior and Human Decision Processes*, 2019, 155: 7 – 19.

Shaw, M. E., Communication networks, *Advances in Experimental Social Psychology*, 1964, 1: 111 – 147.

She, Z., and Li, Q., and Yang, B., and Yang, B., Paradoxical leadership and hospitality employees' service performance: The role of leader identification and need for cognitive closure, *International Journal of Hospitality Management*, 2020, 89 (6).

She, Z., and Li, Q., Paradoxical leader behaviors and follower job performance: Examining a moderated mediation model, *Academy of Management Annual Meeting Proceedings*, 2017.

Shen, C., and Yang, J., and Hu, S., Combined effect of abusive supervision and abusive supervision climate on employee creativity: A moderated mediation model, *Frontiers in Psychology*, 2020, 11.

Shi. J., and Johnson, R. E., and Liu, Y., Linking subordinate political skill to supervisor dependence and reward recommendations: A moderated mediation model, *Journal of Applied Psychology*, 2013, 98 (2): 374–384.

Shin, S. J., and Zhou, J., When is educational specialization heterogeneity related to creativity in research and development teams? Transformational leadership as a moderator, *Journal of Applied Psychology*, 2007, 92 (6): 1709–1721.

Shin, Y., and Kim, M., Collective efficacy as a mediator between cooperative group norms and group positive affect and team creativity, *Asia Pacific Journal of Management*, 2015, 32: 693–716.

Smith, W. K., and Besharov, M. L., and Wessels, A. K., and Chertok, M. A., Paradoxical leadership model for social entrepreneurs: Challenges, leadership skills, and pedagogical tools for managing social and commercial demands, *Academy of Management Learning & Education*, 2012, 11 (3): 463–478.

Smith, W. K., and Tushman, M. L., Managing strategic contradictions: A top management model for managing innovation streams, *Organization Science*, 2005, 16 (5): 522–536.

Smith, W. K., and Lweis, M. W., Toward a theory of paradox: A dynamic equilibrium model of organizing, *Academy of Management Review*, 2011, 36 (2): 381–403.

Smith, W. K., Dynamic decision making: A model of senior leaders managing strategic paradoxes, *Academy of Management Journal*, 2014 (6): 1592–1623.

Song, Z., and Gu, Q., and Wang, B., and Ziderman, A., Creativity-oriented HRM and organizational creativity in China: A complementary perspective of innovativeness, *International Journal of Manpower*, 2019, 40 (5): 834 – 849.

Sparrowe, R. T., and Liden, R. C., and Wayne, S. J., and Kraimer, M. L., Social networks and the performance of individuals and groups, *Academy of Management Journal*, 2001, 44 (2): 316 – 325.

Sternberg, R. J., and Lubart, T. I., Creating creative minds, *Phi Delta Kappan*, 1991, 72 (8): 608 – 614.

Sun, Y., and Hu, X., and Ding, Y., Learning or Relaxing: How Do Challenge Stressors Stimulate Employee Creativity?, *Sustainability*, 2019, 11.

Sundaramurthy, C., and Lewis, M. W., Control and collaboration: Paradoxes of govermance, *Academy of Management Review*, 2003, 28 (3), 397 – 415.

Sung, S. Y., and Antefelt, A., and Choi, J. N., Dual effects of job complexity on proactive and responsive creativity: Moderating role of employee ambiguity tolerance, *Group & Organization Management*, 2017, 42 (3): 388 – 418.

Sung, S. Y., and Du, J., and Choi, J. N., Cognitive pathways of team climate for creativity: Implications for member creativity and job performance, *Human Performance*, 2018, 31 (4): 1 – 19.

Tang, G., and Yu, B., and Fang, L. C., and Chen, Y., High-performance work system and employee creativity: The roles of perceived organisational support and devolved management, *Personnel Review*, 2017, 46 (7): 1318 – 1334.

Thompson, J., Organizations in action: Social science bases of administrative theory, *New York*: McGraw-Hill, 1967.

Tian, Q., and Sanchez, J. I., Does paternalistic leadership promote innovative behavior? The interaction between authoritarianism and benevolence, *Journal of Applied Social Psychology*, 2017, 47 (5): 235-246.

Tierney, P., and Farmer, S. M., and Graen, G. B., An examination of leadership and employee creativity: The relevance of traits and relationships, *Personnel Psychology*, 1999, 52 (3): 591-620.

Tsai, C. Y., and Horng, J. S., and Liu, C. H., and Hu, D. C., Work environment and atmosphere: The role of organizational support in the creativity performance of tourism and hospitality organizations, *International Journal of Hospitality Management*, 2015, 46: 26-35.

Tsai, W. C., and Chi, N. W., and Grandey, A. A., and Fung, S. C., Positive group affective tone and team creativity: Negative group affective tone and team trust as boundary conditions, *Journal of Organizational Behavior*, 2012, 33 (5): 638-656.

Tu, Y., and Lu, X., and Choi, J. N., and Guo, W., Ethical leadership and team-level creativity: Mediation of psychological safety climate and moderation of supervisor support for creativity, *Journal of Business Ethics*, 2019, 159: 551-565.

Tuna, U., and Duygu, C., The effects of knowledge management and self-organization on organizational creativity: The mediating roles of corporate innovativeness and organizational communication, *International Journal of Organizational Leadership*, 2015, 4 (4): 403-413.

Turgut, E., and Skmen, A., The Effects of Perceived Organizational Ethics on Innovative Work Behavior: Self Efficacy's Moderating and Mediating Role, 2018.

Venkataramani, V., and Richter, A. W., and Clarke, R., Maneuvering the upper echelon for employee creativity: The role of team leaders' social network ties, *Academy of Management Annual Meeting Proceedings*, 2016.

Vila-Vázquez, D., and Castro-Casal, C., and Lvarez-Pérez, D., From LMX to individual creativity: Interactive effect of engagement and job complexity, *International Journal of Environmental Research and Public Health*, 2020, 17 (8).

Waldman, D. A., and Bowen, D. E., Learning to be a paradox-savvy leader, *IEEE Engineering Management Review*, 2016, 44 (4): 94–105.

Wang, C., and Wei, Y., and Zhao, X., and Zhang, X., and Peng, Y., Abusive supervision and creativity: Investigating the moderating role of performance improvement attribution and the mediating role of psychological availability, *Frontiers in Psychology*, 2021, 12.

Wang, C. J., and Tsai, H. T., and Tsai, M. T., Linking transformational leadership and employee creativity in the hospitality industry: The influences of creative role identity, creative self-efficacy, and job complexity, *Tourism management*, 2014, 40: 79–89.

Wang, S., and Liu, Y., and Shalley, C. E., Idiosyncratic deals and employee creativity: The mediating role of creative self-efficacy, *Human Resource Management*, 2018 (6): 1443–1453.

Wang, X. H., and Fang, Y., and Qureshi, I., et al. Understanding employee innovative behavior: Integrating the social network and leader-member exchange perspectives, *Journal of Organizational Behavior*, 2015, 36 (3): 403–420.

Wang, X. H., and Kim, T. Y., and Lee, D. R., Cognitive diversity and team creativity: Effects of team intrinsic motivation and transformational leadership, *Journal of Business Research*, 2016, 69 (9): 3231–3239.

Wang, Y., and Liu, J., and Yu, Z., Humble leadership, psychological safety, knowledge sharing, and follower creativity: A cross-level investigation, *Frontiers in Psychology*, 2018, 9.

Wang, Z., and Liu, D., and Cai, S., Self-reflection and employee creativity: The mediating role of individual intellectual capital and the moderating role of concern for face, *Chinese Management Studies*, 2019, 13 (4): 895 –917.

Wei, L., and Liu, Z., and Liao, S., and Long, L. R., and Liao, J. Q., Collective psychological ownership, status conferral criteria and team creativity, *Acta Psychologica Sinica*, 2019, 51 (6): 677 –687.

Wen, L. Q., and Zhou, M. J., and Lu, Q., The influence of leader's creativity on employees' and team creativity: Role of identification with leader, *Nankai Business Review International*, 2017.

West, J., and Bogers, M., Leveraging external sources of Iinnovation: A review of research on open innovation, *Social Science Electronic Publishing*, 2013, 31 (4): 814 –831.

Woodman, R. W., and Griffin, R. W., Toward a theory of organizational-creativity, *Academy of Management Review*, 1993, 18 (2), 293 –321.

Wu, C. M., and Chen, T. J., Collective psychological capital: Linking shared leadership, organizational commitment, and creativity, *International Journal of Hospitality Management*, 2018, 74: 75 –84.

Wu, Q., and Cormican, K., Shared leadership and team creativity: A social network analysis in engineering design teams, *IEEE Engineering Management Review*, 2017, 45 (2): 97 –108.

Wu, T. J., and Yang, Y., and Yang, Y. J., Does supportive organizational climate enhance employee creativity? A case of ecotec industry, *Journal of Environmental Protection and Ecology*, 2019, 20: 486 –493.

Yang, J., and Gu, J., and Liu, H., Servant leadership and employee creativity: The roles of psychological empowerment and work-family conflict, *Current Psychology*, 2019, 38: 1417 –1427.

Yang, J., and Liu, H., and Gu, J. B., A multi-level study of servant leadership on creativit: The roles of self-efficacy and power distance, *The Leadership & Organization Development Journal*, 2017, 38 (5): 610 – 629.

Yang, J., and Ma, C. P., and Gu, J. B., and Liu, H. F., Linking servant leadership to employee creativity: The roles of team identification and collectivism, *Chinese Management Studies*, 2020, 14 (1): 215 – 233.

Yang, Y., and Li, Z. Q., and Liang, L., and Zhang, X., Why and when paradoxical leader behavior impact employee creativity: Thriving at work and psychological safety, *Current Psychology*, 2019.

Yi, H., and Hao, P., and Yang, B., and Liu, W. X., How leaders' transparent behavior influences employee creativity : The mediating roles of psychological safety and ability to focus attention, *Journal of Leadership & Organizational Studies*, 2017, 24 (3): 335 – 344.

Young., and Linn, D., How to promote innovative behavior at work? The role of justice and support within organizations, *Journal of Creative Behavior*, 2012, 46 (3): 220 – 243.

Yuan, Y., and Knippenberg, D. V., From member creativity to team creativity? Team information elaboration as moderator of the additive and disjunctive models, *PLoS ONE*, 2020.

Zahra, S. A., and George, G., Absorptive capacity: A review, reconceptualization, and extension, *Academy of Management Review*, 2002, 27 (2): 185 – 203.

Zaitouni, M., and Ouakouak, M. L., The impacts of leadership support and coworker support on employee creative behavior, *International Journal of Productivity and Performance Management*, 2018, 67 (9): 1745 – 1763.

Zhang, A., and Li, X., and Guo, Y., Proactive personality and employee creativity: A moderated mediation model of multisource information exchange and LMX, *Frontiers in Psychology*, 2021.

Zhang, H., and Kwan, H. K., and Zhang, X., and Wu, L. Z., High core self-evaluators maintain creativity: A motivational model of abusive supervision, *Journal of Management*, 2014, 40 (4): 1151 – 1174.

Zhang, M. J., and Law, K. S., and Zhang, Y., Reconciling the innovation paradox: A multilevel study of paradoxical leadership and ambidexterity, *Academy of Management Proceedings*, 2016.

Zhang, W. G., and Xu, F., and Sun, B. Q., Are open individuals more creative? The interaction effects of leadership factors on creativity, *Personality and Individual Differences*, 2020, 163 (5).

Zhang, W., and Jex, S. M., and Peng, Y., and Wang, D., Exploring the effects of job autonomy on engagement and creativity: The moderating role of performance pressure and learning goal orientation, *Journal of Business & Psychology*, 2017, 32 (3): 235 – 251.

Zhang, W., and Sun, S. L., and Jiang, Y., and Zhang, W. Y., Openness to experience and team creativity: Effects of knowledge sharing and transformational leadership, *Creativity Research Journal*, 2019, 31 (1): 62 – 73.

Zhang, X. M., and Zhou, J., Empowering leadership, uncertainty avoidance, trust, and employee creativity: Interaction effects and a mediating mechanism, *Organizational Behavior and Human Decision Processes*, 2014, 124 (2): 150 – 164.

Zhang, Y., and Han, Y. L., Paradoxical leader behavior in long-term corporate development: Antecedents and consequences, *Organizational Behavior and Human Decision Processes*, 2019, 155: 42 – 54.

Zhang, Y., and Waldwan, D. A., and Han, Y. L., and Li, X. B., Paradoxical leader behavior in people management: Antecedents and consequences, *Academy of Management Journal*, 2015, 58 (2): 538 – 566.

Zhang, Z., and Peterson, S. J., Advice networks in teams: The role of transformational leadership and members' core self-evaluations, *Journal of Applied Psychology*, 2011, 96 (5): 1004 – 1017.

Zhao, J., and Sun, W., and Zhang, S., and Zhu, X., How CEO ethical leadership influences top management team creativity: Evidence from China, *Frontiers in Psychology*, 2020.

Zhou, J., and George, J. M., When job dissatisfaction leads to creativity: Encouraging the expression of voice, *Academy of Management Journal*, 2001, 44 (4): 682 – 696.

Zhou, J., and Hoever, I. J., Research on workplace creativity: A review and redirection, *The Annual Review of Organizational Psychology and Organizational Behavior*, 2014, 1 (1): 333 – 359.

Zhou, L., and Li, J., and Liu, Y., Exploring the relationship between leader narcissism and team creativity: Evidence from R&D teams in Chinese high-technology enterprises, *The Leadership & Organization Development Journal*, 2019, 40 (8): 916 – 931.

Zhu, X., and Peng, F., How intrinsic motivation facilitate employee creativity in work process, *WHICEB 2013 Proceedings*, 2013.

Zhu, Y. Q., and Gardner, D. G., and Chen, H. G., Relationships between work team climate, individual motivation, and creativity, *Journal of Management*, 2018, 44 (5): 2095 – 2115.

Zohar, D., and Tenne-Gazit, O., Transformational leadership and group interaction as climate antecedents: a social network analysis, *The Journal of Applied Psychology*, 2008, 93 (4), 744 – 757.

Zou, L., and Zhang, J., and Liu, W., Perceived justice and creativity in crowdsourcing communities: Empirical evidence from China, *Social Science Information*, 2015, 54 (3): 253 – 279.

后　　记

在江南水乡一座安静的大学校园里，眺望不远处的湖面烟波浩渺，回想起近五年来的研究历程，研究过程中的曲曲折折再次浮现在我的脑海中。蓦然发现，很多人给予了我太多的支持与帮助，才让此书顺利面世。

2016年，因一位同事出国访学一个学期，他任教的《领导力开发》课程临时由我代教。为了上好这门新课，我查阅了大量的国内外文献，以期探索践行"教学与科研互促互进"的理念。一个学期的课程任教，进一步激发了我对领导力研究的热情和关注，开启了我对悖论式领导的研究旅程。

随后，李慧、马越、包希慧、韩丽娟、陈佳贤、徐晓玮、周欣怡等同学加入到悖论式领导研究课题中。她们做了大量的研究工作，为书稿的顺利完成贡献了自己的力量。韩丽娟、袁文文等同学对书稿做了认真的校对工作。在指导上述同学开展研究的过程中，我自己也在不断学习领导力领域的相关理论与研究方法。可以说，这段悖论式领导研究的旅程是我与学生们共同成长的历程。

在这段悖论式领导研究的旅程中，南京大学赵曙明教授、刘洪教授、上海交通大学顾琴轩教授、同济大学罗瑾琏教授给予了悉心指导和大力支持；常州大学党委常委、副校长张宏如、人文社科处处长葛彦东、副处长潘道广、陈启迪、商学院党委书记江涛涛、院长佟金萍给予了我大力支持。在此，我对他们长期以来给予我的支持与帮助表示衷心的感谢！此外，武进高新区管委会等诸多单位、公司和亲朋好友为我们团队开展实地访谈以及问卷调查工作提供了许多帮助与支持，在此一并表示感谢！

最后，我还要感谢我的爱人刘巍女士。平时我投入到教学科研工作的时间较多，家庭事务主要由她操心打理；在我研究过程中遇到难题时，她会结合自己的社会学学科背景给我带来全新视野的惊喜；书稿完成后，她还主动帮忙校对书稿。另外，我还要感谢我的女儿彭琬旎，她为我繁重的科研工作注入了幸福与力量。但愿本书的出版能够给她们带来一丝慰藉。

本书也是我们团队过去五年开展的悖论式领导相关研究工作的阶段性总结。近年来，我们团队在《科研管理》《外国经济与管理》《中国人力资源开发》等期刊上发表了一些论文，在中国管理研究国际学会（IACMR）双年会、《中国人力资源开发》学术年会等学术会议上宣讲了相关论文。我将一些代表性的论文整合到本书的第四、五、六章中，引用时作了一定的修改，使得本书的结构更有逻辑，内容更加丰富。当然，受作者的知识、能力等多方面条件的限制，书中难免存在纰漏之处，还恳请读者不吝指教！

彭伟

2021 年寒冬于常州西太湖